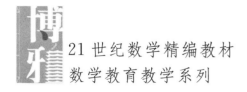

21世纪数学精编教材
数学教育教学系列

数学教育测量与评价

主　编　刘　影　曾琬婷
副主编　程晓亮　范兴亚　郑　晨
编著者　居　蕾　喇雪燕　张玉环
　　　　罗守胜　王玲娣　刘金福
　　　　周荣昌

图书在版编目(CIP)数据

数学教育测量与评价/刘影，曾琬婷主编. —北京：北京大学出版社，2015.3
（21世纪数学精编教材. 数学教育教学系列）
ISBN 978-7-301-25577-3

Ⅰ.①数… Ⅱ.①刘… ②曾… Ⅲ.①中学数学课－教育评估－师范大学－教材 ②中学数学课－教育测量－师范大学－教材　Ⅳ.①G633.602

中国版本图书馆CIP数据核字（2015）第042042号

书　　名　数学教育测量与评价
著作责任者　刘　影　曾琬婷　主编
责 任 编 辑　刘　勇
标 准 书 号　ISBN 978-7-301-25577-3
出 版 发 行　北京大学出版社
地　　址　北京市海淀区成府路205号　100871
网　　址　http://www.pup.cn　新浪微博：@北京大学出版社
电 子 信 箱　zpup@pup.cn
电　　话　邮购部 62752015　发行部 62750672　编辑部 62754819
印 刷 者　北京鑫海金澳胶印有限公司
经 销 者　新华书店
　　　　　787毫米×980毫米　16开本　12印张　242千字
　　　　　2015年3月第1版　2023年6月第5次印刷
定　　价　34.00元

未经许可，不得以任何方式复制或抄袭本书之部分或全部内容。
版权所有，侵权必究
举报电话：010-62752024　电子信箱：fd@pup.pku.edu.cn
图书如有印装质量问题，请与出版部联系，电话：010-62756370

"21世纪数学精编教材·数学教育教学系列"编委会

名誉主编：高　夯（东北师范大学）　　　王光明（天津师范大学）
主　　编：刘　影（吉林师范大学）　　　程晓亮（吉林师范大学）
编　　委：（按姓氏笔画排序）

马秀梅	王　乐	王　君	王　彬	王　琦	王明礼
王玲娣	王雅丽	朱石焕	华志强	刘　露	刘红玉
刘金福	刘宝瑞	许　晶	孙广才	孙雪梅	牟　欣
李　莉	李云晖	李光海	李全有	李春玲	李艳军
李唐海	杨　尚	杨灿荣	吴晓冬	何素芳	宋士波
张　平	张丰硕	张玉环	张海燕	张艳霞	陈海俊
武江红	周仕荣	周其明	周荣昌	苗凤华	范兴亚
罗守胜	罗彦东	郑　晨	郑雪静	居　蕾	柳长青
柳成行	敖　恩	徐　伟	徐传胜	徐苏焦	徐建国
翁小勇	郭凤秀	龚剑钧	盛　登	常金勇	彭　纲
彭艳贵	喇雪燕	程广文	蔡炯辉	潘　俭	

秘书长：程晓亮（吉林师范大学）
责任编辑：曾琬婷（北京大学出版社）

"21世纪数学精编教材·数学教育教学系列"书目

1. 数学教学论（第三版）
2. 初等数学研究
3. 数学教学实践（初中分册）
4. 数学教学实践（高中分册）
5. 中学竞赛数学
6. 数学教育测量与评价
7. 中学数学教师资格考试训练教程
8. 高中数学微格教学和教学设计

内 容 简 介

本书是高等院校数学教育专业"数学教育测量与评价"课程的教材,是根据新的中学数学课程标准进行编写的,同时结合了教育测量与评价的最新研究成果.全书共分十章,内容包括:数学成绩的描述统计,正态分布在数学教育测量与评价中的应用,数学教育中的相关因素分析,数学成绩的推断统计,数学教育中的区间估计,数学教育中的假设检验,数学教育测量概述,数学测验的质量分析,数学教育评价概述,数学课堂教学评价.

本书可作为高等师范院校、教育学院、教师进修学校数学系所开设的数学教育测量与评价课程教材,也可作为教师自我学习的参考书.

为方便教师多媒体教学和读者学习,我们提供与教材配套的相关内容的电子资源(ppt课件,标准化题库,习题的解答等),需要者请电子邮件联系 chengxiaoliang92@163.com.

作 者 简 介

刘　影　吉林师范大学数学学院教授、硕士生导师、数学学科教学论方向学科带头人,吉林省高等师范院校数学教育研究会副理事长、全国高等师范院校数学教育研究会理事.同时为本科生开设数学教学论、中学数学研究、微格教学、数学教学测量与评价等课程.其中数学教学论课程自 1994 年至今一直是吉林省高等学校优秀课程.主持或参与完成教育部软科学重点研究项目和省级高等教育教学改革项目多项.在《吉林大学学报(理学版)》《中小学教师培训》《中学数学的教与学》等刊物上发表学术论文 30 余篇,主编和参编教材 10 余部.其主编的《数学教学论》教材获 2011 年吉林省优秀教材奖.自 2010 年,指导学生参加"东芝杯"全国师范大学理科生教学技能创新大赛连续 4 次获奖,2011 年获一等奖和创新奖.

前 言

党的二十大报告对实施科教兴国战略、强化现代化建设人才支撑作出重大部署,明确指出:"教育、科技、人才是全面建设社会主义现代化国家的基础性、战略性支撑".青年强,则国家强.广大教师深受鼓舞,更要勇担"为党育人,为国育才,全面提高人才自主培养质量"的重任,迎来一个大有可为的新时代.为了推进基础教育教师培养这一重要工作,需要提升教书育人水平,强化师范生教育教学理论与实践能力.这也正是编写出版"21世纪数学精编教材·数学教育教学系列"这套丛书的初衷.

"数学教育测量与评价"课程是高等师范院校数学教育专业选修课程.新的中学数学课程标准中,对数学教育测量与评价的理念与方法提出了新的要求.为了适应中学数学课程教学改革与教师教育课程改革的需要,我们编写了"21世纪数学精编教材·数学教育教学系列"之《数学教育测量与评价》.

北京、吉林、安徽、福建、陕西、黑龙江、辽宁、云南、河北、河南、四川、贵州、山西、重庆、内蒙古、广西、青海、江苏等二十余个省、市、自治区的二十余所高等师范院校从事数学教育测量与评价教学与研究的教师、中学数学一线教师参与了编写本教材的全过程.我们组成提议、编写、审阅委员会.本书内容力求适应新世纪高等师范院校数学教育教学改革实践要求,主要阐述数学教育测量与评价的基本内容与方法.全书共十章,内容包括:数学成绩的描述统计,正态分布在数学教育测量与评价中的应用,数学教育中的相关因素分析,数学成绩的推断统计,数学教育中的区间估计,数学教育中的假设检验,数学教育测量概述,数学测验的质量分析,数学教育评价概述,数学课堂教学评价.

全书的编写框架结构由刘影、曾琬婷和程晓亮确定.编写、审稿分工如下:第一章由曾琬婷编写,刘影审阅;第二章由张玉环、罗守胜编写,程晓亮审阅;第三章由居蕾编写,曾琬婷审阅;第四章由程晓亮编写,刘影审阅;第五章由张玉环、王玲娣编写,郑晨审阅;第六章由程晓亮编写,刘影审阅;第七章由居蕾编写,曾琬婷审阅;第八章由曾琬婷编写,程晓亮审阅;第九章由喇雪燕编写,郑晨审阅;第十章由喇雪燕编写,郑晨审阅.参加编写修改、图文处理工作的还有范兴亚、周荣昌、郑晨、刘金福.全书最后由刘影、曾琬婷统稿并经讨论、修改后定稿.

在本书的编写过程中,全国十余所师范院校相关教学与研究专家提出了许多宝贵的建议,我们在此表示诚挚的谢意.主编刘影、曾琬婷得到了东北师范大学高夯教授的热情鼓励,以及吉林师范大学教务处的支持.各编写者也得到相应省市、学校的支持和资助,全体编者向给予支持和资助的单位和个人表示衷心的感谢.本书的出版得到北京大学出版社的大力支持,在此我们表示诚挚的谢意.

  本书内容虽然经过各编委多次讨论、审阅、修改,但限于编者的水平,不妥之处仍然会存在,诚恳希望广大同行和读者给予批评指正.

刘　影　曾琬婷

2023 年 6 月

目 录

第一章 数学成绩的描述统计 ……………………………………………………（1）
第一节 怎样获取数据 …………………………………………………（2）
　　一、简单随机抽样 ……………………………………………………（2）
　　二、分层抽样 …………………………………………………………（3）
　　三、等距抽样 …………………………………………………………（3）
　　四、整群抽样 …………………………………………………………（4）
第二节 频数分布 ………………………………………………………（5）
　　一、数据的基本类型 …………………………………………………（5）
　　二、频数分布表 ………………………………………………………（5）
　　三、累积频数分布表 …………………………………………………（8）
　　四、频数分布图 ………………………………………………………（8）
　　五、累积频数分布曲线图 ……………………………………………（9）
第三节 集中量数 ………………………………………………………（10）
　　一、平均数 ……………………………………………………………（11）
　　二、众数 ………………………………………………………………（14）
　　三、中数 ………………………………………………………………（15）
　　四、三种集中量数的比较 ……………………………………………（17）
第四节 差异量数 ………………………………………………………（18）
　　一、极差 ………………………………………………………………（19）
　　二、四分差 ……………………………………………………………（19）
　　三、平均差 ……………………………………………………………（20）
　　四、标准差 ……………………………………………………………（21）
　　五、差异系数 …………………………………………………………（22）
　　六、几种差异量数的比较 ……………………………………………（24）
第五节 标准分数 ………………………………………………………（24）
　　一、标准分数的概念与性质 …………………………………………（25）
　　二、标准分数的应用 …………………………………………………（26）
习题一 ……………………………………………………………………（30）

目　录

第二章　正态分布在数学教育测量与评价中的应用 …………………… (33)
　第一节　正态分布及标准正态分布 …………………………………… (33)
　　一、正态分布 ……………………………………………………… (33)
　　二、标准正态分布 ………………………………………………… (34)
　第二节　标准正态曲线下的面积比率及标准正态分布表 …………… (34)
　第三节　标准正态曲线下的面积在数学教育测量与评价中的应用 … (36)
　　一、求考试成绩中特定分数段的人数比率 ……………………… (37)
　　二、确定考试成绩中某一特定人数比率的分数界限 …………… (38)
　　三、确定各成绩等级的理论人数 ………………………………… (38)
　　四、等级评定转化为标准分数 …………………………………… (39)
　　五、分析试题的难度 ……………………………………………… (42)
　　六、确定录取分数线 ……………………………………………… (42)
　习题二 …………………………………………………………………… (43)

第三章　数学教育中的相关因素分析 ………………………………… (44)
　第一节　积差相关 ……………………………………………………… (45)
　　一、积差相关法的概念 …………………………………………… (45)
　　二、积差相关系数的基本公式 …………………………………… (45)
　　三、利用基本公式计算积差相关系数 …………………………… (46)
　　四、利用原始数据直接计算积差相关系数 ……………………… (47)
　第二节　等级相关 ……………………………………………………… (50)
　　一、斯皮尔曼等级相关 …………………………………………… (50)
　　二、肯德尔多列等级相关 ………………………………………… (53)
　第三节　二列相关与Φ相关 …………………………………………… (56)
　　一、点二列相关 …………………………………………………… (57)
　　二、二列相关 ……………………………………………………… (58)
　　三、Φ相关 ………………………………………………………… (60)
　习题三 …………………………………………………………………… (61)

第四章　数学成绩的推断统计 ………………………………………… (64)
　第一节　推断统计的基本概念 ………………………………………… (64)
　　一、总体和样本 …………………………………………………… (64)
　　二、总体参数和样本统计量 ……………………………………… (65)
　　三、抽样分布和抽样误差 ………………………………………… (65)
　　四、自由度 ………………………………………………………… (66)

目　　录

- 第二节　推断统计的基本方法和基本思想 …………………………………… (66)
  - 一、参数估计 ……………………………………………………………… (66)
  - 二、假设检验 ……………………………………………………………… (68)
- 习题四 ………………………………………………………………………… (71)

第五章　数学教育中的区间估计 ……………………………………………… (72)
- 第一节　总体平均数的区间估计 ……………………………………………… (72)
  - 一、总体方差已知时,总体平均数的区间估计 ………………………… (72)
  - 二、总体方差未知时,总体平均数的区间估计 ………………………… (73)
- 第二节　正态总体方差的区间估计 …………………………………………… (75)
  - 一、正态总体平均数已知时,方差的区间估计 ………………………… (75)
  - 二、正态总体平均数未知时,方差的区间估计 ………………………… (76)
- 第三节　总体属性比率的区间估计 …………………………………………… (77)
- 习题五 ………………………………………………………………………… (78)

第六章　数学教育中的假设检验 ……………………………………………… (79)
- 第一节　平均数的显著性检验 ………………………………………………… (79)
  - 一、样本平均数与总体平均数之间差异的显著性检验 ………………… (79)
  - 二、两样本平均数之间差异的显著性检验 ……………………………… (81)
- 第二节　相关系数的显著性检验 ……………………………………………… (87)
  - 一、积差相关系数的显著性检验 ………………………………………… (87)
  - 二、等级相关系数的显著性检验 ………………………………………… (89)
  - 三、点二列相关系数的显著性检验 ……………………………………… (91)
  - 四、二列相关系数的显著性检验 ………………………………………… (92)
  - 五、Φ相关系数的显著性检验 …………………………………………… (92)
- 第三节　其他显著性检验 ……………………………………………………… (93)
  - 一、比率之间差异的显著性检验 ………………………………………… (93)
  - 二、两相关样本方差之间差异的显著性检验 …………………………… (95)
- 习题六 ………………………………………………………………………… (96)

第七章　数学教育测量概述 …………………………………………………… (98)
- 第一节　数学教育测量的基本概念 …………………………………………… (98)
  - 一、数学教育测量的概念 ………………………………………………… (98)
  - 二、数学教育测量的三要素 ……………………………………………… (99)
  - 三、数学教育测量的特点 ………………………………………………… (100)
  - 四、数学教育测量的功能 ………………………………………………… (101)

目 录

第二节　数学教育测量的工具——测验 ……………………………………… (102)
 一、测验的概念 ……………………………………………………………… (102)
 二、数学测验的常见类型 …………………………………………………… (102)
 三、数学测验的编制与实施 ………………………………………………… (105)

第三节　数学教育测量的误差 ………………………………………………… (112)
 一、误差的含义 ……………………………………………………………… (112)
 二、数学教育测量中误差的来源 …………………………………………… (112)
 三、数学教育测量中误差的控制 …………………………………………… (114)

习题七 ……………………………………………………………………………… (114)

第八章　数学测验的质量分析 ………………………………………………… (115)

第一节　数学测验的信度 ……………………………………………………… (115)
 一、信度的概念 ……………………………………………………………… (115)
 二、信度系数及其计算公式 ………………………………………………… (115)
 三、提高信度的主要途径 …………………………………………………… (125)

第二节　数学测验的效度 ……………………………………………………… (125)
 一、效度的概念 ……………………………………………………………… (125)
 二、效度系数的计算 ………………………………………………………… (126)
 三、效度的类型 ……………………………………………………………… (126)
 四、提高效度的主要途径 …………………………………………………… (128)

第三节　数学测验的难度 ……………………………………………………… (128)
 一、难度的概念 ……………………………………………………………… (128)
 二、难度的计算 ……………………………………………………………… (128)
 三、难度对测验的影响 ……………………………………………………… (131)

第四节　数学测验的区分度 …………………………………………………… (132)
 一、区分度的概念 …………………………………………………………… (132)
 二、区分度的计算 …………………………………………………………… (132)

习题八 ……………………………………………………………………………… (134)

第九章　数学教育评价概述 …………………………………………………… (136)

第一节　数学教育评价的基本概念 …………………………………………… (136)
 一、教育评价的概念 ………………………………………………………… (136)
 二、数学教育评价的概念 …………………………………………………… (137)

第二节　数学教育评价的功能与原则 ………………………………………… (137)
 一、数学教育评价的功能 …………………………………………………… (137)

二、数学教育评价的原则 ………………………………………………………… (139)

　第三节　现代数学教育评价的策略 ……………………………………………………… (141)

　　一、数学教育评价的改革与发展 ………………………………………………… (141)

　　二、数学教育评价的策略 ………………………………………………………… (142)

　第四节　数学教育评价的典型案例分析 ………………………………………………… (145)

　　一、PISA 简介 …………………………………………………………………… (145)

　　二、TIMSS 简介 ………………………………………………………………… (148)

　　三、TIMSS 与 PISA 评价的比较分析 ………………………………………… (151)

　习题九 …………………………………………………………………………………… (155)

第十章　数学课堂教学评价 …………………………………………………………… (156)

　第一节　中学数学课堂教学评价标准 …………………………………………………… (156)

　　一、数学课堂教学设计与实施评价标准 ………………………………………… (156)

　　二、数学教师专业素养评价标准 ………………………………………………… (159)

　第二节　数学课堂教学的评价 …………………………………………………………… (159)

　　一、数学课堂教学的目标评价 …………………………………………………… (159)

　　二、数学课堂教学的内容评价 …………………………………………………… (160)

　　三、数学课堂教学的方法评价 …………………………………………………… (161)

　　四、数学课堂教学的过程评价 …………………………………………………… (162)

　习题十 …………………………………………………………………………………… (162)

附表 1　标准正态分布表 ……………………………………………………………… (163)

附表 2　t 分布表 ……………………………………………………………………… (167)

附表 3　χ^2 分布表 …………………………………………………………………… (168)

附表 4　积差相关系数显著性临界值表 ……………………………………………… (170)

附表 5　斯皮尔曼等级相关系数显著性临界值表 …………………………………… (171)

附表 6　肯德尔系数显著性临界值表 ………………………………………………… (172)

附表 7　相关系数的 Z 值转换表 ……………………………………………………… (173)

习题参考答案 …………………………………………………………………………… (175)

参考文献 ………………………………………………………………………………… (178)

第一章 数学成绩的描述统计

　　统计学是一门研究数据的搜集、整理、分析与推断方法的学科. 教育统计学则是一门教育科学与统计学相互交叉的边缘学科, 也是一门把统计的理论与方法应用到教育和心理领域的应用学科. 它是我们正确认识教育和心理现象数量特征的重要工具. 在统计学中, 单纯对一组数据的面貌特征进行分析研究称为描述性统计. 如果这组数据来自于学生的数学成绩, 那么对这组数据进行分析研究就是数学成绩的描述统计. 例如, 某中学要了解高中一年级学生期末的数学成绩, 通常是先取得数据, 对数据归纳分类, 列表画图, 再计算出这组数据的代表值以及衡量这组数据分散程度的数量指标, 用以描述这组数据的特征. 然而, 在实际工作中, 我们往往需要利用由一组数据获得的信息去推断更一般的情形. 例如, 我们要了解某区高中一年级学生期末的数学成绩, 事实上, 不必要对全区所有高中一年级学生进行统计调查, 而是选取样本, 通过对样本的描述来推断整体的特性, 即通过对全区部分高中一年级学生期末的数学成绩进行分析研究, 来推断全区所有高中一年级学生期末数学成绩的总体情况. 统计学上称此为推断性统计. 这种统计方法是教育研究中最常用的方法. 每个教育工作者都应该掌握这一科学方法, 这对于改进教育管理水平, 培养教育科研能力, 正确开展教育教学研究, 提高教学质量和实际工作效率都是十分必要的.

　　当我们根据样本信息进行统计推断时, 势必要冒导致错误结论的风险, 因为样本并非总是与总体一致. 例如, 可能正好抽到数学成绩都好的高中一年级学生组成样本去推断全区高中一年级学生的数学成绩. 但是通常情况下, 我们宁愿担风险也不愿考虑所有对象, 因为考虑所有对象工作量太大而且有时是不可能的. 这样我们就需要研究如何抽取样本, 什么样的样本较为合适. 同时, 还要考虑如何有效地处理和分析数据, 如何设计最佳试验方案, 以减小导致错误结论的风险, 并应用统计学理论计算出现这种风险可能性的大小. 那么, 如何获得数据就显得非常重要.

第一章　数学成绩的描述统计

第一节　怎样获取数据

统计离不开数据,数据也称为资料.我们把搜集记录下来的数量依据称为数据.实际工作中一般采用调查的方法来取得数据.我们以一个例子来说明这种方法.

"某地区初中一年级学生每星期大约玩几个小时游戏?"这是个需要统计的问题,就某一个学校来考虑,获得相应的数据并不困难,只要对每个初中一年级学生调查一下就行了.但是,某地区拥有众多学校,不可能一一调查,我们只能从全地区所有初中一年级学生中抽出部分学生展开调查来获取数据.统计学上称此为抽样调查,并称所考虑对象的全体为**总体**或**母体**,其中每一个对象称为**个体**,而从总体中抽取的一部分个体称为**样本**或**子样**,样本中所含个体的数目称为**样本容量**,通常用字母 n 表示.样本分为大样本($n \geqslant 30$)与小样本($n < 30$).样本容量的选取取决于实验的条件和精确度.样本容量越大,反应总体的信息越充足,但计算量也越大,故样本容量最好适当.我们以后会看到,对于不同的样本所采用的统计方法也不尽相同.

采用抽样调查获取的数据会受到一些条件的制约.例如,这个地区初中一年级学生每星期玩游戏的小时数受学生有无玩游戏的嗜好和对游戏软件中人物喜好程度的影响,抽样调查可能得到不同的调查数据,如果抽到的学生大多数喜欢玩游戏,则相应玩游戏的小时数可能多一些.这就是说,随着样本选取的不同,观测结果也可能不同.因此,为了能充分反应总体的信息,在抽样调查中要求样本满足以下两个条件:第一,每个个体被抽到的可能性相同,个体与个体之间互不影响.数学上称这样的个体互相独立.第二,样本具有和总体相同的本质特性,即样本具有代表性.数学上称此为与总体同分布.满足以上两个条件的样本称为**随机样本**.从总体中抽出一个随机样本,统计学上称为**随机抽样**.

随机抽样的方法很多,常用的有以下几种:

一、简单随机抽样

1. 随机数表法

随机数表是根据数理统计的原理,由许多随机数字排列起来的数字表,表中数字的构造方法是:利用计算机使 $0,1,\cdots,9$ 这 10 个数字号码每次自动出现一个,连续用这种方式得到一串数,编排成组(一般为 4 个数一组).我们仍以"某地区初中一年级学生每星期大约玩几个小时游戏?"为例说明使用随机数表的方法.假如某地区有 2000 名初中一年级学生,需抽出容量为 30 的一个样本,可以先将 2000 人从 0000 号编号到 2000 号,然后按以下步骤进行:第一步,闭上眼睛用铅笔在随机数表上任意点一个点,规定如点到奇数则查第一页,如点到偶数则查第二页;第二步,在选定的那一页上再点一次,由点中的数字决定从哪一行开始,再点一次来决定从哪一个数开始;第三步,以上一步决定的数为起点,开始以四位数字为一组读下去,小于或等于 2000 的选中,大于 2000 的舍去,直到取满 30 个数据为止,这 30 个数据对应的学生即为选中的随机样本.

2. 抽签法

抽签法是指将所有个体编号打乱次序后用类似于抽签的方法从中获取随机样本. 例如,要从某班 50 名学生中抽取容量为 5 的一个样本,可以先把全班学生的编号写在不同的卡片上,再将卡片放进一只盒子里,把盒子摇几下使卡片均匀后,从盒子中抽中 5 张卡片,卡片编号所对应的学生即为选中的随机样本.

二、分层抽样

在抽样时,由于总体的各个个体之间差异较大,因此在样本容量一定的条件下进行分层抽样可以提高调查结果的精确度.

分层抽样是按一定标准把总体中的个体划分为若干层,使相互差异小的个体集中在一层内,再从各层抽取个体构成样本,使样本中各个个体在总体中分布得更均匀.

分层抽样时,从各层抽取样本的个体数可以与各层的个体数成比例,具体做法是:

把总体中 N 个个体划分为 l 个不相重叠的层(部分),使每一层包含的个体数分别为 n_1, $n_2,\cdots,n_l$,且 $n_1+n_2+\cdots+n_l=N$,则第 h 层所含的样本个体数 $\bar{n}_h$ 为

$$\bar{n}_h = n\frac{n_h}{N}, \quad h=1,2,\cdots,l, \tag{1.1.1}$$

其中 n 为样本容量,$\frac{n_h}{N}$ 为第 h 层的层权数.

例如,要从某幼儿园 210 名 4 岁至 6 岁的幼儿中抽出三分之一进行智力测验,已知该幼儿园有 4 岁幼儿 63 人,5 岁幼儿 112 人,6 岁幼儿 35 人. 现在用分层抽样确定各年龄组抽取的幼儿数:由公式(1.1.1)得

4 岁组:$\bar{n}_1=(210/3)\times(63/210)=21$;

5 岁组:$\bar{n}_2=(210/3)\times(112/210)=37$;

6 岁组:$\bar{n}_3=(210/3)\times(35/210)=12.$

三、等距抽样

实际应用中,为了保证样本在总体中分布的均匀性,有时也采用等距抽样. 所谓的**等距抽样**,是指把所有个体按顺序排列起来,然后以确定的相等距离抽取随机样本. 例如,某大学为了抽取部分学生的数学作业进行检查,先确定学生学号中的一个数字,如学号末位为 4,然后依次取各系各班学号末位为 4 的学生的作业为样本. 又如,要从 200 名学生中抽出 40 人

进行数学测验,可以先对 200 名学生编号,然后每 5 个号取一人(由于抽取比率为 40/200＝1/5),从而得到容量为 40 的一个样本.显然,这种方法人为地规定了距离,故抽样的随机性有所减弱.

四、整群抽样

整群抽样又称为**聚类抽样**,是指将总体中各个体归并成若干个互不交叉、互不重复的集合(称为群),然后以群为抽样单位抽取样本的一种抽样方式.应用整群抽样时,要求各群有较好的代表性,即群内各个体的差异要大,群间差异要小.

整群抽样的抽样过程可分为以下几个步骤:

第一步,确定分群的标准;

第二步,将总体分成若干个互不重叠的部分,每个部分为一个群;

第三步,根据样本容量,确定应该抽取的群数;

第四步,采用简单随机抽样,从总群中抽取确定的群数.

整群抽样的优点是实施方便、节省经费;整群抽样的缺点是:样本分布面不广、样本对总体的代表性相对较差,抽样误差往往大于简单随机抽样.

整群抽样与分层抽样在形式上有相似之处,但实际上差别很大.分层抽样要求各层之间的差异较大,层内个体或单元差异较小,而整群抽样要求各群之间的差异较小,群内个体或单元差异较大;分层抽样的样本是从每个层内抽取若干个体构成,而整群抽样则是要么整群被抽取,要么整群不被抽取.整群抽样方法的运用,需要与分层抽样方法区别.当某个总体是由若干个有着自然界限和区分的群(或类别、层次)所组成,同时,不同群相互之间差异较大,而每个群内部的差异较小时,则适合采用分层抽样的方法;反之,当不同群之间差异较小,而每个群内部的差异较大时,则适合采用整群抽样的方法.

抽样分为有放回抽样(从总体中抽出一个个体,记下其特征后再放回总体,然后进行第二次抽取)和无放回抽样(从总体中抽出一个个体后,不再放回去,然后进行第二次抽取)两种方式.当总体中个体数目较多时,这两种抽样方式没有本质区别.教育统计中一般采用无放回抽样,但由于有放回抽样能简化某些计算,故当总体中个体数目较多时,我们可以将其看做有放回抽样.

抽样获取数据离不开求实的科学态度和认真的工作作风,数据如果不准确、不完整,或有遗漏,不仅数据本身失去了价值,而且以此进行分析推断还会导致错误的结论.

作为本节的结束,我们回顾一下获取数据需要注意的问题:

(1) 是否需要抽取样本? 如果需要,样本多大为宜? 样本是随机抽取得到的吗?

(2) 样本结论能否代替总体结论? 也就是说,样本是否能代表总体? 因为如果样本不能代表总体,把样本的结论用到总体上去,可能会出现错误的结论.例如,根据某地区一所中学抽取的样本预测该校有77%的学生能考上大学而断言该地区也有77%的中学生能考上大学,这显然是不切合实际的.

第二节 频数分布

一组数据受获取方法的限制,在未经整理前多数是分散和凌乱的.为了揭示和发现一组数据的内在规律,我们首先要做的工作是把数据列在表上,绘制成图形进行归纳分类.

一、数据的基本类型

教育统计中,常见的数据有以下两种类型:

1. 离散型数据

离散型数据一般是指取整数值的数量指标.这类数据是计数性的,数据之间不能再划分为更小的单位.例如,学校的个数、学生的人数等,这些数据均属于离散型数据.有些教育现象的指标是按属性来划分的,例如学生的能力分为优、良、中、差,但我们可以使其量化,用10代表优,8代表良,6代表中,4代表差,这样得到的数据仍然是离散型的.

2. 连续型数据

连续型数据一般是指经过度量和测定而得到的数量指标.这类数据取值可以连续变化,尽管数据本身仍然是数轴上的点,但数据与数据之间可以无限细分,也就是数据的取值范围可以充满一个区间.例如,学生的考试成绩、儿童的体重等均为连续型数据.连续型数据通常以小数形式出现,虽然有时也会以整数形式出现,但当提高精度后总会出现小数.例如,某学生期末数学成绩为89分,我们可以记为89.0分.

确定了数据类型,我们进一步利用频数分布表和频数分布图来研究数据的变化规律.

二、频数分布表

一组数据中每个数据出现的次数称为这个数据的**频数**.按频数分类列出的一览表称为**频数分布表**.

下面结合例子介绍频数分布表的制作.

例1 某小学测定10岁学生的数学水平,测试题共7道,全校30名10岁学生中有2名答对1道,4名答对2道,5名答对3道,6名答对4道,5名答对5道,5名答对6道,3名答对7道.我们可以列出如表1.1所示的频数分布表.

第一章 数学成绩的描述统计

表1.1　30名10岁学生数学水平的频数分布表

答对题数	频数
1	2
2	4
3	5
4	6
5	5
6	5
7	3
求和	30

例2 某中学普通班80名学生期末数学统考测验得分如下：

58，79，52，66，76，75，83，56，70，71，73，85，80，82，72，75，56，78，59，61，74，68，55，68，76，74，41，91，45，71，82，68，69，63，50，61，84，60，65，71，77，84，85，92，97，70，88，47，66，78，38，67，63，70，66，72，61，73，68，72，74，76，77，87，61，47，52，69，66，68，66，62，64，69，63，65，68，68，66，67．

这一组数据的最大值是97，最小值是38，可见数据分布很散，数据较多，因此我们将它们分组．组的范围称为**组区间**，每组的起、止值分别称为**组下限**和**组上限**，每组的大小（即组上限与组下限之差）称为**组距**．各组组距一般是相同的．分组的原则是：100个以上的数据分为12～20组，数据较少则分为8～10组．分组多则计算量大，分组少则可能将不同性质的数据归在一起产生较大的误差．为了便于计算，组距一般取为3，5，10较为合适．本例可分为13组，组距取为5．我们将组号放在表的第1列，组区间放在第2列，组中值m放在第3列，$m=\frac{1}{2}$（组上限＋组下限），然后用类似于选举唱票、对号入座的方法数出各组的频数放在第4列．有了组的频数，当然也可以计算出组的频率（每组的频数与总频数之比）．为了以后方便，我们把频率放在表的最后一列．最后得到如表1.2所示的频数分布表．细心的读者可能会发现，第12组为90～95，其组上限95正好是第13组的组下限，那么95放在哪一组呢？对此，我们习惯上将组上限放在下一组，而将组下限放在本组，故95放在第13组．有了频数分布表，我们大致可以看出数据所呈现的统计规律．

表1.2　某中学普通班期末数学统考测验成绩的频数分布表

组号	组区间	组中值	频数	频率
1	35～40	37.5	1	0.0125
2	40～45	42.5	1	0.0125

续表

组号	组区间	组中值	频数	频率
3	45～50	47.5	3	0.0375
4	50～55	52.5	3	0.0375
5	55～60	57.5	5	0.0625
6	60～65	62.5	10	0.1250
7	65～70	67.5	20	0.2500
8	70～75	72.5	14	0.1750
9	75～80	77.5	10	0.1250
10	80～85	82.5	6	0.0750
11	85～90	87.5	4	0.0500
12	90～95	92.5	2	0.0250
13	95～100	97.5	1	0.0125
求和			80	1.0000

综上所述,对于分组数据,编制频数分布表归纳为以下几步:

第一步,找极差 R. **极差 R** 定义为

$$R = 最大值 - 最小值.$$

由 R 可以大致了解数据的差异范围.

第二步,定组距 d. 一般为便于计算, d 多数取为 3,5,10.

第三步,定组数 r. 一般数据在 100 个以上分为 12～20 组,数据少时则分为 8～10 组,也可以借用下面的公式确定近似组数:

$$r = \left[\frac{R}{d}\right] + 1,$$

其中方括号 $\left[\frac{R}{d}\right]$ 为 $\frac{R}{d}$ 的整数部分, d 为组距. 在例 2 中,有

$$r = \left[\frac{59}{5}\right] + 1 = 12.$$

第四步,定分点. 通常使分点比原测量精度多一位或少一位. 要注意的是,最低组的组下限应能包括最小值,最高组的组上限应能包括最大值.

第五步,数频数. 根据组限归类,数出全体数据落入每一组的个数.

频数分布表也有其缺点,这是因为分组后原数据不见了,只保留了组中值和组的频数. 我们在下一节将会看到,计算描述一组数据特征的量数依赖于各组的组中值,因此出现了误差. 但是,在理论上,我们一般假定各组内频数分布是均匀的,因而各组的误差会相互抵消,使总误差减小.

三、累积频数分布表

频数分布表给出了各组的频数分布情况,然而有时需要知道某组数据之上或之下的频数有多少.例如,例 2 中我们需要知道成绩低于 60 分的人数,则把前 5 组的频数累加起来.因此,绘制累积频数分布表有一定的实际意义.

累积频数分布表的制作方法很简单,只需在频数分布表上添一列累积频数即可.具体方法是:从数值最小的一组开始,逐组累加频数至数值最大的一组,最后累加的频数与总频数相等.如果把累积频数除以总频数,则得到相应的累积频率,再把累积频率乘以 100 就得到相应的累积百分比.表 1.3 给出了例 2 中数据的累积频数、累积频率、累积百分比分布.

表 1.3 某中学普通班期末数学统考测验成绩的累积频数分布表

组号	组区间	组中值	频数	频率	累积频数	累积频率	累积百分比/%
1	35～40	37.5	1	0.0125	1	0.0125	1.25
2	40～45	42.5	1	0.0125	2	0.0250	2.50
3	45～50	47.5	3	0.0375	5	0.0625	6.25
4	50～55	52.5	3	0.0375	8	0.1000	10.00
5	55～60	57.5	5	0.0625	13	0.1625	16.25
6	60～65	62.5	10	0.1250	23	0.2875	28.75
7	65～70	67.5	20	0.2500	43	0.5375	53.75
8	70～75	72.5	14	0.1750	57	0.7125	71.25
9	75～80	77.5	10	0.1250	67	0.8375	83.75
10	80～85	82.5	6	0.0750	73	0.9125	91.25
11	85～90	87.5	4	0.0500	77	0.9625	96.25
12	90～95	92.5	2	0.0250	79	0.9875	98.75
13	95～100	97.5	1	0.0125	80	1.0000	100.00
求和			80	1.0000			

四、频数分布图

利用频数分布表我们已经看到了频数的一些分布规律,如果借助于图形来表示这些规律,将显得更为直观、形象.通常我们用频数分布图来表示这种规律性.常见的频数分布图有以下几种:

1. 直方图

直方图的画法是:在横轴上标出组距,纵轴上标出频率与组距之比,然后以每组组距为底边,相应的频率与组距之比为高作矩形,所得的图形即为直方图.显然,每个矩形的面积恰好等于数据落在该矩形对应组内的频率,这样所有的矩形面积总和为总频率 1.直方图是利用各个矩形的高低来描述频数分布情况的. 图 1.1 给出了例 2 中数据的直方图. 有时为了简单起见,横轴上只标出组中值,包括组中值在内即为本组组距.

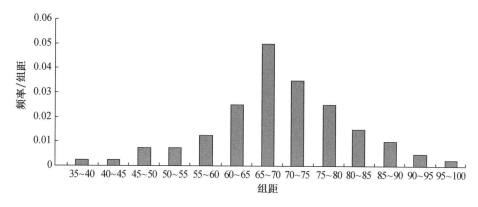

图 1.1　某中学普通班期末数学统考测验成绩的直方图

2. 多边图

多边图的画法类似于直方图,横轴与纵轴标度同直方图,再顺次连接直方图中每相邻两个矩形顶部的中点. 图 1.2 给出了例 2 中数据的多边图. 从图 1.2 中可以看出,连接直方图中每相邻两个矩形顶部的中点,实际上是在横轴上标出各组的组中值,再找出该组对应的频率与组距之比,顺次连接各点.

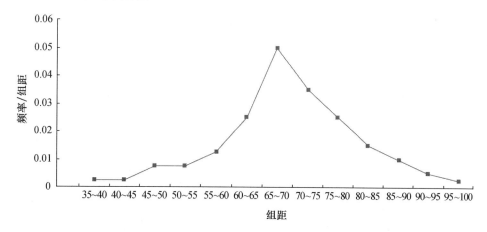

图 1.2　某中学普通班期末数学统考测验成绩的多边图

五、累积频数分布曲线图

累积频数分布曲线图的画法是:取每组的组上限为横坐标,累积频数为纵坐标画点,顺次连接各点成一上升曲线,它就是累积频数分布曲线(也称为 **S 型曲线**或**肩型曲线**). 如果以累积频率为纵坐标,重复上述过程,则得到**累积频率分布曲线图**. 如果再把累积频率乘以 100,则得到累积百分比. 以累积百分比为纵坐标,重复上述过程,则得到**累计百分比分布曲线图**. 为了方便,一般把累积频数分布曲线和累积百分比分布曲线放在一张图上,左边纵轴为累积频数,右边纵轴为累积百分比. 作图时要求两纵轴平行、等长,左边按总频数划分,右边因为累积百分比最大是 100,故划分 100 等份,这样累积频数分布曲线和累积百分比分布曲线合为一条曲线. 图 1.3 给出了例 2 中数据的累积频数和累积百分比分布曲线图.

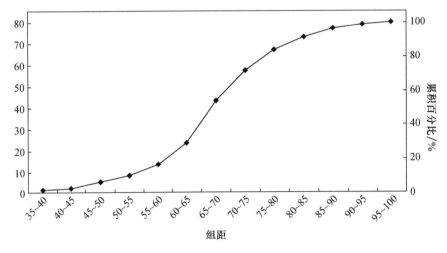

图 1.3　某中学普通班期末数学统考成绩的累积频数和累积百分比分布曲线图

　　这种分布曲线图有一定的实用价值,可以从图中查值,得到小于或大于某值的频数(或频数百分比)有多少,或者得到占频数百分之几的数小于或大于某值. 例如,给出一个分数,我们可以从图上找到这个分数的百分位置,如横轴上给出 82 分,可以从此点向上作垂直于横轴的直线,此直线与累积百分比分布曲线相交于一点,再由此点向右作平行于横轴的直线与右侧纵轴交于一点 90,这表明 82 分位于百分之九十的位置上,说明有百分之九十的学生得分低于 82 分. 反之,如果知道右侧纵轴上的百分比位置,在横轴上也能找到相应的分数,这个分数在此称为**百分位数**. 百分位数可以较为准确地说明某个分数在全体分数中所处的位置. 比如,若有百分之九十的学生成绩在某学生之下,那么该学生的成绩大约为 82 分. 累积百分比分布曲线图在相同科目不同次测验成绩的等值对应中有着广泛的应用.

第三节　集 中 量 数

　　频数分布表和频数分布图仅仅对一组数据进行了归纳性描述,要对数据做进一步的分

第三节 集 中 量 数

析研究,还需要计算出描述这组数据特征的某些量数.例如,一组数据向何处集中？出现最多的数值是什么？中间数值是什么？这些能反映一组数据集中的趋势或一般水平的数值,统计学上称为集中量数或水平值.常见的集中量数有平均数、众数、中数等.

一、平均数

平均数表示一组数据集中的位置,又称为**均值**.

1. 算术平均数

算术平均数是一组数据的所有数据之和除以数据总个数的商,记为 $\bar{x}, \bar{y}, \bar{z}$ 等.

1) 不分组数据求算术平均数

求一组数据算术平均数的公式如下：

$$\bar{x} = \frac{1}{N}\sum_{i=1}^{N} x_i, \tag{1.3.1}$$

其中 $x_i(i=1,2,\cdots,N)$ 为第 i 个数据,N 为数据总个数.

例 1 某校数学兴趣小组 8 人参加数学竞赛,所得分数如下：

$$28,32,44,56,72,38,44,66.$$

求该小组的平均数学成绩.

解 由(1.3.1)式得该小组的平均数学成绩为

$$\bar{x} = \frac{1}{N}\sum_{i=1}^{N} x_i = \frac{1}{8}(28+32+44+56+72+38+44+66)\ \text{分} = 40\ \text{分}.$$

如果数据中有重复的数,我们采用加权形式来求算术平均数."权"为所占的比重,比率和频率都可以看做一种"权".

例如,某校射击队 5 名队员在一次射击中射中的环数分别为 6,6,8,10,10,则平均环数为

$$\bar{x} = \frac{1}{5}(6 \times 2 + 8 \times 1 + 10 \times 2) = 6 \times \frac{2}{5} + 8 \times \frac{1}{5} + 10 \times \frac{2}{5} = 8.$$

把上式一般化,得到

$$\bar{x} = \sum_{i=1}^{n} x_i \frac{f_i}{N}, \tag{1.3.2}$$

其中 $f_i(i=1,2,\cdots,n)$ 为数据 x_i 的频数,$f_1+f_2+\cdots+f_n=N$,$\frac{f_i}{N}$ 为数据 x_i 的频率.

我们称由(1.3.2)式定义的平均数 $\bar{x}$ 为以频率为权的加权平均数.显然,权均为 $1/N$ 的加权平均数为算术平均数.

2) 分组数据求算数平均数(组中值法)

对于分组数据,求算数平均数时,可以先列出频数分布表,再把每组的各个数据都看做与组中值相同的数.这是因为每组内各个数据虽然有大有小,但其相对于组中值的误差最终

趋于抵消,故可以把每组的组中值作为每组的代表值. 由此得到

$$\bar{x} = \frac{1}{N}\sum_{i=1}^{r} m_i f_i, \tag{1.3.3}$$

其中 $m_i(i=1,2,\cdots,r)$ 为第 i 组中的组中值,r 为组数,f_i 为第 i 组的频数,$f_1+f_2+\cdots+f_r=N$.

我们称由(1.3.3)式求平均数的方法为组中值法. 由于我们假定每组中数据都与每组的组中值相同,因此所得的平均数结果很可能与将所有数据相加再除以数据总个数所得的结果不同,即利用组中值法求出的平均数可能只是一个近似值.

例 2 求 §1.2 例 2 中数据的算术平均数.

解 把表 1.2 中的数据代入(1.3.3)式,得所求的算术平均数为

$$\bar{x} = \frac{1}{80}(97.5\times 1 + 92.5\times 2 + \cdots + 37.5\times 1) = 69.5.$$

3) 算术平均数的基本性质

(1) 常数性:

$$\bar{C} = C, \quad C \text{ 为常数}; \tag{1.3.4}$$

(2) 齐次性:

$$\frac{1}{N}\sum_{i=1}^{N} Cx_i = C\frac{1}{N}\sum_{i=1}^{N} x_i; \tag{1.3.5}$$

(3) 可加性:

$$\frac{1}{N}\sum_{i=1}^{N}(x_i + y_i) = \frac{1}{N}\sum_{i=1}^{N} x_i + \frac{1}{N}\sum_{i=1}^{N} y_i; \tag{1.3.6}$$

特别地,有

$$\frac{1}{N}\sum_{i=1}^{N}(x_i + C) = \frac{1}{N}\sum_{i=1}^{N} x_i + C. \tag{1.3.7}$$

2. 加权平均数

几个作用在不同比重上的平均数再进行平均称为加权平均数.

例如,设 $\bar{x}_1$ 是 h_1 个数的平均数,$\bar{x}_2$ 是 h_2 个数的平均数,$\cdots$,$\bar{x}_n$ 是 h_n 个数的平均数,则

$$\bar{x} = \frac{h_1\bar{x}_1 + h_2\bar{x}_2 + \cdots + h_n\bar{x}_n}{h_1 + h_2 + \cdots + h_n}. \tag{1.3.8}$$

如果 $h_1+h_2+\cdots+h_n=N$,则

$$\bar{x} = \frac{1}{N}\sum_{i=1}^{n} \bar{x}_i h_i. \tag{1.3.9}$$

显然,以频率 f_i 为权的加权平均数公式(1.3.2)是(1.3.9)式的特殊情形,这是因为由平均数的常数性有 $\bar{x}_i = x_i$.

对于分组数据,用加权形式求算术平均数 $\bar{x}$ 时,公式(1.3.3)中的 m_i 相当于第 i 个数的

平均数 $\bar{x}_i$.

关于加权平均数,还有其特殊的用途.

例 3 某中学三年级期末数学考试中,实验班 50 名学生的平均分为 85 分,普通班 55 名学生的平均分为 75 分,求全年级期末数学考试的平均成绩.

解 根据公式(1.3.8),所求的平均成绩为

$$\bar{x} = \frac{1}{50+55}(50 \times 85 + 55 \times 75) \text{ 分} = 79.76 \text{ 分}.$$

例 4 某校考查学生的学习成绩时,期末考试成绩占全学期的 80%,平时成绩占全学期的 20%.如果某学生期末考试成绩为 80 分,平时成绩为 90 分,求该学生全学期的平均成绩.

解 根据公式(1.3.8),所求的平均成绩为

$$\bar{x} = \frac{1}{80+20}(20 \times 90 + 80 \times 80) \text{ 分} = 82 \text{ 分}.$$

3. 几何平均数

对于由 N 个数据组成的一组数据,**几何平均数**是这 N 个数据乘积的 N 次方根,记为 $\bar{x}_g$,即

$$\bar{x}_g = \sqrt[N]{x_1 x_2 \cdots x_N}. \tag{1.3.10}$$

几何平均数常常用于计算平均增长率.例如,普通高校招生的年平均增长率、教育经费的年平均增长率、学龄儿童入学人数的年平均增长率等都要用几何平均数进行计算.

例 5 某校 2012—2014 年的招生人数如表 1.4 所示,求该校招生的年平均增长率.

表 1.4 某校 2012—2014 年的招生人数

年份	招生人数	与前一年的比
2012 年	1000	
2013 年	1200	1200/1000
2014 年	1400	1400/1200

解 根据(1.3.10)式,每年与前一年人数比的几何平均数为

$$\bar{x}_g = \sqrt{\frac{1200}{1000} \cdot \frac{1400}{1200}} = 1.18,$$

故该校招生的年平均增长率为 $(\bar{x}_g - 1)100\% = 18\%$.

实际应用中,如果 $N \geqslant 3$,可以利用对数简化计算,方法是:对 $\bar{x}_g = \sqrt[N]{x_1 x_2 \cdots x_N}$ 两边取对数,得到

$$\lg \bar{x}_g = \frac{1}{N}(\lg x_1 + \lg x_2 + \cdots + \lg x_N).$$

查常用对数表得到 $\lg x_i (i=1,2,\cdots,N)$,再查反对数表得到 $\bar{x}_g$.

4. 调和平均数

调和平均数是一组数据的倒数的算术平均数的倒数,记为 $\bar{x}_H$,即

$$\bar{x}_H = \frac{1}{\frac{1}{N}\left(\frac{1}{x_1}+\frac{1}{x_2}+\cdots+\frac{1}{x_N}\right)} = \frac{N}{\sum_{i=1}^{N}\frac{1}{x_i}}. \tag{1.3.11}$$

调和平均数一般用于计算平均速度,例如学生的平均阅读速度、平均解题速度等.

引入调和平均数的原因是:每个人干事情的速度不同,所需单位时间也不同,因而不能用算术平均数来求平均速度. 例如,甲每分钟打 120 字,乙每分钟打 100 字,两人各打 600 字,求甲、乙两人平均每分钟的打字数. 如果用算术平均数来计算,则甲、乙两人平均每分钟的打字数为

$$\bar{x} = \frac{1}{2}(120+100) \text{字} = 110 \text{字}.$$

这个结果与事实不符,因为甲实际用了 5 分钟,乙用了 6 分钟,实际上打了 1200 字,而按平均数计算得两人共打了 1210 字.

事实上,110 为每人每分钟打字数的平均. 而 1/120 为甲打字的单位时间,1/100 为乙打字的单位时间,故 (1/120+1/100)/2 为甲、乙两人平均打字的单位时间,因此其倒数为平均每分钟的打字数,即平均每分钟的打字数为

$$\bar{x}_H = \frac{1}{\frac{1}{2}\left(\frac{1}{120}+\frac{1}{100}\right)} \text{字} = 109 \text{字}.$$

可以验证,这个结果与事实相符.

如果每人打字总数不同,可用加权形式求调和平均数,公式为

$$\bar{x}_H = \frac{1}{\frac{1}{N}\left(\frac{f_1}{x_1}+\frac{f_2}{x_2}+\cdots+\frac{f_s}{x_s}\right)}, \tag{1.3.12}$$

其中 $f_i(i=1,2,\cdots,s)$ 为第 i 个人的打字数,$N=f_1+f_2+\cdots+f_s$ 为总的打字数,x_i 为第 i 个人的打字速度.

例 6 甲、乙两人的打字数分别为 240 字和 400 字,甲每分钟打 120 字,乙每分钟打 100 字,求甲、乙两人平均每分钟的打字数.

解 由 (1.3.12) 式得甲、乙两人平均每分钟的打字数为

$$\bar{x}_H = \frac{1}{\frac{1}{640}\left(\frac{240}{120}+\frac{400}{100}\right)} \text{字} = 107 \text{字}.$$

二、众数

众,就是多或者密集的意思. 数据集合中,出现次数最多的那个数称为**众数**,用 M_0 表

示. 众数具有鲜明的特点. 求众数一般比较简单.

1. 观察法

1) 不分组数据求众数

由定义,一组数据中次数出现最多的数为众数.

例如,某班 40 人参加数学竞赛,结果是 65 分有 5 人,75 分有 20 人,85 分有 10 人,95 分有 5 人,则 75 分出现次数最多,因此众数是 75 分.

如果有两个数据出现的次数相等且最多,那么此时众数就有两个.

2) 分组数据求众数

对于分组数据,先列出频数分布表,再用每组的组中值表示该组一般水平,则频数最大一组的组中值即为众数. 显然,此众数是较为粗略的.

2. 公式法

上述利用组中值求得的众数是粗略众数,有较大的误差. 特别是分组数据的频数分布不对称,众数所在组的上邻组与下邻组有较大差距时,很可能真正的众数被挤向频数较大的相邻组一方,这时用众数所在组的组中值来代表众数是不合适的. 我们用 L, U 分别表示众数所在组的组下限和组上限,f_1 表示与众数所在组的组下限相邻组的频数,f_2 表示与众数所在组的组上限相邻组的频数. 如果众数是自众数所在组的组下限向上挤,则众数所在的位置是 L 加上区间长度 i(组距)的 $f_2/(f_1+f_2)$ 倍处. 这是由于 f_2 在相邻组总频数中占 $f_2/(f_1+f_2)$ 的比重. 反过来,如果众数是自众数所在组的组上限向下挤,那么众数所在的位置是 U 减去区间长度 i 的 $f_2/(f_1+f_2)$ 倍处. 由此,我们得到求众数的近似公式为

$$M_0 = L + \frac{f_2}{f_1+f_2} i, \tag{1.3.13}$$

$$M_0 = U - \frac{f_2}{f_1+f_2} i. \tag{1.3.14}$$

由以上分析,众数也可表示一组数据集中的位置,但对于一组数据中每个数据出现次数相同的情形就不适用了.

三、中数

中数是一组依一定次序排列的数据中位于正中间位置的数,用 M_d 表示.

1. 不分组数据求中数

1) 数据个数为奇数时求中数

例 7 某校参加数学竞赛的 11 名选手的比赛总成绩分别为

73, 75, 77, 79, 76, 80, 89, 87, 83, 92, 97.

求这 11 个成绩数据的中数.

解 把 11 个成绩数据依大小次序排列为
$$73, 75, 76, 77, 79, 80, 83, 87, 89, 92, 97.$$
显然,正中的 80 为中数,因为 80 左、右各有 5 个数.

由此,我们得到数据个数 N 为奇数时,中数为第 $\dfrac{N+1}{2}$ 个数的数值.

2) 数据个数为偶数时求中数

例 8 求 52,55,60,64,67,68 的中数.

解 由中数定义知,中数应在 60 到 64 中间,自然是取其平均数为中数,即
$$M_d = \frac{1}{2}(60 + 64) = 62.$$

由此,数据个数为偶数时,以最中间的两个数的平均数为中数. 显然,在这种情形下中数可能是一个假设数,并不真有其数,如例 8 中的中数 62 就不属于 6 个数据中的任何一个.

2. 分组数据求中数

例 9 表 1.5 给出 25 个数据的频数分布,求这组数据的中数.

表 1.5　25 个数据的频数分布表

组区间	组中值	频数	累积频数
75~80	77.5	1	25
70~75	72.5	3	24
65~70	67.5	5	21
60~65	62.5	10	16
55~60	57.5	4	6
50~55	52.5	2	2
求和		25	

解 由于 $N=25$,因此中数为第 13 个数,它在 60~65 这一组,而这一组以下有 6 个数据,需再向上数 7 个数,才能达到第 13 个数. 而每个区间的长度(组距)为 5,如果 60~65 这一组内 10 个数据是均匀分布的,那么为到达第 13 个数,需要在中数所在组的组下限处加上区间长度的十分之七,即中数应为
$$60 + \frac{7}{10} \times 5 = 63.5.$$

由上例的求解过程,可归纳出如下计算中数的公式:
$$M_d = L + \frac{\dfrac{N+1}{2} - F_b}{f} i, \tag{1.3.15}$$

第三节 集中量数

其中 L 为中数所在组的组下限，F_b 为中数所在组以下的累积频数，f 为中数所在组的频数，i 为组距. 如果取中数所在组的组上限 U，相应有

$$M_d = U - \frac{\frac{N+1}{2} - F_a}{f} i, \qquad (1.3.16)$$

其中 F_a 为中数所在组以上的累积频数.

在第二节中，我们接触到了百分位数，介绍了通过累积百分比分布曲线图找百分位数的方法. 实际上，中数也是一个百分位数，它正好位于百分之五十的位置上. 一般的百分位数用 p_m 表示，称为百分之 m 的百分位数，表示在此百分位数以下的频数占总频数的百分之 m. 类似于公式(1.3.15)和(1.3.16)，我们可得

$$p_m = L + \frac{\frac{m}{100}N - F_b}{f_m} i, \qquad (1.3.17)$$

$$p_m = U - \frac{\left(1 - \frac{m}{100}\right)N - F_a}{f_m} i, \qquad (1.3.18)$$

其中 L 为 p_m 所在组的组下限，U 为 p_m 所在组的组上限，F_b 为 p_m 所在组以下的累积频数，F_a 为 p_m 所在组以上的累积频数，f_m 为 p_m 所在组的频数，i 为组距.

在例 9 中，如果求 p_{25}，由(1.3.17)式得

$$p_{25} = 60 + \frac{\frac{25}{100} \times 25 - 6}{10} \times 5 = 60.125.$$

四、三种集中量数的比较

集中量数的作用是指出一组数据中有代表性的数值，同一组数据的三种集中量数其值一般是不同的，故其实际意义也是有区别的.

例如，某大学教研室教师年龄分别为 32,34,34,45,55 岁，问：哪一年龄具有代表性？

显然，平均数 40 岁不能作为水平值，这是因为平均数与每一个数据有关，受极端值 55 岁的影响而失去代表性. 因此，选择中数或众数 34 岁作为这个教研室教师年龄的一般水平较为合适.

三种集中量数的共性是：反映了一组数据的集中位置，指出了一组数据中有典型意义的数.

平均数应用最为广泛，因为它考虑到了每一个数据，且便于用公式表示. 但是，其缺点是当数据出现较大或较小的极端数值时，用它作为衡量集中趋势的度量会受到较大影响.

中数是位于一组顺序数据正中间的一个数，它不受极端值的影响，但数据过于集中或差

异很大时,则不宜用中数来反映数据的集中趋势.中数不与具体某个数有关,而只是与数据的个数有关,因此,只要中间位置的数值不改变,排列顺序不改变,其两边数值任意改变并不影响中数的值.

例如,在一次数学测验中,20 名学生中有 10 名 80 分,5 名 85 分,5 名 90 分.如果用中数或众数 80 分作为一般水平值是不合适的,这是因为该次测试的成绩分布较为特殊,且每个分数相差不大.因此,在这种情形要用平均数 82.5 分作为集中趋势的度量.

众数由于出现次数最多,往往被认为是一组数据中最典型的一个.但在确定众数时不受其他数据的影响,这是众数最大的缺陷.而且,如果一组数据中有几个数同时符合众数定义时,众数则失去代表性.众数可以消除极端数值的影响,但计算众数大多数是粗略的,因此,它作为集中趋势的度量价值较小.

英国统计学家皮尔逊(Pearson)根据多年的经验发现,当频数分布完全对称时,平均数、中数、众数三者重合.在频数分布不对称时,这三种量数的关系近似为

$$\frac{M_d - M_0}{\bar{x} - M_0} = \frac{2}{3}, \quad 即 \quad M_0 = 3M_d - 2\bar{x}.$$

这样,知道了算术平均数和中数,可以利用上述公式近似求出众数.但是通常不用这个公式求算术平均数或中数.

第四节 差异量数

描述一组数据集中趋势的集中量数只是从一个侧面反映一组数据的特征,当要比较两组数据的差异时,单利用集中量数来进行比较是不够的.

例如,某班 3 次数学测验中学生甲的成绩分别为 80 分,75 分,85 分;学生乙的成绩分别为 60 分,80 分,100 分.问:哪位学生数学成绩较好?

回答这个问题一般是先看两名学生的平均成绩.显然,有

$$\bar{x}_甲 = \bar{x}_乙 = 80 \text{ 分}.$$

这能否说明两人水平一样呢?不然,我们仔细观察一下不难看出,每一组数据本身都有其特性,有的分散,有的集中.通常分散或者集中都有一个相对比较指标,如用平均数作为相对比较指标,第二组数据相对于平均数进行比较,差异较大,不够集中;而第一组数据相对于平均数进行比较,差异较小,较为集中.因此,我们可以认为学生乙的数学成绩不够稳定,而学生甲的数学成绩较为稳定,所以学生甲的数学成绩较好.

这样,在实际统计工作中,我们不仅要考查一组数据的集中位置,还要考查其分散程度.这种用来度量一组数据分散程度(离中程度)的量称为**差异量数**.

常见的差异量数有极差、四分差、平均差和标准差等.

第四节 差异量数

一、极差

极差又称为**全距**,是一组数据中最大值与最小值的差,用 R 表示,即
$$R = 最大值 - 最小值. \tag{1.4.1}$$

极差是衡量一组数据分散程度的粗略度量值. 在绘制频数分布表时我们已经看到,通过极差可以大致看出一组数据的范围.

对于分组数据,R 取最高一组的组上限与最低一组的组下限之差. 由于极差只取决于两个极端数据,不能反映其他数据的分散情况,因此在大多数情形中极差不适合用于衡量一组数据的分散程度.

例 1 两个小组学生的身高(单位:m)分别如下:

甲组:1.80,1.53,1.52,1.51,1.50;

乙组:1.80,1.79,1.78,1.77,1.50.

显然,两组数据的极差都是 0.30 m,但这两组数据有很大的差异.

二、四分差

四分差是 p_{75} 与 p_{25} 之差的一半,用 Q 表示,即
$$Q = \frac{p_{75} - p_{25}}{2}.$$

p_{75},p_{25} 都是百分位数,显然,再加上 p_{50}(中数),它们正好分总频数为相等的四部分. 为了方便,有时把 p_{25} 记为 Q_1,称为第一四分位数,Q_1 以下占总频数的四分之一;把 p_{50} 记为 Q_2,称为第二四分位数,Q_2 以下占总频数的四分之二;把 p_{75} 记为 Q_3,称为第三四分位数,Q_3 以下占总频数的四分之三. 这样,Q 的计算公式为
$$Q = \frac{Q_3 - Q_1}{2}. \tag{1.4.2}$$

显然,四分差 Q 是相对于中数 Q_2 来衡量一组数据分散程度的. 这是因为,如果一组数据频数分布对称,则有
$$Q = Q_3 - Q_2 = Q_2 - Q_1.$$

由求百分位数的公式(1.3.17)类似可得
$$Q_1 = L_1 + \frac{\frac{25}{100}N - F_1}{f_1} i, \tag{1.4.3}$$

$$Q_3 = L_3 + \frac{\frac{75}{100}N - F_3}{f_3} i, \tag{1.4.4}$$

其中 L_1,L_3 分别为第一、第三四分位数所在组的组下限,F_1,F_3 分别为第一、第三四分位数所在组以下的累积频数,f_1,f_3 分别为第一、第三四分位数所在组的频数,i 为组距.

如果数据未分组,只需把每个数据依大小顺序排列,用总频数 N(数据总数)除以 4,即可求得各四分位数 Q_1,Q_2,Q_3 所处的位置.例如,20 名学生一次数学测试成绩按大小排列为

$$64, 65, 66, 68, 70, \mid 71, 72, 73, 75, 76, \mid$$
$$Q_1 Q_2$$
$$84, 85, 86, 87, 90, \mid 92, 96, 97, 98, 90.$$
$$Q_3$$

由数据总数 20 除以 4 可知 Q_1,Q_2,Q_3 所处的位置,进而可得 $Q_1=70.5$,$Q_3=91$,则

$$Q = \frac{Q_3 - Q_1}{2} = \frac{91 - 70.5}{2} = 10.25.$$

三、平均差

我们知道,四分差是相对于中数来衡量一组数据分散程度的差异量数.但在实际生活中平均数比中数应用更广泛,因此我们设想找一个相对于平均数来衡量一组数据分散程度的差异量数.这个差异量数就是平均差.下面结合例子来介绍平均差的定义及计算.

例 2 两个女生小合唱队身高(单位:m)分别如下:

甲队:1.50,1.52,1.49,1.50,1.49;

乙队:1.70,1.50,1.40,1.40,1.50.

显然,$\bar{x}_甲 = \bar{x}_乙 = 1.50$ m.但乙队较甲队身高波动大.我们用数据的差异量数来说明这一点.每个队员的身高相对于平均数都有一个离差 $x_i - \bar{x}$,离差越小,越集中于 $\bar{x}$,但离差有正、有负,如果将全部离差加起来,由于 $\bar{x} = \frac{1}{N}\sum_{i=1}^{N} x_i$ 则 $\sum_{i=1}^{N}(x_i - \bar{x}) = 0$.于是,用离差的绝对值的平均数——**平均差**来刻画数据的离散程度.平均差常常用 MD 来表示,即

$$MD = \frac{1}{N}\sum_{i=1}^{N}|x_i - \bar{x}|. \tag{1.4.5}$$

在本例中,有

$$MD_甲 = \frac{1}{5} \times (|1.50 - 1.50| + \cdots + |1.49 - 1.50|) = 0.008,$$

$$MD_乙 = \frac{1}{5} \times (|1.70 - 1.50| + \cdots + |1.50 - 1.50|) = 0.08.$$

可见,乙队身高的平均差远远大于甲队身高的平均差,因此乙队身高差异较甲队大,即分散程度较甲队大.

如果数据已分组,类似有

$$MD = \frac{1}{N} \sum_{i=1}^{r} f_i |m_i - \bar{x}|, \qquad (1.4.6)$$

其中 $f_i(i=1,2,\cdots,r)$ 为第 i 组的频数,$f_1+f_2+\cdots+f_r=N$,m_i 为第 i 组的组中值,r 为组数.

四、标准差

采用平均差来衡量数据的分散程度要对离差取绝对值,但绝对值运算复杂且不便于进行代数方法处理. 如果给每个离差作平方,并不影响其分散程度的度量,且可以避免总离差为零. 因此,我们引入另一个衡量一组数据分散程度的差异量数——标准差.

标准差是方差的平方根,又称为**均方差**,用 S 或 σ 表示. **方差**是各个数据与平均数离差的平方的算术平均数,用 S^2 或 σ^2 表示,即

$$S^2 = \sigma^2 = \frac{1}{N} \sum_{i=1}^{N} (x_i - \bar{x})^2, \qquad (1.4.7)$$

$$S = \sigma = \sqrt{\frac{1}{N} \sum_{i=1}^{N} (x_i - \bar{x})^2}. \qquad (1.4.8)$$

在概率统计中,有时也把标准差定义为

$$S = \sqrt{\frac{1}{N-1} \sum_{i=1}^{N} (x_i - \bar{x})^2}.$$

其实当 N 较大时,两种形式的计算结果差异不大.

对于分组数据,类似有

$$S = \sqrt{\frac{1}{N} \sum_{i=1}^{r} f_i (m_i - \bar{x})^2}. \qquad (1.4.9)$$

计算 S^2,还可以利用以下简化公式:

$$S^2 = \frac{1}{N} \sum_{i=1}^{N} x_i^2 - \frac{1}{N^2} \left(\sum_{i=1}^{N} x_i \right)^2. \qquad (1.4.10)$$

这是因为

$$S^2 = \frac{1}{N} \sum_{i=1}^{N} (x_i - \bar{x})^2 = \frac{1}{N} \left(\sum_{i=1}^{N} x_i^2 - 2 \sum_{i=1}^{N} x_i \bar{x} + N\bar{x}^2 \right)$$

$$= \frac{1}{N} \left(\sum_{i=1}^{N} x_i^2 - 2N\bar{x}^2 + N\bar{x}^2 \right) = \frac{1}{N} \sum_{i=1}^{N} x_i^2 - \frac{1}{N^2} \left(\sum_{i=1}^{N} x_i \right)^2.$$

对于分组数据,简化公式为

$$S^2 = \frac{1}{N} \sum_{i=1}^{r} f_i (m_i - a)^2 - \frac{1}{N^2} \left(\sum_{i=1}^{r} f_i (m_i - a) \right)^2, \qquad (1.4.11)$$

其中 a 为假定平均数,即频数最多一组的组中值.

例3 某校 50 名小学生身高(单位:cm)分组数据如表 1.6 所示,求这 50 名学生身高的标准差.

表 1.6　50 名小学生的身高分布

身高/cm	人数	身高/cm	人数
108.5 以下	1	118.5～120.5	11
108.5～110.5	3	120.5～122.5	9
110.5～112.5	1	122.5～124.5	5
112.5～114.5	2	124.5～126.5	3
114.5～116.5	6	126.5 以上	2
116.5～118.5	7		

解 $N=50$,取 $a=119.5$. 由公式(1.4.11)得到

$$S^2 = \frac{1}{50}[1\times(107.5-119.5)^2 + \cdots + 2\times(127.5-119.5)^2]$$
$$\quad - \frac{1}{50^2}[1\times(107.5-119.5) + \cdots + 2\times(127.5-119.5)]^2$$
$$= 20.81,$$
$$S = \sqrt{20.81} = 4.56.$$

标准差是衡量一组数据分散程度最有效的量数,它给出了一组数据偏离平均数程度的大小. 标准差越小,这组数据越向平均数集中,即数据的差异越小;标准差越大,这组数据偏离平均数的程度越大,即数据的差异也越大.

五、差异系数

差异量数用来衡量一组数据的分散程度时通常都带有计量单位. 因此,对于不同单位的两组数据,要比较其差异大小,需要引入一个无单位的量. 有时两组数据单位一样,但水平值(平均数)相差悬殊,而有些差异量如标准差是受平均数影响的,因此,对于相同单位但水平值相差悬殊的两组数据,要比较其差异的大小,也需要引入一个不受水平值影响的量. 这个量就是差异系数.

差异系数也称为**相对差异量数**,常常用百分数来表示,它从相对意义上来衡量一组数据的分散程度. 而受其计量单位和水平值影响的差异量数称为**绝对差异量数**. 我们已经介绍过的极差、四分差、平均差、标准差都是绝对差异量数,简称为差异量数.

常用的差异系数有极差系数、标准差系数、四分差系数等.

1. 极差系数

极差系数是一组数据中最大值与最小值的比值,即

$$极差系数 = \frac{最大值}{最小值}. \tag{1.4.12}$$

例 4 某班数学期中与期末测验成绩的最高分和最低分如表 1.7 所示,试用极差系数比较这两次测验成绩的差异程度.

表 1.7 某班数学期中与期末测验成绩的比较

	最高分	最低分	极差	极差系数
期中测验	98	76	22	1.29
期末测验	88	66	22	1.33

由表 1.7 所给出的最高分和最低分可计算出期中与期末测验成绩的极差和极差系数,列于表 1.7 后两列. 可见,尽管极差一样,但由于期中测验成绩普遍高,因此相对来说,其差异程度要低于期末测验成绩.

2. 标准差系数

标准差系数是标准差与其算术平均数的比值的百分数,记为 CV,即

$$CV = \frac{S}{\bar{x}} \times 100\%. \tag{1.4.13}$$

显然,标准差系数实际上是以 $\bar{x}$ 为单位来衡量分散程度的. 由于化成了百分数的形式,故它是一个无单位限制的抽象数值. CV 越小,说明分散程度越小.

例 5 初一某班学生的平均体重为 46 kg,平均身高为 145 cm,体重的标准差为 6 kg,身高的标准差为 50 cm,试用标准差系数比较该班学生体重与身高的差异程度.

解 由公式(1.4.13)有

体重:$CV = \frac{6}{46} \times 100\% = 13.04\%$;

身高:$CV = \frac{50}{145} \times 100\% = 34.48\%$.

可见,身高的差异程度高于体重的差异程度.

例 6 高中一年级某班学生第一次数学测验的平均分为 75 分,标准差为 12 分. 经采取补习措施,第二次测验的不及格率有所下降,且平均分为 78 分,标准差为 10 分. 试用标准差系数比较两次数学测验成绩的差异程度.

解 由公式(1.4.13)有

第一次测验:$CV = \frac{12}{75} \times 100\% = 16\%$;

第二次测验：$CV = \dfrac{10}{78} \times 100\% = 13\%$.

可见,第二次数学测验成绩的差异程度较小,说明经补习后,不但平均成绩有所提高,而且较第一次测验成绩相对于平均分更为集中.

3. 四分差系数

由于四分差是相对于中数来衡量分散程度的,故类似于计算标准差系数的公式(1.4.13),求**四分差系数**的公式为

$$\text{四分差系数} = \dfrac{Q}{M_d} \times 100\%, \quad (1.4.14)$$

其中 Q 为四分差,M_d 为中数.

六、几种差异量数的比较

差异量数是相对于集中量数来定义的,因此,要选用合适的差异量数,首先要注意到集中量数的选取. 例如,如果集中量数选为中数,则差异量数应选为四分差;如果集中量数选为平均数,则差异量数应选为平均差或标准差. 其次,由于各种差异量数受其一定条件的限制,在选用时既要考虑到能够较为理想地反映一组数据的分散程度,又要便于计算. 下面对几种差异量数做一简单比较.

极差只是在大范围内粗略地衡量分散程度,且受极端数据的影响极大,不能反映全部数据的分散程度,一般不适用,但由于计算简单,可以作为一种衡量分散程度的大致估计.

四分差相对于中数来考虑分散程度,意义明确,较好地反映了中间数据偏离中数的程度. 但是,四分差不能考虑两端数据偏离中数的程度,也就是说没有反应全部数据的分散情况. 因此,只有当集中量数选为中数时,用四分差来衡量一组数据的分散程度较为合适.

标准差是最常用、最理想的差异量数. 原因有三:其一,相对的衡量指标平均数是最常用的集中量数;其二,标准差考虑每个数据与平均数离差的大小,因此能够全面考查一组数据的分散程度;其三,标准差写成差方和的形式便于进行代数处理.

当频数分布完全对称时,各种差异量数有以下关系式：

$$S = 1.2533 MD, \quad Q = 0.6745 S, \quad Q = 0.8453 MD.$$

第五节 标准分数

我们知道,利用集中量数可以刻画一组数据的平均水平,利用差异量数可以刻画一组数据的离散程度. 如果对于一名学生而言,那么其两门课程的学习成绩应如何进行比较?假设某学生的数学成绩为 80 分,语文成绩为 70 分,能说他数学比语文学得好吗?若数学和语文

的成绩都是 80 分,能说他这两门课程学得一样好吗? 显然不能. 例如,某班语文考试的平均成绩为 90 分,标准差为 5 分,学生甲得 95 分,比平均成绩高出一个标准差;而数学考试的平均成绩为 80 分,标准差为 10 分,如果甲得 90 分,仍比平均成绩高出一个标准差. 这说明甲两次考试取得的成绩是一致的. 同理,如果学生乙在语文考试中得 80 分,比平均成绩低两个标准差,而在数学考试中的成绩和语文一样差,那么可以估计他在数学考试中得分也低两个标准差,大约为 60 分.

又如,甲、乙两学生分别在人数相同的两个班,一次英语测验中两班的平均分数都是 60 分. 如果甲所在班成绩的标准差大大低于乙所在的班,那么,甲得 70 分,乙得 75 分,未必能说明乙在其班上的名次高于甲在其班上的名次,相反,很有可能甲在其班上的名次要高于乙在其班上的名次.

为了更好地刻画上述现象,下面引进标准分数的概念.

一、标准分数的概念与性质

1. 标准分数的概念

标准分数是原始数据与算术平均数之差除以标准差所得的商,用符号 Z 表示,即

$$Z = \frac{x - \bar{x}}{S}, \tag{1.5.1}$$

其中 $\bar{x}$ 为原始数据的算术平均数,S 为原始数据的标准差,x 为某个原始数据.

从公式(1.5.1)可看出,标准分数可以为正值、零或负值. 如果原始数据大于平均数,则其标准分数为正值;如果原始数据等于平均数,则其标准分数为零;如果原始数据小于平均数,则其标准分数为负值.

标准分数是以平均数为参照点,以标准差为单位,表示一个数据在团体中相对位置的地位量数. 标准分数为 1,表明相应的原始数据在平均数以上一个标准差的位置;标准分数为 -1.8,表明相应的原始数据在平均数以下 1.8 个标准差的位置;等等.

2. 标准分数的性质

当一组数据的每个数据都转换成标准分数后,其标准分数具有如下两个重要性质:

(1) 一组原始数据的标准分数的平均数为零,即 $\bar{Z}=0$;
(2) 一组原始数据的标准分数的标准差为 1,即 $S_Z=1$.

证明如下:

$$\bar{Z} = \frac{\sum_{i=1}^{N} Z_i}{N} = \frac{1}{N}\left(\frac{x_1 - \bar{x}}{S} + \frac{x_2 - \bar{x}}{S} + \cdots + \frac{x_N - \bar{x}}{S}\right) = \frac{1}{N} \frac{\sum_{i=1}^{N}(x_i - \bar{x})}{S},$$

其中 $Z_i(i=1,2,\cdots,N)$ 是第 i 个原始数据的标准分数. 因为 $\sum_{i=1}^{N}(x_i - \bar{x}) = 0$,所以

$$\overline{Z} = \frac{1}{N}\frac{\sum_{i=1}^{N}(x_i-\overline{x})}{S} = \frac{1}{N}\frac{0}{S} = 0.$$

对于 $S_z = \sqrt{\dfrac{\sum_{i=1}^{N}(Z_i-\overline{Z})^2}{N}}$，因为 $\overline{Z}=0$，所以

$$S_z = \sqrt{\frac{\sum_{i=1}^{N}Z_i^2}{N}} = \sqrt{\frac{\sum_{i=1}^{N}\frac{(x_i-\overline{x})^2}{S^2}}{N}} = \sqrt{\frac{\sum_{i=1}^{N}(x_i-\overline{x})^2}{NS^2}}$$

$$= \frac{1}{S}\sqrt{\frac{\sum_{i=1}^{N}(x_i-\overline{x})^2}{N}} = \frac{1}{S}\cdot S = 1.$$

二、标准分数的应用

一组原始数据转换成标准分数后，由于标准分数的平均数为 0，标准差为 1，而且不带有测量单位，当一组数据服从正态分布时，其标准分数服从标准正态分布，因此标准分数具有可比性与可加性.

常常用标准分数确定某考试分数在总体分数中的相对位置和比较不同单位分数的相对位置高低. 标准分数也常常用于考试中的分数合成.

1. 确定某分数在总体分数中的相对位置

当考生的数量很大时，通常通过计算考生成绩的标准分数来确定考生成绩在总体分数中的相对位置.

例 1 在某省中考中，某考生的数学成绩为 90 分，该科全省的平均分为 78 分，标准差为 10 分，试问：该考生在中考中数学成绩处于什么位置？

解 将 $x=90, \overline{x}=78, S=10$ 代入公式(1.5.1)，得

$$Z = \frac{x-\overline{x}}{S} = \frac{90-78}{10} = 1.2.$$

这说明 90 分在全省平均分以上 1.2 个标准差的位置上.

2. 比较不同单位分数相对位置的高低

两种不同考试的分数，由于各科考试内容难度等不同，原始分数具有不同的单位，它们之间不具有直接可比性. 为了比较两种不同考试成绩位置的高低，可将原始分数转换成标准分数，按标准分数大小进行比较.

例 2 某市中考中,数学的平均成绩为 103 分,标准差为 18 分;语文的平均成绩为 97 分,标准差为 17 分.某考生的数学成绩为 139 分,语文成绩为 134 分,问:该考生哪科成绩好些?

解 将两科成绩的原始分数分别转换成相对应的标准分数:

$$Z_{语文} = \frac{x_{语文} - \bar{x}_{语文}}{S_{语文}} = \frac{134 - 97}{17} = 2.18,$$

$$Z_{数学} = \frac{x_{数学} - \bar{x}_{数学}}{S_{数学}} = \frac{139 - 103}{18} = 2.$$

因为 $Z_{语文} > Z_{数学}$,所以该考生语文的中考成绩好于数学的中考成绩.

3. 考试中的分数合成

分数合成是指把多科考试的原始分数组合在一起,得到一个考试总成绩.

在考试中,依据考生的作答情况和评分标准而获得的卷面直接得分为某科的原始分数.

分数合成目前有两种方法:一是各科原始分数直接简单相加;二是用标准分数合成.

各科原始分数直接简单相加是传统考试一直采用的分数合成方法.

由于各科考试难度不同、原始分数不等距、分布形态不同等原因,在标准化考试中常常用标准分数进行分数合成,即将原始分数转换成等距的标准分数再相加,或者先进行正态化处理,再进行合成.这是标准化考试采用的分数合成方法,即标准分数合成方法.

1) 标准分数合成的可行性

(1) 标准分数合成满足了分数合成的条件.

各科分数合成必须同时满足两个条件:一是各科分数要有相同的参照点;二是各科分数要有相同的单位.

参照点是计算事物数量的起点,即零点.标准分数合成中的参照点是一种相对零点,是以各科分数的平均分为参照点的.

单位是标准量的名称,计量某事物的标准量称为单位.标准分数合成中是以各科分数的标准差为单位的.

由于各科试题的难度不尽相同,实际上各科原始分数的平均分和标准差达到完全相同几乎是不可能的.以某省某年高考理科成绩为例,各科原始分数的平均分和标准差如表 1.8 所示.

表 1.8 某省某年高考理科各科原始分数的平均分和标准差统计表

科目	政治	语文	数学	物理	化学	生物	英语
平均分	31.293	67.067	70.579	40.679	57.752	41.965	64.662
标准差	8.874	10.671	18.607	13.025	14.626	9.226	14.225

在各科原始分数平均分与标准差不同,即各科分数的参照点与单位不同的情况下,各科

的原始分数不具备分数合成的条件,显然采用原始分数直接简单相加的分数合成的方法是不科学的.

有人存在这样的误解,各科分数的单位都用"分"来表示,既然都是汉字"分",各科分数的单位就是相同的.实际上,物理的1分、数学的1分和政治的1分,其价值是不相等的.这与人民币的1元和港币的1元之间的关系是一样的道理.不同的货币的交换必须在统一的标准量下进行.

各科分数的相对地位不同,价值也不同.以前面某省某年的高考理科成绩为例,同是85分,不同的科目,其处于理科考生成绩排名的位置也不同.

标准分数的性质表明,各科原始分数的平均分与标准差虽然不同,但通过标准分数转换,都能转换成平均数为0,标准差为1的各科标准分数.各科的标准分数的平均数相同、标准差相同,即各科成绩的参照点、单位相同,所以标准分数合成满足了分数合成的条件.

(2) 标准分数合成保持了各科成绩在总成绩中的原有地位.

通常各科成绩在总成绩中的重要程度不同.我们把某科成绩在总成绩中的重要程度称为权重.权重用权数大小来表示.例如,在我国过去的高考中,曾有过语文、数学满分均为120分,生物满分为70分,其他各科满分为100分.各科满分值不同,体现了各科成绩在总成绩中的不同地位.在考试的每一过程中本应保持各科成绩在总成绩中原有的地位,但采用原始分数直接简单相加合成的方法往往会改变各科成绩应有的原来地位.

语文、数学成绩本应在总成绩中保持1.2的地位,但由于试题难易程度不同,有的学科成绩的地位降低了.例如,某省某年高考中,语文最高分为110分,数学最高分为120分.数学成绩保持了原来在总成绩中的地位,实现了权数1.2的目标;语文成绩在总成绩中的地位却降低了,权数由1.2降到1.1.

下面我们依据某省某年理科各科成绩的百分比与实际占总成绩的百分比对照表来看各科成绩地位的变化.

从表1.9中可以看出,政治成绩从应占总成绩的14.1%上升到19.5%,提高了政治成绩在总成绩中的原有地位;物理成绩从应占总成绩的14.1%下降到11.2%,降低了物理成绩在总成绩中的原有地位.

表1.9 某省某年理科各科成绩与实际成绩的对照表

科目	政治	语文	数学	物理	化学	生物	外语	求和
平均分	77.324	67.184	63.835	44.447	47.593	37.413	59.147	396.943
满分	100	120	120	100	100	70	100	710
应占总成绩的百分比	14.1	16.9	16.9	14.1	14.1	9.8	14.1	100
实际占总成绩的百分比	19.5	16.9	16.1	11.2	12.0	9.4	14.9	100

在分数合成中,采用原始分数直接简单相加合成的方法,由于各科试卷难易程度不同,势必会造成原有的学科成绩地位的改变;采用标准分数合成的方法,权重是在原始分数转换后乘以权数体现的,各科试卷难易程度不会影响各科成绩在总成绩中的原有地位.

(3) 标准分数合成有利于录取.

若采用原始分数直接简单相加的方法合成总成绩,由于每年各科试题难易程度不同,每年的录取控制分数线需依据考生的作答情况及录取比例即时划定;若采用标准分数合成得到总成绩,只要有了当年考生的总人数和计划录取的人数就可以确定出录取控制分数线,无须等到评卷后去确定.

2) 标准分数合成方法

(1) 标准分数简单合成. 原始分数转换成标准分数进行分数合成的前提是原始分数分布服从正态分布. 当原始分数分布为正态分布或接近正态分布时,原始分数才能直接转换成标准分数相加求和.

标准分数简单合成的步骤如下:

① 将各科的原始分数和平均分与标准差代入公式(1.5.1),求出各科原始分数对应的标准分数;

② 各科标准分数相加求和,得到总成绩.

例 3 某次考试中,各科成绩服从正态分布,其平均分和标准差以及甲、乙两考生的各科成绩如表 1.10 所示. 试比较甲、乙两考生总成绩的高低.

表 1.10 甲、乙两考生各科标准分数计算表

科目	平均分	标准差	甲生原始分数	乙生原始分数	甲生标准分数	乙生标准分数
语文	77	10	89	85	1.2	0.8
数学	81	8	84	94	0.38	1.63
外语	84	11	91	84	0.64	0
综合	74	8	79	79	0.63	0.63
求和			343	342	2.85	3.06

解 按标准分数简单合成的步骤,先求出甲、乙考生各科原始分数的标准分数,见表 1.10,再求总分,得

$$Z_{甲生} = 2.85, \quad Z_{乙生} = 3.06,$$

故乙的总成绩高于甲的总成绩.

(2) 正态化处理后转换合成. 在一般的考试中,原始分数分布很难满足服从正态分布这个条件,常常为偏态分布. 此外,标准分数简单合成中没有考虑各科成绩的权重在总成绩中的作用以及原始分数的表示方式与人们的记分习惯不一致等因素,目前在大型常模参照考

试中一般采用正态化处理后转换合成的方法.

正态化处理后转换合成要用到正态分布的相关理论,这些内容将在第二章进行探讨.

习 题 一

1. 简述常用的随机抽样方法.
2. 下面是100名学生的数学测验成绩:

78,89,85,86,48,58,68,78,81,69,68,76,74,63,52,72,63,69,
81,76,72,68,64,73,76,85,67,87,61,52,84,67,72,75,61,59,
83,67,74,72,68,75,71,73,58,64,59,76,86,74,81,74,71,68,
63,52,87,64,85,84,57,75,68,84,90,74,72,76,51,68,59,62,
75,64,58,64,85,76,64,75,75,78,79,72,73,74,85,64,73,64,
67,72,75,61,59,83,67,74,72,75.

请以5为组距,编制一个频数分布表,并绘制频数分布直方图、累积频数分布曲线图.

3. 某班60名学生的数学成绩频数分布表如表1.11所示,试求其算术平均数和中数.

表 1.11 60名学生的数学成绩频数分布表

组别	组中值	频数
45～50	47.5	1
50～55	52.5	3
55～60	57.5	4
60～65	62.5	9
65～70	67.5	16
70～75	72.5	10
75～80	77.5	8
80～85	82.5	5
85～90	87.5	3
90～95	92.5	1
求和		60

4. 某市组织初中一年级的数学竞赛,甲校32人参赛,平均成绩为74.5分;乙校45人参赛,平均成绩为81.2分;丙校38人参赛,平均成绩为76分.求这三所学校数学竞赛的平均成绩.

5. 某年级144名学生的一次数学测验成绩频数分布表如表1.12所示,求其标准差.

表 1.12　144 名学生的一次数学测验成绩频数分布表

组别	组中值	频数
40～45	42.5	5
45～50	47.5	30
50～55	52.5	58
55～60	57.5	42
60～65	62.5	6
65～70	67.5	3
求和		144

6. 求下列 20 个数据的四分差：

51，62，85，76，72，64，58，61，59，58，72，76，74，58，86，63，59，85，76，72.

7. 某中学初中二年级有 160 名学生，数学期末考试成绩制成频数分布表如表 1.13 所示，求其四分差.

表 1.13　160 名学生数学期末考试成绩频数分布表

组别	频数
45～50	3
50～55	8
55～60	12
60～65	20
65～70	38
70～75	30
75～80	23
80～85	15
85～90	9
90～95	2
求和	160

8. 某班语文、数学和英语三科成绩的平均分 $\bar{x}$ 和标准差 S 及某考生的成绩如表 1.14 所示. 假定各科原始分数的分布均接近正态分布，试比较该考生在三个科目上成绩的好坏.

表 1.14　某班语文、数学和英语三科成绩的情况

	语文	数学	英语
$\bar{x}$	80	90	70
S	10	12	8
某考生的成绩	83	96	75

9. 已知某校初中一、二年级数学考试成绩的情况如表 1.15 所示. 甲是一年级的学生，成绩为 70 分；乙是二年级的学生，成绩也是 70 分. 假定两年级数学成绩均近似服从正态分布，试比较甲、乙两名学生数学成绩的高低.

表 1.15　某校初中一、二年级数学考试成绩的情况

年级	平均分	标准差
一年级	80	14
二年级	60	12

第二章 正态分布在数学教育测量与评价中的应用

正态分布也叫做高斯分布,是一种最常见、应用最广泛的连续型随机变量的分布,在理论上占有重要地位.在教育和心理研究中,有许多现象都呈现正态分布.例如,学生的品德一般为正态分布,学生各方面的能力、学业成绩和身体发育指标(如身高、体重)也往往表现为正态分布,即"极好"的人数少,"极差"的人数也少,而"中间"的人数居多.事实上,就教师的教学水平和教学能力而言,一般也呈正态分布.

正态分布在实际问题中普遍存在,是因为当一个随机变量受到许多微小的、相互独立的因素影响且没有一种因素能起主导作用时,这个随机变量一般表现为正态分布.学生的品德或学习能力就受到许多这样因素的影响,如学生的智力水平、家庭状况、自己努力程度、社会环境、班风、校风、教师的教学水平、教学态度等,并且在诸多因素中,没有哪一个因素能对学生的品德或学习能力起决定性的作用,这时学生的品德或能力往往表现为正态分布.正态分布的重要性还在于中心极限定理保证大量独立、同分布的随机变量的和经标准化后近似服从标准正态分布.

第一节 正态分布及标准正态分布

一、正态分布

正态分布,直观上是指在一个频数分布中,中间频数多,而两端频数对称地减少,成一"钟形"对称的分布.正态分布是一种理论上的连续型随机变量的分布,其分布图是一种均匀的圆滑曲线,称为**正态曲线**.正态曲线的一般方程为

$$f(x) = \frac{1}{\sqrt{2\pi}\sigma} e^{-\frac{(x-\mu)^2}{2\sigma^2}}, \quad x \in \mathbf{R}, \tag{2.1.1}$$

其中 $f(x)$ 是正态曲线的高度,表示某观测数据出现的频数;x 是观测数据;μ,σ^2 分别为观测数据总体的平均数和方差.

正态曲线具有如下特点:

(1) $f(x)$ 关于 $x=\mu$ 对称,且在 $x=\mu$ 处取到最大值 $f(\mu)=\dfrac{1}{\sqrt{2\pi}\sigma}$(如图 2.1(a));

(2) 当 σ 保持不变时,正态曲线随着参数 μ 的变化而左、右平移(如图 2.1(a));

(3) 当 μ 保持不变时,正态曲线的"钟形"随着 σ 的增大而变宽,在 $x=\mu$ 的两边下降变平缓;随着 σ 的减小,正态曲线的"钟形"变窄,在 $x=\mu$ 的两边下降变陡急(如图 2.1(b)).

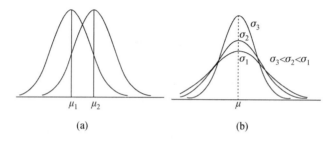

图 2.1　正态曲线

二、标准正态分布

由于正态曲线随着 μ,σ 的变化而不同,即不同的 μ 值和 σ 值的组合,就会得到不同的正态曲线.特别地,当 $\mu=0,\sigma^2=1$ 时,正态曲线是一条确定的曲线,称这条曲线为**标准正态曲线**,对应的分布称为**标准正态分布**.如果一组原始分数服从正态分布,那么这组分数的标准分数的平均分为 0,标准差是 1.因此,这组标准分数就服从标准正态分布.标准正态曲线的方程为

$$\varphi(z)=\dfrac{1}{\sqrt{2\pi}}e^{-\frac{z^2}{2}},\quad z\in \mathbf{R}. \tag{2.1.2}$$

第二节　标准正态曲线下的面积比率及标准正态分布表

正态曲线与其下方坐标轴所围的面积称为正态曲线下的面积,代表频数分布的总次数.正态曲线的对称轴将正态曲线下的面积分为两部分,两部分面积各占总面积的一半.标准正态曲线下的面积为 1,在对称轴 $z=0$ 左、右各 1 个标准差的范围内,包含总面积的 68.26%;左、右各 2 个标准差的范围内,约包含总面积的 95.44%;左、右各 3 个标准差的范围内,约包含总面积的 99.74%,如图 2.2 所示.

第二节　标准正态曲线下的面积比率及标准正态分布表

可见,在标准正态分布情况下,平均数($z=0$)左、右各 3 个标准差以外,剩下不到 0.3% 的面积比率,而在平均数左、右各 2 个标准差以外的面积比率也不足 5%。标准正态曲线下,各种 z 值范围所对应的面积比率都可由标准正态分布表(附表 1)直接查出.

在附表 1 中列出了与各种 z(大于 0)值对应的曲线高 $y=\varphi(z)$ 及面积比率 p(为对称轴与 z 值之间的面积比率),只要知道某个 z 值,就可以在表中查到与 z 值对应的 y(纵轴高)及面积比率 p,反之亦然.附表 1 里的 z(大于 0),p 和 y 表示的实际含义如图 2.3 所示.如果 z 小于 0,可以由对称性得到相应的面积比率.

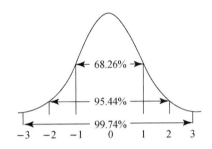

图 2.2　$z=0$ 左、右各 3 个标准差范围内包含总面积的比率

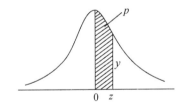

图 2.3　标准正态分布表里 z,y,p 的具体含义

例 1　利用标准正态分布表求:

(1) $z=0$ 到 $z=1$ 之间的面积比率;

(2) $z=-2.5$ 到 $z=-0.5$ 之间的面积比率;

(3) $z=-0.6$ 到 $z=1.5$ 之间的面积比率.

解　查标准正态分布表,得

(1) 当 $z=0$ 时,面积比率为 $p=0$;当 $z=1$ 时,面积比率为 $p=0.34134$.因此 $z=0$ 到 $z=1$ 之间的面积比率为 $p=0.34134$,如图 2.4(a)所示.

(2) 由于正态曲线具有对称性,$z=-2.5$ 到 $z=-0.5$ 之间的面积相当于 $z=2.5$ 到 $z=0.5$ 之间的面积.当 $z=2.5$ 时,$p=0.49379$;当 $z=0.5$ 时,$p=0.19146$.所以 $z=-2.5$ 到 $z=-0.5$ 之间的面积比率为 $p=0.49379-0.19146=0.30233$,如图 2.4(b)所示.

(3) 当 $z=0.6$ 时,$p=0.22575$;当 $z=1.5$ 时,$p=0.43319$.利用正态曲线的对称性,则

$z=-0.6$ 到 $z=1.5$ 之间的面积比率为 $p=0.22575+0.43319=0.65894$，如图 2.4(c)所示. 反之，如果知道特定的面积比率 p，也可查表求得其对应的 z 值.

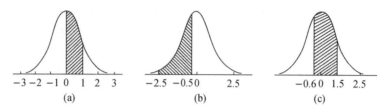

图 2.4 例 1 中各 z 值范围的面积比率

例 2 当 $p=0.4495$ 时，其对应的 z 值为多少？

解 只要在标准正态分布表中 p 列查到 0.4495，就可顺其位置在左边找到其对应的 z 值. 对于 $p=0.4495$，查表得 $z=1.64$.

对于某一特定的 p 值，有时在标准正态分布表中不能直接查到，这时我们可以在表中查出和此 p 值最接近的数值，它所对应的 z 值可作为我们所求的 z 的近似值，也可以利用插值的方法求出 p 对应的 z 值.

例 3 利用标准正态分布表求 $p=0.3910$ 对应的 z 值.

解 在表附 1 中，我们只能查到和 0.3910 较接近的值 0.39065 和 0.39251，而 0.39065 离 0.3910 更近些，所以以 0.39065 对应的 $z=1.23$ 作为所求的 z 值.

本例也可以用插值的办法求得 z 值，插值公式为

$$z = \frac{(p-p_1)(z_2-z_1)}{p_2-p_1} + z_1,$$

其中 p 为给定的面积比率，它位于已知的 p_1 和 p_2 之间，z_1 和 z_2 是标准正态分布表中 p_1 和 p_2 对应的 z 值.

本例中，$p=0.3910, p_1=0.39065, p_2=0.39251$，而 $z_1=1.23, z_2=1.24$，所以

$$z = \frac{(0.3910-0.39065)(1.24-1.23)}{0.39251-0.39065} + 1.23 \approx 1.232,$$

它与 1.23 相差不多. 因此完全可以用 1.23 作为近似值.

第三节 标准正态曲线下的面积在数学教育测量与评价中的应用

由于在教育中存在大量呈正态分布的现象，如学生的能力水平、学习成绩、身体发育指标等，因此正态分布在教育领域中应用非常广泛. 下面仅就标准正态曲线下的面积在数学教育测量与评价中的应用举例说明.

第三节　标准正态曲线下的面积在数学教育测量与评价中的应用

一、求考试成绩中特定分数段的人数比率

例 1　某区 800 名学生的数学统考成绩服从正态分布,其平均分为 75 分,标准差为 5 分,利用标准正态曲线下的面积推求 60 分以下,70~80 分,80~90 分各分数段的人数占总人数的比例,并估计各分数段各有多少人.

解　由于 800 名学生的数学统考成绩服从正态分布,因此可根据标准正态曲线下的面积推算各分数段人数,具体步骤如下:

(1) 求出各分数区间界限的标准分数.

已知 $\bar{x}=75, S=5$,所以

60 分的标准分数为 $Z_1 = \dfrac{60-75}{5} = -3$;

70 分的标准分数为 $Z_2 = \dfrac{70-75}{5} = -1$;

80 分的标准分数为 $Z_3 = \dfrac{80-75}{5} = 1$;

90 分的标准分数为 $Z_4 = \dfrac{90-75}{5} = 3$.

(2) 以(1)中的标准分数为 z 值,查标准正态分布表,得对应的面积比率 p.

当 $z=Z_3=1$ 时,得 $p=0.34134$;当 $z=Z_4=3$ 时,得 $p=0.49865$.所以 80~90 分的人数占总人数的比例为

$$0.49865 - 0.34134 = 0.15731.$$

利用标准正态曲线的对称性知,60 分以下的人数占总人数的比例为

$$0.5 - 0.49865 = 0.00135,$$

70~80 分的人数占总人数的比例为

$$0.34134 \times 2 = 0.68268.$$

(3) 用总人数乘以各分数段人数比例,求得各分数段的人数.

由于参加考试的有 800 人,所以各分数段的人数(以整数计)如下:

60 分以下:800×0.00135 人＝1 人;

70~80 分:800×0.68268 人＝546 人;

80~90 分:800×0.15781 人＝126 人.

由于标准正态曲线的对称性,因此上例中 60~70 分之间的人数与 80~90 分之间的人数相同,而 90 分以上的人数与 60 分以下的人数相同.各分数段的人数之和应等于参加考试的总人数,即

$$546 + 126 \times 2 + 1 \times 2 = 800.$$

图 2.5 给出了本例中原始分数与标准分布的对应关系及各分数段的人数.

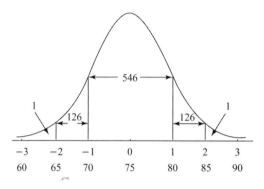

图 2.5　原始分数与标准分数的对应关系及各分数段的人数

二、确定考试成绩中某一特定人数比率的分数界限

例 2　某校数学考试成绩服从正态分布,平均分为 $\bar{x}=85$ 分,标准差为 $S=6$ 分,求中间 50% 的学生成绩的上、下限.

解　由于考试成绩服从正态分布,因此可利用标准正态曲线下的面积解决此问题. 中间 50% 的学生比率也就是标准正态曲线中间 50% 的面积比率,即 $z=0$ 左、右各占 25%.

查标准正态分布表,当面积比率 $p=0.25$ 时,其对应的 z 值为所求的标准分数上限,$-z$ 的值便是所求的标准分数下限. 但在附表 1 中直接查不到 $p=0.25$ 的值,取与它最接近的 0.24857,得对应的 $z=0.67$.

有了 z 值,即得标准分数 Z,而且已知 $\bar{x}=85$ 分,$S=6$ 分,所以可以利用公式

$$Z=\frac{x-\bar{x}}{S},\quad 即\quad x=\bar{x}+ZS$$

求出原始分数 x,从而得中间 50% 的学生成绩的下限为 $85+(-0.67)\times 6=80.98$ 分,上限为 $85+0.67\times 6=89.02$ 分,即中间 50% 的学生成绩基本在 81~89 分之间.

三、确定各成绩等级的理论人数

研究表明,学生的学习成绩及人的能力服从正态分布. 在对学生的学习成绩、能力、品德进行评定时,常常采用按等级评定的办法. 被评团体各等级的合理人数,可用标准正态曲线下的面积来确定. 在用标准正态曲线下的面积来确定各等级的人数时,其前提是被评变量的等级的变化范围是已知的,而且各等级区间长度相等.

例 3　对 400 名学生的数学创新能力按优秀、良好、中等、及格、不及格 5 级进行评定,已知学生数学创新能力服从正态分布,用标准正态曲线下的面积推测各等级理论上应该有多少人.

第三节 标准正态曲线下的面积在数学教育测量与评价中的应用

解 由于标准正态分布情况下，$\pm 3\sigma$ 之间几乎包括了全部观测值，可以认为 400 名学生的数学创新能力等级标准分布在 $\pm 3\sigma$ 范围内．又由于各等级区间长度相等，可以把 $\pm 3\sigma$ 区间平均分成 5 等份，即每一等级占的区间长为 $\dfrac{6\sigma}{5}=1.2\sigma=1.2\ (\sigma=1)$，如图 2.6 所示．

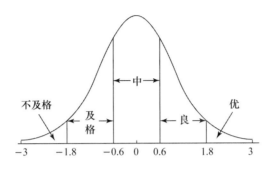

图 2.6　例 6 的等级区间

从图 2.6 中我们可以找到每一等级在标准正态曲线下的位置，然后查标准正态分布表，求得每一等级包含的面积比率，它就是各等级的人数比率．由图 2.6 中显示出的优、良、中、及格、不及格各等级的 z 值区间，查标准正态分布表可求得各等级的人数比率如下：

优：$z=1.8$ 右侧对应的面积比率，为 $0.5-0.46407=0.03593$．

良：$z=0.6$ 与 $z=1.8$ 之间的面积比率，为 $0.46407-0.22575=0.23832$．

中：$z=\pm 0.6$ 之间的面积比率，为 $0.22575+0.22575=0.4515$．

及格：$z=-1.8$ 与 $z=-0.6$ 之间的面积比率．由对称性知，它和 $z=0.6$ 与 $z=1.8$ 之间的面积比率相等，也是 0.23832．

不及格：$z=-1.8$ 左侧的面积比率．由对称性知，它和 $Z=1.8$ 右侧的面积比率相等，也是 0.03593．

用被评定的总人数 $N=400$ 分别乘以各等级的人数比率，便得到各等级的相应人数：

优秀和不及格的人数都为 $400\times 0.03593=14$ 人；

良好和及格的人数都为 $400\times 0.23832=95$ 人；

中等的人数为 $400\times 0.4515=182$ 人．

各等级人数之和应等于总人数，即

$$14\times 2+95\times 2+182=400.$$

四、等级评定转化为标准分数

由于学生的学习成绩或能力是服从正态分布的，因此在对学生学业或能力进行等级评定时，我们可以利用标准正态曲线下的面积，把等级评定转换成标准分数，以便进行合并或比较．

第二章　正态分布在数学教育测量与评价中的应用

例 4　某班进行口试,有三位主试教师,每位主试教师分别评定并记录学生的口试成绩,然后综合三位主试教师的评定结果确定每个学生的口试成绩.学生的成绩分为 5 个等级,即优、良、中、及格、不及格.全班共 60 名学生,每位主试教师评定的各等级人数列于表 2.1 中.在这 60 名学生中,抽出甲、乙两名学生,并将三位主试教师对他们的评定结果列在表 2.2 中.请比较甲、乙两名学生成绩的优劣.

表 2.1　60 名学生的口试成绩各等级人数

等级	主试教师		
	A	B	C
优	5	25	2
良	12	15	10
中	30	15	35
及格	10	5	10
不及格	3	0	3
求和	60	60	60

表 2.2　三位教师对甲、乙两名学生的评定结果

主试教师	A	B	C
甲	优	优	良
乙	良	优	优

解　甲、乙两名学生得到的等级评定结果都是两个优一个良,按照传统方法进行考核时,是没有区别的.事实上,三位主试教师给出的评定结果中频数分布是不一样的,即每位主试教师给出的优秀的分量是不同的.假定学生的口试成绩服从正态分布,那么可以利用标准正态曲线下的面积分别求出各位主试教师评定的各等级的标准分数.因为标准分数具有可加性,所以每个学生的成绩可以用三位主试教师评定结果的标准分数的平均值来表示.

具体步骤如下:

第一步:求出各位主试教师评定的各等级人数比率(以下简称等级比率).

第二步:利用标准正态曲线下的面积,分别求出各位主试教师评定的各等级的标准分数.

方法是:先求出各等级比率的中点(即等级比率的一半),再将其与相应等级以下的等级比率相加(以下称为等级中心以下累加比率),视结果相对于 0.5 的大小取比率 p,然后查

第三节 标准正态曲线下的面积在数学教育测量与评价中的应用

标准正态分布表得 z 值,进而得到相应的标准分数 Z.

每位主试教师评定的各等级标准分数列于表 2.3 中.对于表 2.3 中各标准分数的求法,下面以教师 A 为例并结合图 2.7 作说明.

表 2.3　三位主试教师所评定等级的标准分数

等级	主试教师								
	A			B			C		
	人数比率	中点以下累加比率	标准分数 Z	人数比率	中点以下累加比率	标准分数 Z	人数比率	中点以下累加比率	标准分数 Z
优	0.083	0.9585	1.73	0.417	0.7915	0.81	0.033	0.9835	2.13
良	0.200	0.8170	0.90	0.250	0.4580	−0.11	0.167	0.8835	1.19
中	0.500	0.4670	−0.08	0.250	0.2080	−0.81	0.583	0.5085	0.22
及格	0.167	0.1335	−1.11	0.083	0.0415	−1.73	0.167	0.1335	−1.11
不及格	0.050	0.0250	−1.96	0.000	0.0000		0.050	0.0250	−1.96
求和	1.000			1.000			1.000		

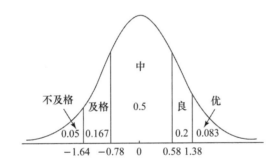

图 2.7　求等级标准分数的示例

教师 A 对 60 名学生的评定结果中,不及格的有 3 人,占总人数的比例为 0.05,其一半为 0.025.由于不及格等级在图 2.7 中标准正态曲线的左侧,取比率 $p=0.5-0.025=0.475$,查标准正态分布表,得对应的 z 值为 1.96,其相反数 −1.96 即为不及格等级的标准分数:$Z=-1.96$.

及格等级人数的比率为 0.167,其一半为 0.0835,及格等级中点以下累加比率为 $0.0835+0.05=0.1335$.取比率 $p=0.5-0.1335=0.3665$,查标准正态分布表,得 z 值为 1.11,其相反数 −1.11 即为及格等级的标准分数.

同样,中等等级的中点以下累加比率为 $(0.05+0.167+0.5/2)=0.467$.取比率 $p=0.5-0.467=0.033$,查标准正态分布表,得 z 值为 0.08,其相反数 −0.08 即为中等等级的标准分数.

良好等级的中点以下累加比率为 $(0.05+0.167+0.5+0.2/2)=0.817$.由于良好等级

在图 2.7 中标准正态曲线的右侧,取比率 $p=0.817-0.5=0.317$,查标准正态分布表,得 z 值约为 0.90,它就是所求的良好等级的标准分数.

优秀等级中点以下累加比率为 $(1-0.083/2)=0.9585$. 取比率 $p=0.9585-0.5=0.4585$,查标准正态分布表,得 z 值为 1.73,即优秀等级的标准分数为 $Z=1.73$.

用同样方法可以求出 B,C 两位教师评定结果的标准分数,见表 2.3.

第三步:求两名学生的标准分数的平均值,并进行比较.

学生甲被评等级为优、优、良,转换成标准分数分别为 1.73,0.81 和 1.19,其标准分数的平均值为

$$(1.73+0.81+1.19)/3 \approx 1.243.$$

同样,学生乙的标准分数的平均值为

$$(0.9+0.81+2.13)/3 = 1.28.$$

所以,学生乙的成绩优于学生甲的成绩.

五、分析试题的难度

例 5 某班数学考试中,答对第 1 题的人数占全班总人数的 5%,答对第 2 题的人数的占全班总人数的 15%,答对第 3 题的人数占全班总人数的 25%. 假定学生成绩服从正态分布,问:3 道题的难度各如何?3 道题的难度差异相等吗?

解 由于学生成绩服从正态分布,可利用标准正态曲线下的面积找到每题未答对人数百分比所对应的 z 值. z 值越大,则题目难度越大. 常通称这一 z 值为难度值.

已知答对第 1 题的人数占 5%,那么未答对的人数占 95%. 取 $p=0.95-0.5=0.45$,查标准正态分布表,得 $z=1.64$;同样,答对第 2 题的人数占 15%,未答对的人数占 85%,取 $p=0.85-0.5=0.35$,查表得 $z=1.04$;答对第 3 题的人数占 25%,未答对的人数占 75%,取 $p=0.75-0.5=0.25$,查表得 $z=0.67$.

3 道题的难度值分别为

$$z_1 = 1.64, \quad z_2 = 1.04, \quad z_3 = 0.67.$$

可见,第 1 题难度最大,第 2 题次之,第 3 题相对容易. 虽然 3 道题中每道题的答对率都相差 10%,但是题目之间的难度差异却不相等,这是因为百分数是不等距的. 利用未答对人数百分比所对应的 z 值可以比较出题目相互间的难度差异,如第 1 题与第 2 题之间的难度差异是 0.6,而第 2 题与第 3 题之间的难度差异是 0.37.

六、确定录取分数线

在规模比较大的选拔性或竞赛性考试中,录取或获奖人数往往是事先确定的. 所以,需要在录取工作开始之前就划定了一个分数线. 如果考试成绩呈正态分布,就可以利用录取人

数和考生人数的比例确定录取分数线. 此时,录取人数和考生人数的比例即为分数线右侧的面积比率,通过查标准正态分布表即可确定录取分数线.

例 6 要在参加某数学竞赛初赛的 1000 名参赛者中选择 200 名进入决赛,假设数学竞赛成绩接近正态分布,平均分为 67,标准差为 10,问:最低录取线是多少?

解 为了能保证最优秀的考生进入决赛,可利用标准正态曲线下的面积,并将初赛录取人数的比率放在标准正态分布的最右端,由此确定查标准正态分布表时需要的比率 p. 通过查表得到 z 值,它即为最低录取线的标准分数,然后由标准分数计算公式,就可求得对应的原始分数,即最低录取线. 具体的做法是:

第一步,求出录取率:$200/1000=0.2$;

第二步,确定查标准正态分布表需要的比率 p:$0.5-0.2=0.3$;

第三步,查标准正态分布表知标准分数为 $Z=0.845$;

第四步,计算原始分数:$x=\bar{x}+ZS=67+0.845\times10=75.45$,即确定的分数线为 75.45 分.

习 题 二

1. 某地区中考模拟考试的数学成绩服从正态分布 $N(\mu,\sigma^2)$,其中 $\mu=52$ 分,$\sigma=7$ 分. 如果某考生得 59 分,问:有多少考生名列该考生之后?

2. 某市 600 名小学生的数学竞赛成绩服从正态分布,其平均分为 65 分,标准差为 15 分. 利用标准正态曲线下的面积求 60 分以下,60~70 分,70~80 分,80 分以上各分数段可能占总人数多大比例,并估计各分数段有多少人.

3. 学生的数学创新能力一般是服从正态分布的. 若某校 500 名高中一年级学生按创新能力分成优秀、良好、中等、合格 4 组,问:各组分别应该有多少人?(为了计算方便,假设 500 名学生都在 $\mu\pm3\sigma$ 之间)

4. 某工厂进行招工考试,有 1000 人参加,计划招工 400 人. 已知考试成绩服从正态分布 $N(\mu,\sigma^2)$,且 $\mu=65$ 分,$\sigma=5$ 分,问:应如何确定录取分数线?

5. 某大学学生的数学成绩服从正态分布 $N(\mu,\sigma^2)$,其中 $\mu=75$ 分,$\sigma=5$ 分. 从该校某系随机抽出 120 人,求:

(1) 成绩低于 70 分的人数;

(2) 成绩在 75~80 分之间的人数;

(3) 成绩高于 80 分的人数.

6. 已知某项考试的成绩服从正态分布,其中平均分为 82 分,标准差为 8 分. 问:成绩在 80~90 分之间的考生占多大比例?

第三章 数学教育中的相关因素分析

数学教育中的诸多现象或行为之间的关系通常被作为研究对象,例如数学测试题的难度与数学成绩、数学题的训练量与数学问题解决的能力、学生的智力水平与数学成绩、学生中考数学成绩与高考数学成绩之间的关系.在统计学中,这种关系叫做相关关系,相应的研究对象叫做相关因素或相关变量.也就是说,相关关系是指相关变量之间存在着的不严格确定的依存关系.

为了测定相关关系的密切程度,就要计算相关系数.相关系数是说明相关变量之间相关关系密切程度的统计分析指标,通常用字母 r 来表示.

相关系数没有单位,其值在 $-1 \sim 1$ 之间(即 $-1 \leqslant r \leqslant 1$).当相关系数 $r>0$ 时,相关关系为正相关,相关变量按同方向变化(即一个变量的值增大时,另一个变量的值也随之增大;反之亦然).特别地,当 $r=1$ 时,相关关系为完全正相关.当相关系数 $r<0$ 时,相关关系为负相关,相关变量按相反的方向变化(即一个变量的值增大时,另一个变量的值却随之减小;反之亦然).特别地,当 $r=-1$,相关关系为完全负相关.当相关系数 $r=0$ 时,相关关系为零相关,变量的值的变化不存在依存关系(即一个变量的值增大时,另一个变量的值可能增大也可能减小,并且增大、减小的机会均等),这种情况也称为不相关.

相关系数 r 的绝对值越接近 0,表示变量之间的密切程度越小;相反,r 的绝对值越接近 1,表示变量之间的密切程度越大.一般来说,在样本量较大($n \geqslant 30$)时,相关的密切程度可以作如下分类:当 $0.7 \leqslant |r| \leqslant 1$ 时,相关关系称为高度相关;当 $0.4 \leqslant |r| < 0.7$ 时,相关关系称为中度相关;当 $0 \leqslant |r| < 0.4$ 时,相关关系称为低度相关.相关关系的密切程度与 r 的正、负无关.

在数学教育测量中,针对相关变量性质的不同,常用的几种相关关系分析方法有积差相关法、等级相关法、点二列相关法、二列相关法与 Φ 相关法.

第一节 积差相关

一、积差相关法的概念

积差相关法是由英国统计学家皮尔逊(K. Pearson)提出的一种研究相关关系的方法,也称为**皮尔逊相关法**.研究两个变量之间的相关关系时,积差相关法是最基本、运用最普遍的一种相关分析方法.积差相关法研究的变量主要是连续型变量,它们各自的观测数据为等距或等比的,且可以比较大小,可以用加、减法计算出差异,比如"年龄"变量、"成绩"变量等.

设有两个服从正态分布的变量 X 和 Y,它们的 n 个观测点的成对数据可记为

$$(X_1, Y_1), (X_2, Y_2), \cdots, (X_n, Y_n).$$

根据这些成对的观测数据,我们可以计算成对的观测数据离差值,即

$$(x_1, y_1), (x_2, y_2), \cdots, (x_n, y_n),$$

其中 $x_i = X_i - \bar{X}, y_i = Y_i - \bar{Y} (i=1,2,\cdots,n).$

基于上述观测数据所得的离差值结果进行相关关系分析的方法,称为**积差相关法**.

积差相关法的适用条件如下:

(1) 两个变量的分布均呈正态分布或接近正态的单峰分布.
(2) 两个变量均是由测量获得的连续型变量.
(3) 两个变量之间呈线性关系(两变量是否呈线性关系可由散点图来判断).
(4) 变量数据是成对数据,而且每对数据之间相互独立.
(5) 样本容量 $n \geq 30$.只有在样本容量足够大时,计算出的积差相关系数才有意义.

在本节及后续章节的例题中,为了简明计算方法,仅以小样本为例.

二、积差相关系数的基本公式

计算**积差相关系数**的基本公式是

$$r_{XY} = \frac{\sum_{i=1}^{n} x_i y_i}{\sqrt{\sum_{i=1}^{n} x_i^2} \sqrt{\sum_{i=1}^{n} y_i^2}}, \qquad (3.1.1)$$

其中 r_{XY} 是变量 X, Y 的数据之间的积差相关系数,$\sum_{i=1}^{n} x_i^2 = \sum_{i=1}^{n} (X_i - \bar{X})^2$ 是变量 X 各观测数据离差值的平方和,$\sum_{i=1}^{n} y_i^2 = \sum_{i=1}^{n} (Y_i - \bar{Y})^2$ 是变量 Y 各观测数据离差值的平方和,$\sum_{i=1}^{n} x_i y_i$

$= \sum_{i=1}^{n}(X_i - \overline{X})(Y_i - \overline{Y})$ 是各对观测数据的离差值乘积之和.

当然,积差相关系数的基本公式也可以用下面的形式表达:

$$r_{XY} = \frac{\sum_{i=1}^{n}(X_i - \overline{X})(Y_i - \overline{Y})}{\sqrt{\sum_{i=1}^{n}(X_i - \overline{X})^2}\sqrt{\sum_{i=1}^{n}(Y_i - \overline{Y})^2}}. \tag{3.1.2}$$

三、利用基本公式计算积差相关系数

上述计算积差相关系数的两个公式(3.1.1)与(3.1.2)结构对称,易于理解与掌握,但在具体计算过程中,计算量比较大,所以需要分步计算,最后综合各步骤的结果得出积差相关系数的值.主要计算步骤可归纳为以下几步:

第一步,计算两组观测数据的平均数 $\overline{X}$ 和 $\overline{Y}$;

第二步,计算两组观测数据的离差值 $x_i = X_i - \overline{X}$ 和 $y_i = Y_i - \overline{Y}$;

第三步,计算各成对观测数据离差值的乘积 $x_i y_i$ 以及乘积之和 $\sum_{i=1}^{n} x_i y_i$;

第四步,计算两组观测数据的离差平方和,即 $\sum_{i=1}^{n} x_i^2$ 和 $\sum_{i=1}^{n} y_i^2$;

第五步,将上述计算结果代入公式(3.1.1)或公式(3.1.2),求出 r_{XY}.

例1 某校高中三年级 10 名学生在某次数学测验中的成绩 X_i 和同时段一次智商测验的得分 Y_i 如表 3.1 第 2,3 列所示,试求学生的数学成绩与智商之间的积差相关系数.

表 3.1 计算积差相关系数示例 1

学生编号 i	X_i	Y_i	x_i	y_i	x_i^2	y_i^2	$x_i y_i$
1	140	105	13.7	1	187.69	1	13.7
2	113	90	−13.3	−14	176.89	196	186.2
3	120	90	−6.3	−14	39.69	196	88.2
4	133	125	6.7	21	44.89	441	140.7
5	139	115	12.7	11	161.29	121	139.7
6	143	115	16.7	11	278.89	121	183.7
7	133	105	6.7	1	44.89	1	6.7
8	91	95	−35.3	−9	1246.09	81	317.7
9	126	100	−0.3	−4	0.09	16	1.2
10	125	100	−1.3	−4	1.69	16	5.2
平均数	126.3	104					
求和					2182.10	1190	1083.0

解 根据公式(3.1.1)及计算步骤可进行表上操作：

(1) 准备一个表如表 3.1 所示，共 8 个栏目，从左至右为编号，$X_i, Y_i, x_i, y_i, x_i^2, y_i^2, x_i y_i$.

(2) 在表 3.1 最底端空出两行，用以记录相关数据的平均数及求和，即 $\bar{X}, \bar{Y}$ 和 $\sum_{i=1}^{n} x_i^2, \sum_{i=1}^{n} y_i^2, \sum_{i=1}^{n} x_i y_i$.

(3) 从已知的 10 对观测数据出发，根据公式(3.1.1)的结构，先计算出 $\bar{X}$ 和 $\bar{Y}$，并把结果记录在所对应的表格中.

(4) 按表 3.1 的结构内容，从左至右逐列地完成有关计算，最终得到所需的数据，依次是 $\sum_{i=1}^{n} x_i^2, \sum_{i=1}^{n} y_i^2$ 和 $\sum_{i=1}^{n} x_i y_i$.

(5) 将 $\sum_{i=1}^{n} x_i^2 = 2182.1, \sum_{i=1}^{n} y_i^2 = 1190$ 和 $\sum_{i=1}^{n} x_i y_i = 1083$ 代入公式(3.1.1)，计算出积差相关系数 r_{XY}：

$$r_{XY} = \frac{\sum_{i=1}^{n} x_i y_i}{\sqrt{\sum_{i=1}^{n} x_i^2} \sqrt{\sum_{i=1}^{n} y_i^2}} = \frac{1083}{\sqrt{2182.1} \sqrt{1190}} \approx 0.672.$$

所以学生的数学成绩与智商呈中度的正相关.

四、利用原始数据直接计算积差相关系数

除了利用基本公式外，还可以不通过计算平均数及离差值而直接利用原始数据来计算积差相关系数.

从公式(3.1.2)出发，将其中的 $\bar{X}$ 与 $\bar{Y}$ 作代换

$$\bar{X} = \frac{1}{n} \sum_{i=1}^{n} X_i, \quad \bar{Y} = \frac{1}{n} \sum_{i=1}^{n} Y_i,$$

则该公式可变形为

$$r_{XY} = \frac{\sum_{i=1}^{n}(X_i - \bar{X})(Y_i - \bar{Y})}{\sqrt{\sum_{i=1}^{n}(X_i - \bar{X})^2} \sqrt{\sum_{i=1}^{n}(Y_i - \bar{Y})^2}} = \frac{\sum_{i=1}^{n}\left(X_i - \frac{1}{n}\sum_{i=1}^{n} X_i\right)\left(Y_i - \frac{1}{n}\sum_{i=1}^{n} Y_i\right)}{\sqrt{\sum_{i=1}^{n}\left(X_i - \frac{1}{n}\sum_{i=1}^{n} X_i\right)^2} \sqrt{\sum_{i=1}^{n}\left(Y_i - \frac{1}{n}\sum_{i=1}^{n} Y_i\right)^2}}$$

$$= \frac{\sum_{i=1}^{n}\left(X_iY_i - \frac{1}{n}Y_i\sum_{i=1}^{n}X_i - \frac{1}{n}X_i\sum_{i=1}^{n}Y_i + \frac{1}{n^2}\sum_{i=1}^{n}X_i\sum_{i=1}^{n}Y_i\right)}{\sqrt{\sum_{i=1}^{n}\left(X_i^2 - \frac{2}{n}X_i\sum_{i=1}^{n}X_i + \frac{1}{n^2}\left(\sum_{i=1}^{n}X_i\right)^2\right)}\sqrt{\sum_{i=1}^{n}\left(Y_i^2 - \frac{2}{n}Y_i\sum_{i=1}^{n}Y_i + \frac{1}{n^2}\left(\sum_{i=1}^{n}Y_i\right)^2\right)}}$$

$$= \frac{\sum_{i=1}^{n}X_iY_i - \frac{1}{n}\sum_{i=1}^{n}\left(Y_i\sum_{i=1}^{n}X_i\right) - \frac{1}{n}\sum_{i=1}^{n}\left(X_i\sum_{i=1}^{n}Y_i\right) + \sum_{i=1}^{n}\left(\frac{1}{n^2}\sum_{i=1}^{n}X_i\sum_{i=1}^{n}Y_i\right)}{\sqrt{\sum_{i=1}^{n}X_i^2 - \frac{2}{n}\sum_{i=1}^{n}\left(X_i\sum_{i=1}^{n}X_i\right) + \frac{1}{n^2}\sum_{i=1}^{n}\left(\sum_{i=1}^{n}X_i\right)^2}\sqrt{\sum_{i=1}^{n}Y_i^2 - \frac{2}{n}\sum_{i=1}^{n}\left(Y_i\sum_{i=1}^{n}Y_i\right) + \frac{1}{n^2}\sum_{i=1}^{n}\left(\sum_{i=1}^{n}Y_i\right)^2}}$$

$$= \frac{\sum_{i=1}^{n}X_iY_i - \frac{1}{n}\sum_{i=1}^{n}X_i\sum_{i=1}^{n}Y_i - \frac{1}{n}\sum_{i=1}^{n}Y_i\sum_{i=1}^{n}X_i + n\frac{1}{n^2}\sum_{i=1}^{n}X_i\sum_{i=1}^{n}Y_i}{\sqrt{\sum_{i=1}^{n}X_i^2 - \frac{2}{n}\sum_{i=1}^{n}X_i\sum_{i=1}^{n}X_i + \frac{1}{n^2}n\left(\sum_{i=1}^{n}X_i\right)^2}\sqrt{\sum_{i=1}^{n}Y_i^2 - \frac{2}{n}\sum_{i=1}^{n}Y_i\sum_{i=1}^{n}Y_i + \frac{1}{n^2}n\left(\sum_{i=1}^{n}Y_i\right)^2}}$$

$$= \frac{\sum_{i=1}^{n}X_iY_i - \frac{1}{n}\sum_{i=1}^{n}X_i\sum_{i=1}^{n}Y_i}{\sqrt{\sum_{i=1}^{n}X_i^2 - \frac{1}{n}\left(\sum_{i=1}^{n}X_i\right)^2}\sqrt{\sum_{i=1}^{n}Y_i^2 - \frac{1}{n}\left(\sum_{i=1}^{n}Y_i\right)^2}} = \frac{n\sum_{i=1}^{n}X_iY_i - \sum_{i=1}^{n}X_i\sum_{i=1}^{n}Y_i}{\sqrt{n\sum_{i=1}^{n}X_i^2 - \left(\sum_{i=1}^{n}X_i\right)^2}\sqrt{n\sum_{i=1}^{n}Y_i^2 - \left(\sum_{i=1}^{n}Y_i\right)^2}}.$$

通过以上的变换与化简,就可以得到另一个计算积差相关系数的公式:

$$r_{XY} = \frac{n\sum_{i=1}^{n}X_iY_i - \sum_{i=1}^{n}X_i\sum_{i=1}^{n}Y_i}{\sqrt{n\sum_{i=1}^{n}X_i^2 - \left(\sum_{i=1}^{n}X_i\right)^2}\sqrt{n\sum_{i=1}^{n}Y_i^2 - \left(\sum_{i=1}^{n}Y_i\right)^2}}. \tag{3.1.3}$$

公式(3.1.3)是利用原始数据 X_i 和 Y_i 直接计算积差相关系数的公式. 在该公式中, $\sum_{i=1}^{n}X_i$ 是变量 X 各观测数据之和, $\sum_{i=1}^{n}Y_i$ 是变量 Y 各观测数据之和, $\sum_{i=1}^{n}X_i^2$ 是变量 X 各观测数据的平方和, $\sum_{i=1}^{n}Y_i^2$ 是变量 Y 各观测数据的平方和, $\sum_{i=1}^{n}X_iY_i$ 是变量 X,Y 各对观测数据的乘积之和.

下面通过一个例子来说明该公式的使用步骤.

例 2 某高中三年级 15 名学生两次数学考试的成绩如下:

第一次考试:158,141,158,144,102,161,142,153,147,167,163,132,117,148,128;

第二次考试:144,134,133,122,110,121,141,111,111,158,140,120,127,148,142.

计算这两次考试成绩的积差相关系数.

解 第一步,设计一个表,共 6 列,从左至右依次为学生编号 $i, X_i, Y_i, X_i^2, Y_i^2$ 和 X_iY_i,如表 3.2 所示;

第一节 积差相关

第二步,将第一次考试和第二次考试的成绩分别作为变量 X 和 Y 的各对观测数据登记在第 2 列和第 3 列;

第三步,计算变量 X 各观测数据的平方 X^2,登记在第 4 列;

第四步,计算变量 Y 各观测数据的平方 Y_i^2,登记在第 5 列;

第五步,计算变量 X 和 Y 的各对观测数据的乘积 X_iY_i,登记在第 6 列;

第六步,逐个计算第 2,3,4,5,6 列各列数据的和,登记在本列的最后一行;

第七步,将最后一行的数据代入公式(3.1.3),可得

$$r_{XY} = \frac{n\sum_{i=1}^{n}X_iY_i - \sum_{i=1}^{n}X_i\sum_{i=1}^{n}Y_i}{\sqrt{n\sum_{i=1}^{n}X_i^2 - \left(\sum_{i=1}^{n}X_i\right)^2}\sqrt{n\sum_{i=1}^{n}Y_i^2 - \left(\sum_{i=1}^{n}Y_i\right)^2}}$$

$$= \frac{15 \times 284236 - 2161 \times 1962}{\sqrt{15 \times 315911 - 2161^2}\sqrt{15 \times 259690 - 1962^2}}$$

$$\approx 0.421.$$

表 3.2 计算积差相关系数示例 2

学生编号 i	X_i	Y_i	X_i^2	Y_i^2	X_iY_i
1	158	144	24964	20736	22752
2	141	134	19881	17956	18894
3	158	133	24964	17689	21014
4	144	122	20736	14884	17568
5	102	110	10404	12100	11220
6	161	121	25921	14641	19481
7	142	141	20164	19881	20022
8	153	111	23409	12321	16983
9	147	111	21609	12321	16317
10	167	158	27889	24964	26386
11	163	140	26569	19600	22820
12	132	120	17424	14400	15840
13	117	127	13689	16129	14859
14	148	148	21904	21904	21904
15	128	142	16384	20164	18176
求和	2161	1962	315911	259690	284236

从结果可见,这两次数学考试成绩之间存在着中等程度的正相关关系.

本节共介绍了两种计算积差相关系数的方法,需要指出的是,相关系数与抽样数据的样本容量密切相关,观测数据越多,积差相关系数的值就越稳定,其可靠性也相对越高;反之,观测数据越少,计算出的积差相关系数的误差就越大,可靠性相对越低.因此,计算积差相关系数时需要考虑样本容量因素.

第二节 等级相关

在数学教育领域的研究中,有时所要研究的变量其观测数据不是等距或等比的,而是具有等级次序的;有时所要研究的变量即使是连续型变量,但其分布形态不明确或不呈正态分布.这两种情况都不满足利用积差相关法的条件.在这种情况下,欲讨论各变量之间的相关性,就要用等级相关法来分析.

等级相关法是依据等级次序来研究变量之间相关关系的方法.等级相关法研究的变量以等级变量为主.等级变量是以等级次序排列或表示的变量,例如学生数学成绩的排名.本书要讨论的等级相关包括斯皮尔曼等级相关和肯德尔多列等级相关.

一、斯皮尔曼等级相关

1. 斯皮尔曼等级相关法的概念

斯皮尔曼等级相关法的概念是英国心理学家斯皮尔曼(C. E. Spearman)在皮尔逊积差相关法思想的基础上提出的,是较为常用的一种等级相关法.斯皮尔曼等级相关法是针对等级变量数据的相关关系分析方法.

斯皮尔曼等级相关法的适用情况有两种:

(1) 两列观测数据中至少有一列是等级变量数据.

(2) 两列观测数据均是连续型变量的数据,但是其中的一列或两列主要是依靠非测量方法进行粗略评估得到的.例如,对某数学教师的上课表现进行评估,评委会给出一个得分,这个得分不是经过测量得到的.针对这一类型的数据,经过适当转换后,可采用斯皮尔曼等级相关法进行分析.

此外,斯皮尔曼等级相关法不要求样本的总体呈正态分布,对样本量也没有严格要求,所以适用范围较广.

2. 计算斯皮尔曼等级相关系数的基本公式

计算斯皮尔曼等级相关系数的基本公式是

$$r_\mathrm{s} = 1 - \frac{6}{n(n^2-1)} \sum_{i=1}^{n} D_i^2, \tag{3.2.1}$$

其中 r_s 是斯皮尔曼等级相关系数，n 是样本容量，D_i 是两个变量的第 i 对数据等级之差，称为等级差数，$\sum_{i=1}^{n} D_i^2$ 是所有等级差数的平方和.

此时，如果两变量的观测数据都是等级变量的数据，D_i 可以直接计算求得. 但对于连续型变量的观测数据，则需将观测数据按大小顺序赋给名次等级，再运用公式(3.2.1)求斯皮尔曼等级相关系数.

3. 利用基本公式计算斯皮尔曼等级相关系数

在计算斯皮尔曼等级相关系数之前，首先要检查两变量的性质，针对变量的性质确定计算步骤.

1) 两变量均为等级变量

如果两变量 X 和 Y 均为等级变量，即每一个变量的观测数据都是以等级次序表示的，那么将 X 和 Y 的观测数据分别记为 R_x 和 R_y. 这时，主要计算步骤如下：

第一步，计算等级差数，即计算每对成对数据的差 $D_i = R_x - R_y$；

第二步，求所有等级差数的平方和 $\sum_{i=1}^{n} D_i^2$；

第三步，将样本容量 n 和等级差数的平方和 $\sum_{i=1}^{n} D_i^2$ 代入公式(3.2.1)，并求出结果.

例 1 某高中数学教研室通过以下两个途径对数学教师进行考查：一是，通过督导随机听课的形式给教师作听课排名；二是，按照教师所任教班级学生的数学考试成绩排名. 高中三年级 8 名数学教师的听课排名与班级学生的数学考试成绩排名如表 3.3 所示，试求在这一样本前提下这两种考查途径的相关程度.

表 3.3 斯皮尔曼等级相关系数计算示例 1

教师编号	听课排名 R_x	考试成绩排名 R_y	等级差数 D_i	等级差数的平方 D_i^2
1	6	7	−1	1
2	8	6	2	4
3	4	2	2	4
4	2	1	1	1
5	5	5	0	0
6	1	3	−2	4
7	7	8	−1	1
8	3	4	−1	1
求和				16

第三章 数学教育中的相关因素分析

分析 本例中的两组变量均为等级变量,因此可直接利用公式(3.2.1)计算斯皮尔曼等级相关系数.

解 根据公式(3.2.1)及主要计算步骤可进行表上操作:

(1) 设计一个表,共 5 列,从左至右依次是教师编号、听课排名、考试成绩排名、等级差数和等级差数平方,如表 3.3 所示.

(2) 根据第 2 列和第 3 列的两项排名数据,依次计算等级差数 D_i 及其平方 D_i^2,并将这两组数据依次填入第 4 列和第 5 列中.

(3) 计算等级差数平方和 $\sum_{i=1}^{n} D_i^2$,并填入第 5 列的最后一行中.

(4) 将 $n=8$ 和 $\sum_{i=1}^{n} D_i^2 = 16$ 代入公式(3.2.1),得

$$r_s = 1 - \frac{6}{n(n^2-1)} \sum_{i=1}^{n} D_i^2 = 1 - \frac{6}{8(8^2-1)} \times 16 \approx 0.8095.$$

由此可知,教师的听课排名与其任教班级学生的考试成绩排名呈高度的正相关.

2) 至少有一个变量为连续型变量

如果观测的变量至少有一个是连续型变量,而其观测数据主要是依靠非测量方法得到的,比如教师给学生的数学日记的评分,这种评分虽然采用的是百分制或连续评分制,但是所给的成绩往往缺乏精确度,只能是一个大致评估的分数,这时也可以采用等级相关法求相关系数.将观测所得的评分数据赋予等级是使用这一方法的关键.下面通过一个例子来说明具体的做法.

例 2 某高中一年级数学兴趣班共有 6 个小组.在一次关于"勾股定理证明方法"的课外活动中,整个活动是按照"课前准备→小组讨论→教师引导→小组讨论→得出方法"这几个环节展开的.教师鼓励各组能够提供更多正确的证明方法,并在活动结束后给各小组的合作度评估打分(十分制).表 3.4 给出了各小组的合作度评分与正确的证明方法数,试采用等级相关分析小组合作度与合作成果(正确的证明方法数)之间的相关情况.

分析 从题目中提供的信息来看,各小组提供的正确的证明方法数可看做连续型变量,但各小组的合作度分数主要是教师根据观察到的现象进行综合评估得来的,分数的准确性不够.因此,采用等级相关计算是合适的.但是,在计算时,两变量的观测数据不能直接相加减计算等级差数,应先将其赋予等级.

解 首先设计一个表如表 3.4 所示,共 7 个列.与表 3.3 相比,这里增加了两列,主要用于将两变量的观测数据赋予名次等级.具体计算步骤如下:

(1) 确定一个统一的原则,将观测数据从高到低排列赋予等级 $1,2,\cdots,n$,或者从低到高赋予等级 $1,2,\cdots,n$.这两种等级转换方法均可,但在同一题目中只能采用其中的一种,不能

同时交叉使用.在本例中,按从高到低赋予等级1,2,3,4,5,6.

表 3.4 斯皮尔曼等级相关系数计算示例 2

小组编号 i	合作度评分 X_i	正确的证明方法数 Y_i	R_x	R_y	D_i	D_i^2
1	9	8	2	3.5	−1.5	2.25
2	7.5	6	5	5	0	0
3	8	8	4	3.5	0.5	0.25
4	8.5	9	3	2	1	1
5	6	4	6	6	0	0
6	9.5	10	1	1	0	0
求和						3.5

(2) 先将合作度评分按照(1)中所述的原则转换成顺序等级,填写在 R_x 列中.在本例中,合作度分数第 1 名是 9.5 分,第 2 名是 9 分,…,第 6 名是 6 分.将正确的证明方法数用同样的原则赋予等级,填写在 R_y 列中,但是这里第 1 组和第 3 组所提供的正确的证明方法数相同,同时排在第 2 名之后,此时则取第 3 名和第 4 名的平均值 3.5 作为其等级.

(3) 计算等级差数 D_i 及 $\sum_{i=1}^{6} D_i^2$,并把计算结果填写在相应的表格中.

(4) 将表 3.4 中的数据代入公式(3.2.1),得

$$r_S = 1 - \frac{6}{n(n^2-1)} \sum_{i=1}^{n} D_i^2 = 1 - \frac{6 \times 3.5}{6(6^2-1)} = 0.9.$$

这表明,小组合作度与合作成果之间呈高度正相关.由此可见小组合作度在小组学习中的重要性.

二、肯德尔多列等级相关

1. 肯德尔多列等级相关法的概念

当多个(两个以上)变量是等级变量时,描述这些变量之间相关性的量是肯德尔和谐系数,对应的分析相关性的方法称为**肯德尔多列等级相关法**.肯德尔多列等级相关法,也叫做**肯德尔和谐系数法**或 **W 检验**,是分析多个等级变量相关的方法,它适用于 K 个评价者评价 n 个对象或一个评价者 K 次对 n 个对象做出评价的一致性分析.

2. 计算肯德尔和谐系数的基本公式

1) 无相同等级的情况

当同一位评价者在一次评价中所评的 n 个对象等级都不相同时,**肯德尔和谐系数**的计算公式是

$$r_W = \frac{SS_R}{\frac{1}{12}K^2(n^3-n)}, \tag{3.2.2}$$

其中 r_W 是肯德尔和谐系数，K 是评价者的人数或一人评价时评价的次数，n 是评价对象的个数，SS_R 是等级的离差平方和，其具体计算公式为

$$SS_R = \sum_{i=1}^n R_i^2 - \frac{1}{n}\left(\sum_{i=1}^n R_i\right)^2. \tag{3.2.3}$$

其中 R_i 是第 i 个评价对象在 K 次评价中所被赋予的等级之和.

2) 有相同等级的情况

当同一位评价者在一次评价中对评价对象的评价有相同等级时，可对肯德尔和谐系数的基本公式(3.2.2)进行校正，校正后的公式为

$$r_W = \frac{SS_R}{\frac{1}{12}K^2(n^3-n) - K\sum_i T_i}, \tag{3.2.4}$$

其中

$$T_i = \frac{1}{12}\sum_j (m_{ij}^3 - m_{ij}), \tag{3.2.5}$$

m_{ij} 是第 i 次评价中第 j 个相同等级的个数，K, n, SS_R 的意义同公式(3.2.3).

3. 利用基本公式计算肯德尔和谐系数

利用基本公式(3.2.2)计算肯德尔和谐系数主要是计算离差平方和 SS_R，而要计算 SS_R，则需先计算等级之和 R，然后通过公式(3.2.3)计算得到．下面通过一个例子来说明.

例3 某中学举办数学教师说课比赛，有6名教师进入决赛．学校邀请了4位专家为这6名教师的说课表现排序，具体数据如表3.5所示，问：这4位专家评价的一致性如何？

表3.5 肯德尔多列等级相关系数计算示例1

教师编号	专家				R_i	R_i^2
	A	B	C	D		
1	3	2	2	1	8	64
2	1	1	1	2	5	25
3	6	5	5	6	22	484
4	4	6	6	5	21	441
5	5	3	4	3	15	225
6	2	4	3	4	13	169
求和					84	1408

分析 在该问题中，4位专家作为评价者对6位教师做了等级评价，符合运用肯德尔多列相关法计算相关系数的条件.

解 首先设计一个表如表3.5所示，第1列为评价对象的编号，后面若干列为评价者为评价对象的评定等级，倒数第2列为每一位评价对象在 K 次评价中获得的等级之和 R，最后

一列为等级之和的平方 R_i^2；最后一行为所需计算的总和，其数据用于计算离差平方和 SS_R. 具体计算步骤如下：

（1）计算第 i 位教师获得的等级之和 R_i 以及等级之和的平方 R_i^2，将结果填写入表 3.5 第 6 列和第 7 列的相应位置.

（2）计算 $\sum_{i=1}^{6} R_i$ 和 $\sum_{i=1}^{6} R_i^2$，并填入表 3.5 第 7 列和第 8 列的最后行.

（3）通过公式(3.2.3)计算离差平方和 SS_R. 在本例中，将 $\sum_{i=1}^{6} R_i = 84, \sum_{i=1}^{6} R_i^2 = 1408$ 代入公式(3.2.3)，得

$$SS_R = \sum_{i=1}^{n} R_i^2 - \frac{1}{n}\left(\sum_{i=1}^{n} R_i\right)^2 = 1408 - \frac{84^2}{6} = 232.$$

（4）通过公式(3.2.4)计算肯德尔和谐系数. 在本例中，将 $n=6, K=4, SS_R=232$ 代入公式(3.2.2)，得出 4 位专家为这 6 个教师等级评定的肯德尔和谐系数

$$r_W = \frac{SS_R}{\frac{1}{12}K^2(n^3-n)} = \frac{232}{\frac{1}{12}\times 4^2 \times (6^3-6)} \approx 0.829.$$

由此结果可知，这 4 位专家评定等级的相关程度呈高度正相关，即他们评价的一致性很高.

例 4 同一位教师对 5 名学生的几何作图作业用等级先后评价了 4 次，其结果如表 3.6 所示. 从总体上来说，这 4 次评价是否一致？

表 3.6 肯德尔多列等级相关系数计算示例 2

学生编号	原评价等级				新评价等级				R_i	R_i^2
	第 1 次	第 2 次	第 3 次	第 4 次	第 1 次	第 2 次	第 3 次	第 4 次		
1	2	1	2	3	2	1	1	1.5	5.5	30.25
2	1	2	3	4	1	2.5	2	3	8.5	72.25
3	5	4	4	5	5	5	4	4.5	18.5	342.25
4	3	2	4	4	3	2.5	4	1.5	11	121
5	4	3	4	5	4	4	4	4.5	16.5	272.25
求和									60	838

分析 该例中，教师对学生的评价有等级相同的情况，应运用肯德尔和谐系数的校正公式(3.2.4)来计算.

解 首先设计一个表如表 3.6 所示，其中第 1 列为评价对象的编号，第 2 至 5 列为评定者对评价对象的评价等级，第 6 至 9 列为根据原评价等级重新赋予的新等级，倒数第 2 列为每一位评价对象获得的等级之和 R，最后一列为等级之和的平方 R^2；最后一行为所需计算的总和，用于计算离差平方和 SS_R. 具体计算步骤如下：

(1) 为每次评价的等级重新赋予等级并填入表3.6第6至9列的相应位置.这时应先对评价等级排序,如遇到相同等级的,则取其算术平均数.

(2) 计算每一位学生被赋予的新的等级之和 R 以及等级之和的平方 R^2,将结果填入表3.6第10列和第11列的相应位置.

(3) 计算 $\sum_{i=1}^{6} R_i$ 和 $\sum_{i=1}^{6} R_i^2$,并将结果填入表3.6第10列和第11列的最后一行.

(4) 通过公式(3.2.3)计算离差平方和 SS_R. 将 $n=5, \sum_{i=1}^{5} R_i = 60, \sum_{i=1}^{6} R_i^2 = 838$ 代入公式(3.2.3),得

$$SS_R = \sum_{i=1}^{n} R_i^2 - \frac{1}{n}\left(\sum_{i=1}^{n} R_i\right)^2 = 838 - \frac{60^2}{5} = 112.$$

(5) 通过公式(3.2.5)计算 T_i,从而求得 $\sum_i T_i$ 的值. 在第2次评价中有2个2相同,则

$$T_2 = \frac{2^3 - 2}{12} = \frac{1}{2};$$

在第3次评价中有3个4相同,则

$$T_3 = \frac{3^3 - 3}{12} = 2;$$

在第4次评价中有2个3相同和2个5相同,则

$$T_4 = \frac{1}{12}\sum_{j=1}^{2}(m_{4j}^3 - m_{4j}) = \frac{2^3 - 2}{12} + \frac{2^3 - 2}{12} = 1.$$

于是

$$\sum_i T_i = \frac{1}{2} + 2 + 1 = \frac{7}{2}.$$

(6) 通过公式(3.2.4)计算肯德尔和谐系数. 在本例中,将 $n=5, K=4, SS_R = 238$, $\sum_i T_i = \frac{7}{2}$ 代入公式(3.2.4),得出该位教师4次评价的肯德尔和谐系数为

$$r_W = \frac{SS_R}{\frac{1}{12}K^2(n^3-n) - K\sum_i T_i} = \frac{112}{\frac{1}{12} \times 4^2 \times (5^3-5) - 4 \times \frac{7}{2}} \approx 0.767.$$

由此结果可知,这位教师的4次评价呈高度正相关,即评价的一致性很高.

第三节 二列相关与 Φ 相关

本节要讨论的相关关系与二分变量有关.二分变量是反映事物的两种对分属性的变量. 例如,性别关系中的"男性"与"女性",回答问题中的"对"与"否",等等,都是二分变量.

第三节 二列相关与Φ相关

一、点二列相关

1. 点二列相关法的概念

如果所要研究的两个变量中,一个是正态连续型变量,另一个是二分变量,那么我们把分析这两个变量之间的相关关系的方法叫做**点二列相关法**.

2. 计算点二列相关系数的基本公式

点二列相关系数的基本公式为

$$r_{pb} = \frac{\overline{x}_p - \overline{x}_q}{S_t}\sqrt{pq}, \tag{3.3.1}$$

其中 r_{pb} 是点二列相关系数;p 是二分变量中某一类别频数的比率,q 表示二分变量中另一类别频数的比率,即 $q=1-p$;$\overline{x}_p$ 表示与二分变量中 p 类别相对应的连续型变量数据的平均数,$\overline{x}_q$ 表示与二分变量中 q 类别相对应的连续型变量数据的平均数;S_t 表示连续型变量中所有数据的标准差,其计算公式为

$$S_t = \sqrt{\frac{\sum_{i=1}^{n} x_i^2}{n} - \left(\frac{\sum_{i=1}^{n} x_i}{n}\right)^2}. \tag{3.3.2}$$

3. 利用基本公式计算点二列相关系数

根据公式(3.3.1)可知,计算点二列相关系数的步骤如下:

(1) 将连续型变量数据按类别分类;
(2) 根据数据一一计算出 $p, q, \overline{x}_p, \overline{x}_q$ 和 S_t;
(3) 将计算出的结果代入公式(3.3.1).

例 1 表 3.7 给出的是 16 名高中学生在一次数学测验中的成绩,试分析数学成绩与性别之间的关联度.

表 3.7 点二列相关系数计算示例

编号	1	2	3	4	5	6	7	8	9	10	11	12	13	14	15	16
性别	女	女	女	女	女	女	女	女	女	女	男	男	男	男	男	男
成绩	91	67	99	96	84	91	80	55	94	91	79	96	76	91	100	65

分析 成绩与性别之间的关联度问题是一个常见问题,成绩属于连续型变量,性别属于二分变量,所以常常采用点二列相关法来解决这个问题.计算点二列相关系数则可按前面所述的步骤进行.

解 将 16 名学生的成绩按性别分为两类,第一类是 10 名女生的成绩,第二类是 6 名男生的成绩,具体如下:

第三章 数学教育中的相关因素分析

女生：91，67，99，96，84，91，80，55，94，91；
男生：79，96，76，91，100，65．
女生人数比率为
$$p = \frac{10}{16} = 0.625;$$
男生人数的比率为
$$q = 1 - p = 0.375.$$
女生成绩的平均分为
$$\bar{x}_p = \frac{91+67+99+96+84+91+80+55+94+91}{10} = 84.8;$$
男生成绩的平均分为
$$\bar{x}_q = \frac{79+96+76+91+100+65}{6} = 84.5.$$
又 $\sum_{i=1}^{16} x_i = 1355$，$\sum_{i=1}^{16} x_i^2 = 117405$，则所有成绩的标准差为
$$S_t = \sqrt{\frac{\sum_{i=1}^{n} x_i^2}{n} - \left(\frac{\sum_{i=1}^{n} x_i}{n}\right)^2} = \sqrt{\frac{117405}{16} - \left(\frac{1355}{16}\right)^2} \approx 12.8779.$$
将上述各值代入公式(3.3.1)，可求得点二列相关系数为
$$r_{pb} = \frac{\bar{x}_p - \bar{x}_q}{S_t} \sqrt{pq} = \frac{84.8 - 84.5}{12.8779} \sqrt{0.625 \times 0.375} \approx 0.011.$$
因此，这次数学测验成绩与学生性别之间呈低度相关．

值得一提的是，如果用数字"1"和"0"来替换二分变量数据中的"女生"和"男生"，然后利用积差相关系数计算公式(3.1.1)或(3.1.2)来计算，其结果与用公式(3.3.1)的计算结果完全相同．其原因是，点二列相关系数的计算公式就是按照积差相关系数公式计算的思路推导而来的．所以，从某种意义上可以说，点二列相关是一种特殊的积差相关．

二、二列相关

1. 二列相关法的概念

二列相关法是与点二列相关法很接近的另一种研究相关关系的方法．如果要研究的两个变量均是正态连续型变量，其中一个变量被人为地划分为二分变量，例如学生的考试成绩被分为"及格"与"不及格"或"录取"与"未录取"，那么我们把分析这两个变量之间相关关系的方法叫做**二列相关法**．

二列相关法的适用条件是：
（1）两个变量均为连续型变量，其观测数据总体呈正态分布或接近正态分布；

(2) 二分变量是人为划分的,其分界点应尽量靠近中值;

(3) 样本容量 $n \geq 80$.

2. 计算二列相关系数的基本公式

计算二列相关系数的基本公式为

$$r_b = \frac{\bar{x}_p - \bar{x}_q}{S_t} \frac{pq}{y}, \tag{3.3.3}$$

其中 r_b 表示二列相关系数;p 表示二分变量中某一类别频数的比率,q 表示二分变量中另一类别频数的比率,即 $q=1-p$;$\bar{x}_p$ 表示与二分变量中 p 类别相对应的连续型变量数据的平均数,$\bar{x}_q$ 表示与二分变量中 q 类别相对应的连续型变量数据的平均数;S_t 表示连续型变量中所有数据的标准差;y 表示标准正态曲线上与比率 p 相对应的纵坐标,该值需要通过查标准正态分布表得到.

3. 利用基本公式计算二列相关系数

利用基本公式(3.3.3)计算二列相关系数与利用基本公式(3.3.1)计算点二列相关系数基本类似,唯一需要注意的就是 y 的值需要通过查表得到,具体方法参见下面的例题.

例 2 某学校高中三年级 15 名学生参加模拟考试,有 9 名学生达二本分数线,6 名学生未达二本分数线,他们的数学成绩如表 3.8 所示,其中分别用"1"和"0"表示"达二本分数线"和"未达二本分数线".问:学生的数学成绩与达二本分数线的相关情况如何?

表 3.8 二列相关系数计算示例

学生编号	数学成绩	达二本分数线	未达二本分数线
1	142	1	
2	109	1	
3	100		0
4	140	1	
5	127	1	
6	98		0
7	131	1	
8	124	1	
9	126		0
10	97		0
11	142	1	
12	123	1	
13	177	1	
14	93		0
15	120		0
分数总和	1849	1215	634
人数总和	15	9	6
人数比率		0.6	0.4
平均数	123.267	135	105.667
标准差	21.527		

第三章 数学教育中的相关因素分析

分析 学生的数学成绩可以看做正态连续型变量,而学生是否达二本分数线是人为划分的二分变量,故是否达二本分数线与数学成绩之间的相关关系可以用二列相关系数来表示.

解 按列计算出分数总和、人数总和、人数比率、平均数与标准差,并填入表 3.8 中. 本例中,$p=0.6$,且 $0.6-0.5=0.1$,则应从标准正态分布表(附表 1)的 p 列中寻找与 0.1 最接近的值,其相对应的 y 值是 0.38667.

将 $\bar{x}_p=135, \bar{x}_q=105.667, S_t=21.527, p=0.6, q=0.4, y=0.38667$ 代入公式(3.3.3),计算二列相关系数:

$$r_b = \frac{\bar{x}_p - \bar{x}_q}{S_t}\frac{pq}{y} = \frac{135-105.667}{21.527} \times \frac{0.6 \times 0.4}{0.38667} \approx 0.846.$$

从结果可以看出,学生的数学成绩与其是否达二本分数线呈高度正相关. 这说明,学生的数学成绩在高考中的地位相当重要,加强数学学科的学习对提高高考达线率作用很大.

三、Φ 相关

1. Φ 相关法的概念

如果要研究的两个变量都是二分变量(可以是真的二分变量,也可以是人为划分的),那么我们把分析这两个变量之间的相关关系的方法叫做 Φ 相关法.

2. 计算 Φ 相关系数的基本公式

通常可以将计算 Φ 相关系数的变量观测数据整理成四格表. 四格表是由每个变量的两种分类做成的 2×2 的表格,如下所示:

	变量 X	
	A	非 A
变量 Y B	a	b
变量 Y 非 B	c	d

在该表中,a, b, c, d 表示由两个二分变量所分成的四种类别的实际频数.

计算 Φ 相关系数的基本公式为

$$r_\Phi = \frac{ad-bc}{\sqrt{(a+b)(a+c)(b+d)(c+d)}}, \tag{3.3.4}$$

其中 r_Φ 为 Φ 相关系数,a, b, c, d 表示四格表中的实际频数.

3. 利用基本公式计算 Φ 相关系数

利用基本公式计算 Φ 相关系数时,需要先根据题目中的二分变量列一个四格表,然后填入相应的频数,最后代入公式(3.3.4)求得 Φ 相关系数.

例3 某校初中三年级共 441 名同学参加一次数学测验,其中男、女生的优秀情况如表 3.9 所示. 问: 学生的性别与数学成绩之间的相关情况如何?

表 3.9 Φ 相关系数计算示例

性别	是否优秀		求和
	是	否	
男	$a=136$	$b=114$	$a+b=250$
女	$c=124$	$d=67$	$c+d=191$
求和	$a+c=260$	$b+d=181$	$a+b+c+d=441$

分析 学生的性别是真正的二分变量,数学成绩是被人为划分为"优秀"与"不优秀"的二分变量. 显然,这两种变量之间的相关关系为 Φ 相关.

解 分别按行、按列计算 $a+b, c+d, a+c, b+d, a+b+c+d$,并将计算结果填入表 3.9 中. 将相关数据代入公式(3.3.4),得

$$r_\Phi = \frac{ad-bc}{\sqrt{(a+b)(a+c)(b+d)(c+d)}} = \frac{136\times 67 - 114\times 124}{\sqrt{250\times 260\times 181\times 191}} = -0.106.$$

可见,学生的性别与其数学成绩是否优秀呈低度负相关. 也就是说,性别与数学成绩的优秀与否没有太大的关联.

习 题 三

1. 调查一组父、子的身高情况,其结果如表 3.10 所示,求父、子身高之间的积差相关系数.

表 3.10 一组父子的身高情况

父亲身高/cm	儿子身高/cm	父亲身高/cm	儿子身高/cm
163	168	175	175
165	170	176	174
175	173	165	170
167	168	168	176
170	172	169	179
173	179	164	173
172	180		

2. 15 名学生数学阅读能力和数学解题能力的测试成绩如表 3.11 所示,求数学阅读成绩与数学解题能力成绩之间的积差相关系数.

表 3.11　15 名学生数学阅读和数学解题能力的测试成绩

阅读(X)	25	24	24	26	28	30	32	33	39	37	40	47	43	48	40
词汇(Y)	26	24	28	30	31	29	30	41	44	40	37	55	40	60	42

3. 有 10 名学生参加数学符号语言表达能力与建模能力的测验,其等级评定结果如表 3.12 所示,求数学符号语言表达能力与建模能力之间的相关系数.

表 3.12　10 名学生数学符号语言表达能力与建模能力的等级评定结果

学生编号	数学符号语言表达能力(X)	建模能力(Y)	学生编号	数学符号语言表达能力(X)	建模能力(Y)
1	2	1	6	8	5
2	3	6	7	9	10
3	3	4	4	8	7
4	5.5	8	9	5.5	2
5	10	9	10	1	3

4. 某学习小组有男生 8 人,女生 6 人,他们的数学成绩如表 3.13 所示,求数学成绩与性别之间的相关程度.

表 3.13　某学习小组的数学成绩

男生	55	48	64	30	42	60	27	36
女生	46	20	44	45	23	30		

5. 某小学举行数学竞赛,表 3.14 是 6 位教师对其中 7 名参赛学生的评定成绩,求 6 位教师对 7 名学生的成绩评定的一致性程度.

表 3.14　6 位教师对 7 名学生的评定成绩

学生编号＼教师编号	1	2	3	4	5	6
1	3	1	2	2	7	6
2	5	4	7	7	6	7
3	2	3	3	1	1	1
4	1	2	1	4	3	2
5	4	5	6	3	5	3
6	6	7	5	8	2	5
7	7	6	4	5	4	4

6. 某校初中三年级 14 名学生数学升学考试成绩及毕业考试成绩(80 分以上记为 1,而

80 分以下记为 0)如表 3.15 所示,求数学升学考试成绩与毕业考试成绩的二列相关系数.

表 3.15　14 名学生数学升学考试与毕业考试成绩

升学考试	70	65	90	70	85	80	73	70	74	81	92	88	93	74
毕业考试	0	0	1	0	1	1	1	0	0	1	1	0	1	1

7. 某大学从全校学生中随机抽取 100 名男生和 110 名女生,调查他们参加体育活动的情况,结果如表 3.16 所示,求学生参加体育活动的态度与性别之间的相关程度.

表 3.16　210 名学生参加体育活动的情况

	积极	不积极	求和
男生人数	75	25	100
女生人数	45	65	110
求和	120	90	210

8. 某校初中二年级的一次推理测验结果如表 3.17 所示,求这次推理测验成绩与性别之间的相关程度.

表 3.17　某校初中二年级的一次推理测验成绩

	男生	女生	求和
及格人数	28	23	51
不及格人数	14	25	39
求和	42	48	90

第四章 数学成绩的推断统计

> 推断统计(inferential statistic)是研究如何根据样本数据的有限信息去估计或者推断总体数量特征的理论与方法.它是在对样本数据进行描述的基础上,对总体的未知数量特征做出以概率形式表述的推断,以达到揭示事物的本质特征或者规律的目的.推断统计的一个基本特点是:所依据的条件中包含有带随机性的观测数据.以随机现象为研究对象的概率论,是推断统计的理论基础.推断统计的核心是:由样本所提供的信息,对总体的分布以及分布参数做出是否具有可信度的推断.

第一节 推断统计的基本概念

一、总体和样本

总体是研究对象,而样本则是观察对象,两者是有区别而又有联系的不同范畴.**总体**又称为**母体**,它是指所要认识的,具有某种共同性质的许多个体的集合体.**样本**又称为**子样**,是从总体中随机抽取出来,代表总体的那部分个体的集合体.样本的个体数称为样本容量,通常用小写英文字母 n 来表示.通常将样本容量 $n \geqslant 30$ 的样本称为**大样本**,而将 $n < 30$ 的样本称为**小样本**.随着样本容量的增大,样本对总体的代表性越来越高,并且当样本容量足够大时,样本平均数愈接近总体平均数.

对于一次抽样调查来说,总体是唯一确定的,而样本是不确定的.从一个总体可能抽出很多个样本,样本的个数和样本容量有关,也和抽样的方法有关.用来说明总体的样本,一定要对总体具有代表性.因此,一方面样本容量要足够大,另一方面样本的抽取要具有随机性,即每个个体是否被抽到相互独立,且每个个体被抽到的可能性相等.在随机抽样的前提下,样本容量越大,样本对总体的代表性越强,按其进行推断的可靠性就越高．但是，并不是样本容量越大越好，样本容量过大在数据搜集和整理计算中都会产生麻烦．样本容量的大小要依据所研究问题的实际要求以及可利用的统计方法来确定．

二、总体参数和样本统计量

数理统计中把代表总体特征的量数成为参数，代表样本特征的量数称为样本统计量（简称为统计量）．总体参数又称为总体指标，是根据总体各个个体的标志值或标志属性计算的，反映总体某种属性或特征的综合指标．常用的总体指标有总体平均数（或总体均值）、总体标准差、总体方差、总体相关系数等．

样本统计量又称为样本指标，是由样本各个个体的标志值计算出来反映样本特征的，可用来估计总体指标的综合指标（抽样指标）．样本统计量用来估计总体参数，因此与总体参数相对应，常用的样本统计量有样本平均数（或样本均值）、样本标准差、样本方差、样本相关系数等．

前面提到，对于一次抽样调查，总体是唯一确定的，所以总体指标也是唯一确定的，即参数是唯一确定的，它是待估计的数，但样本统计量的取值随样本的不同而发生变化．

总体参数是反映总体一般特征的量数，是一个常数．总体参数可以由总体观测值直接求得．例如，全省初中三年级学生中考数学成绩的平均数和标准差就是该省初中三年级数学成绩这个总体的参数，它们可以由全省所有初中三年级学生中考的数学成绩直接计算得到，通过它们可以知道该省初中三年级学生的数学水平．事实上，有时总体太大，无法通过观测值求得总体参数，这时可以利用样本统计量加以估计而得到．

样本统计量是由样本观测值计算得到的．如上述全省初中三年级学生中考的数学成绩是总体，每个学校初中三年级学生中考的数学成绩是一个样本，每个样本的平均数和标准差都是这个样本的统计量．样本来自于总体，某种程度上反映着总体的特征，但是，样本毕竟不是总体的全部，而是一部分，因此样本统计量和总体参数之间会有一定的差异．一般来说，样本容量越大，样本统计量和总体参数就越接近．一个总体有多少样本，则样本统计量就有多少种取值，从而形成样本统计量的分布，此分布是推断统计的基础．

三、抽样分布和抽样误差

从已知的总体中以一定的样本容量进行随机抽样，随机样本的任何一种统计量都可以看做一个变量，这种变量的分布称为该统计量的**抽样分布**．抽样分布是推断统计的理论基础．

具体地讲，如果从容量为 N 的有限总体进行随机抽样，每次抽取容量为 n 的样本，那么一共可以得到 C_N^n 个样本（所有可能的样本个数）．抽样所得到的每一个样本可以计算一个平均数，全部可能的样本都被抽取后可以得到许多平均数．如果将抽样所得到的所有可能的样本平均数集合起来便构成一个新的总体,平均数就成为这个新总体的变量.由样本平均数构成的新总体的分布称为**平均数抽样分布**.

当样本容量较大时,平均数抽样分布服从正态分布,其分布以总体平均数为中心,即平均数抽样分布的平均数等于总体平均数.平均数抽样分布的标准差称为**抽样误差**或**标准误**.只要样本是随机抽取的,抽样误差就是随机的,可以用统计方法估计其大小.抽样误差的大小与样本容量的开平方成反比,样本容量越大,抽样误差越小,用样本统计量估计总体参数的可靠性就越高.但是,样本容量与抽样误差之间不存在线性关系,即样本容量增加到一定程度时,抽样误差减少的速度变得很慢,从而在实际中样本容量也不是越大越好.

四、自由度

自由度是指统计运算与推断中独立自由变化的变量数目,用 df 表示.自由度与样本容量及限制因素的个数有关.例如,有一个样本容量为 4 的样本,其样本平均数为 10,若样本观测数据的总和为 40,前三个数据可随意确定为 10,9,11,则第四个数据一定为 10,即此时受和为 40 这一个条件的限制,自由度为 $df=4-1=3$.

第二节 推断统计的基本方法和基本思想

推断统计的基本方法有两种:一种是参数估计,另一种是假设检验.

一、参数估计

人们常常需要根据收集到的数据,分析或推断数据反映的本质规律,即根据样本数据选择统计量去推断总体的分布或分布的数量特征等.**参数估计**(parameter estimation)是根据从总体中抽取的样本估计总体分布中包含的未知参数的方法.

统计推断是数理统计研究的核心问题.所谓**统计推断**,是指根据样本对总体分布或分布的数量特征等做出合理的推断.参数估计是统计推断的一种基本形式,是数理统计的一个重要分支,分为点估计和区间估计两部分.

1. 点估计

点估计(point estimation)也称为定值估计,它是以随机抽样得到的样本指标作为总体指标的估计量,并以样本指标的实际值直接作为总体未知参数的估计值的一种推断方法.点估计的方法有矩估计法、顺序统计量法、最大似然法、最小二乘法等.

样本平均数 $\bar{X}$ 和样本标准差 S,这两个样本统计量可以分别用做相应的总体平均数 μ 和总体标准差 σ 的点估计值.直观上,这两个样本统计量很适合作为相应总体参数的点估计

第二节 推断统计的基本方法和基本思想

值. 然而, 在统计学上, 在用一个样本统计量作为点估计量之前, 应检验说明这些样本统计量是否具有好的点估计量的性质. 好的点估计量的评价标准是: 无偏性、有效性、一致性和充分性.

由于有许多不同的样本统计量用作总体不同参数的点估计量, 我们采用如下的一般记号: θ——总体参数, 如总体平均数、总体标准差等; $\hat{\theta}$——样本统计量或 θ 的点估计量, 如样本平均数、样本标准差等.

1) 无偏性

如果样本统计量的数学期望等于所估计的总体参数的值, 则称该样本统计量为总体参数的**无偏估计量**. 也就是说, 如果

$$E(\hat{\theta}) = \theta,$$

则称样本统计量 $\hat{\theta}$ 为总体参数 θ 的无偏估计量, 其中 $E(\hat{\theta})$ 为样本统计量 $\hat{\theta}$ 的数学期望(或称均值). 因此, 样本无偏统计量的所有可能值的期望值或均值等于被估计的总体参数.

2) 有效性

假定一个简单随机样本用于给出同一总体参数的两个不同的无偏估计量. 这时, 我们偏好于用标准差较小的点估计量, 因为它给出的估计值与总体参数更接近. 通常称有较小标准差的无偏估计量比其他无偏估计量**有效**.

3) 一致性

与一个好的点估计量相联系的第三个性质为一致性. 若对任意的 $\varepsilon > 0$, 对容量为 n 的样本, 有

$$\lim_{n \to \infty} P(|\hat{\theta} - \theta| < \varepsilon) = 1,$$

则称 $\hat{\theta}$ 是 θ 的**一致估计量**.

粗略地讲, 如果样本容量更大时, 点估计量的值更接近于总体参数, 则该点估计量是一致的. 换言之, 一致性要求大样本比小样本给出的点估计量趋于接近一个更好的点估计. 容易证明样本平均数 $\overline{X}$ 是总体平均数 μ 的一个一致估计量.

4) 充分性

充分性是指由一个容量为 n 的样本所计算出来的样本统计量是否充分反映了全部 n 个数据所反映的总体信息. 例如, 平均数能反映所有数据所反映的总体信息, 故充分性较好; 而中位数只反映了部分数据所反映的总体信息, 其充分性较差.

由于在实际抽样调查中一次只是随机抽取一个样本, 导致估计值会因样本的不同而不同, 甚至产生很大的差异. 所以说, 点估计是一种粗略的估计或推断, 其缺点是既没有解决参数估计的精确度问题, 也没有考虑估计的可靠性程度. 下面介绍的区间估计可以解决这两个问题. 不过, 由于点估计直观、简单, 对于那些要求不太高的判断和分析, 可以使用此种方法进行估计, 给出推断.

2. 区间估计

区间估计(interval estimation)是指以一定的概率保证来估计包含总体参数的一个值域,即根据样本指标和抽样误差推断总体指标的可能范围.它包括两部分内容:一是,这一可能范围的大小;二是,总体指标落在这个可能范围内的概率.区间估计既有估计结果的准确程度,又同时给出了这个估计结果的可靠程度,所以区间估计是比较科学的.

用样本指标来估计总体指标,要达到100%的准确,几乎是不可能的,所以在估计总体指标时必须同时考虑估计误差的大小.从人们的主观愿望上看,总是希望花较少的钱取得较好的效果,也就是说调查费用和抽样误差越小越好.但是,在其他条件不变的情况下,缩小抽样误差就意味着增加调查费用,它们是一对矛盾.因此,在进行抽样调查时,应该根据研究目的和任务以及研究对象的标志变异程度,科学确定允许的误差范围.

区间估计必须同时具备三个基本要素,即估计区间、抽样误差和概率保证程度.抽样误差决定抽样估计的精确度,概率保证程度决定抽样估计的可靠性,二者密切联系,但同时又是一对矛盾,所以对估计的精确度和可靠性的要求应慎重考虑.在实际抽样调查中,根据给定的条件不同,区间估计的方法有两种:

(1) 给定抽样误差,要求对总体指标做出区间估计;

(2) 给定概率保证程度,要求对总体指标做出区间估计.

本书主要介绍第(2)种区间估计的方法.

区间估计是在点估计的基础上给出总体参数的一个估计区间,该区间通常是由样本统计量加减估计误差得到的.在区间估计中,由样本估计量构造出的总体参数在一定置信水平下的估计区间称为**置信区间**.统计学家在某种程度上确信这个区间会包含真正的总体参数.在区间估计中,置信度越高,置信区间越大.置信水平通常写为 $1-\alpha$,其中 α 为总体参数不在估计区间内的概率.常用的置信水平为 99%,95%,90%,对应的 α 为 0.01,0.05,0.1.置信区间是一个随机区间,它会因样本的不同而变化,而且不是所有的置信区间都包含总体参数.

在对总体参数进行估计时,我们总希望置信区间小些,而估计的可靠度大些,但是在样本容量确定的情况下,这种希望是难以实现的.也就是说,要想估计的可靠度大些,置信区间的长度就需长些,即置信区间会大些.但是,可以在达到一定可靠度的前提下,通过减小抽样误差的办法来缩短置信区间的长度.

二、假设检验

假设检验是用判断样本与样本、样本与总体的差异是由抽样误差引起还是本质差别造成的统计推断方法,是一种基本的统计推断形式.假设检验的目的在于排除抽样误差的影响,判断差异在统计上是否成立.本书主要介绍假设检验中的"显著性检验",它是根据一定假设条件由样本推断总体的一种方法.

1. 假设检验的基本思想

假设检验基本思想是：先对总体提出某项假设,然后利用从总体中随机抽样所得的样本观测值来检验所提的假设是否成立.

假设检验的统计思想就是小概率原理.概率很小的事件(小概率事件)在一次试验中可以认为几乎是不会发生的,这就是人们通常所讲的**小概率原理**.我们知道,在大量的重复试验中事件发生的频率接近于它的概率.如果一个事件发生的概率很小,则它发生的频率也很小,于是我们把"小概率事件在一次试验中发生了"看成不合理的现象.假设检验就是从抽取所得的样本观测值出发,通过观察一个"小概率事件"在一次抽样中是否发生来判断提出的假设是否成立的.具体地,为了检验某个假设 H_0(称为原假设.与原假设对立的假设称为备择假设,记为 H_1)是否成立,首先假设 H_0 成立,如果根据抽样导出了一个"小概率事件"发生,则认为是"反证法"推出了矛盾,从而应否定 H_0,否则接受 H_0.小概率事件的概率越小,就越不容易拒绝假设 H_0,拒绝了假设 H_0 时,就越有说服力,或者说样本观测值提供了不利于假设 H_0 的显著证据.通常这一小概率称为**显著性水平**,记为 α.

2. 假设检验的一般步骤

假设检验一般可按以下步骤进行：

（1）充分考虑和利用已知的背景知识提出原假设 H_0 和备择假设 H_1；

（2）构造用于检验的样本统计量(检验统计量),确定检验方法,并利用样本观测值计算相应的检验统计量观测值；

（3）选择显著性水平 α；

（4）根据显著性水平 α 及检验方法给出**拒绝域**(即使原假设被拒绝的样本观测值或检验统计量观测值所在的区域)；

（5）根据得到的检验统计量观测值和拒绝域对原假设 H_0 做出拒绝或接受的判断.

3. 假设检验的两类错误

由于检验原假设 H_0 时,是根据一次抽样后所得的样本观测值或样本统计量观测值是否落在拒绝域中而做出拒绝或接受原假设 H_0 的决定,而样本带有随机性,因此检验的结果与真实情况也可能不吻合,从而假设检验是可能犯错误的.假设检验可能犯的错误有以下两类：

一类是原假设 H_0 为真,但由于随机性样本观测值落在拒绝域中,从而拒绝原假设 H_0 而犯的错误.这类错误称为**第一类错误**.犯第一类错误的概率事实上就是小概率事件发生的

概率,即显著性水平 α,亦即
$$\alpha = P(\text{拒绝 } H_0 \mid H_0 \text{ 为真}).$$
犯第一类错误的概率 α 的大小反映了我们拒绝原假设 H_0 的说服力.

另一类是原假设 H_0 不真,但由于随机性样本观测值不落在拒绝域中,原假设 H_0 被接受而犯的错误.这种错误称为**第二类错误**.犯第二类错误的概率用 β 表示,即
$$\beta = P(\text{接受 } H_0 \mid H_0 \text{ 不真}).$$
在实际中,我们不可能要求一个检验方法不出错,但可以要求尽可能地使犯错误的概率小一些.为此,在确定检验方法时,我们应尽可能使犯两类错误的概率都较小.但是已证实,在样本容量给定的条件下,α 与 β 中一个减小必导致另一个增大,即在样本容量一定的条件下,不可能找到一个使 α,β 都小的检验方法.因此,在样本容量一定的条件下,我们通常控制犯第一类错误的概率 α,使它不会超过某一个给定的值(一般情况下,α 的取值为 $0.01,0.05,0.1$ 等).也就是说,对犯第一类错误的概率加以适当的控制,同时使犯第二类错误的概率尽可能小.这种着重对犯第一类错误的概率 α 加以控制的假设检验称为**显著性检验**.

4. 假设检验的两种方式

通常根据是否强调假设检验的方向性,将假设检验分为单侧检验和双侧检验.**双侧检验**只关心两个总体参数之间是否有差异,而不关心谁大谁小.例如,只关心两个班级数学成绩是否有显著差异,而不关心具体哪个班学生的数学成绩较高或较低,这时提出的假设是
$$H_0: \mu_1 = \mu_0, \quad H_1: \mu_1 \neq \mu_0.$$
若 $\mu_1 \neq \mu_0$ 这一假设成立,意味着有显著差异,而不再去关心它们的大小关系.双侧检验时,拒绝域分为两部分,分别处于数轴的左、右两端,如图 4.1 所示,其中阴影部分是拒绝域.

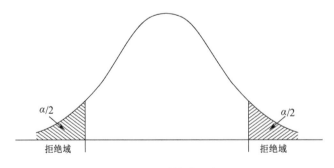

图 4.1　双侧检验示意图

单侧检验则强调差异的方向性,即关心研究对象是高于还是低于某一总体水平.若想检验高中三年级重点班学生的数学平均成绩是否高于全体高三学生的数学平均成绩,这时所提出的假设是

$$H_0: \mu_1 \leqslant \mu_0, \quad H_1: \mu_1 > \mu_0,$$

其拒绝域处于数轴的右侧,如图 4.2 所示. 如果要检验研究对象的水平是否低于某总体水平,则应提出假设

$$H_0: \mu_1 \geqslant \mu_0, \quad H_1: \mu_1 < \mu_0.$$

这时拒绝域就处于数轴的左侧.

在实际操作中,要根据研究的目的和假设来选择单侧检验还是双侧检验. 如果假设中有一参数和另一参数方向性的比较,比如"大于""好于""差于"等,一般选择单侧检验;如果只是检验两参数之间是否有差异,就选择双侧检验.

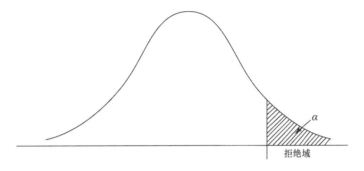

图 4.2 单侧检验(右侧)示意图

习 题 四

1. 什么是点估计?
2. 什么是区间估计?
3. 点估计的评价标准有哪些?
4. 假设检验的基本思想是什么?
5. 假设检验的一般步骤有哪些?
6. 什么是双侧检验?
7. 什么是单侧检验?
8. 简述假设检验的两类错误.

第五章 数学教育中的区间估计

> 总体参数的区间估计是以样本统计量的抽样分布为理论依据,按一定置信度要求,由样本统计量的观测值估计总体参数值的所在范围.本章主要介绍数学教育中经常遇到的总体平均数和正态总体方差及总体属性比率等的区间估计问题.

第一节 总体平均数的区间估计

一、总体方差已知时,总体平均数的区间估计

设总体的方差 σ^2 已知,当总体服从正态分布时,或者总体分布不是正态分布,但样本容量 n 较大($n \geqslant 30$)时,样本平均数 $\overline{X}$ 与总体平均数 μ 的离差统计量均呈正态分布,于是可推导出总体平均数 μ 的置信度为 $1-\alpha$ 的一个置信区间是

$$\left(\overline{X} - Z_{\alpha/2}\frac{\sigma}{\sqrt{n}},\ \overline{X} + Z_{\alpha/2}\frac{\sigma}{\sqrt{n}}\right), \tag{5.1.1}$$

其中 $\overline{X} - Z_{\alpha/2}\dfrac{\sigma}{\sqrt{n}}$ 为置信下限,$\overline{X} + Z_{\alpha/2}\dfrac{\sigma}{\sqrt{n}}$ 为置信上限;$Z_{\alpha/2}$ 为标准正态分布的上 $\alpha/2$ 分位点,可通过查标准正态分布表(附表1)得到.

统计学家的研究告诉我们:体重、身高、智力、学习成绩等数据总体一般呈正态分布或近似正态分布.目前在数学教育研究中,对于总体的分布,除特殊情况外,一般假定为正态分布或近似正态分布.

例 1 以往资料表明,某中学高中三年级数学成绩的标准差为 6.25 分.现从该校随机抽取 27 名高中三年级学生的数学成绩,计算得平均分为 134.2 分,试求该校全体高中三年级学生数学成绩平均分的置信度为 95% 和 99% 的置信区间.

解 27 名高中三年级学生的数学成绩假定是从正态总体(全校高中三年级学生的数学成绩)中抽出的随机样本,并已知总体方差为 $\sigma^2 =$

6.25^2. 在已知总体方差的情况下,无论样本容量大小如何,总体平均数的置信度为 $1-\alpha$ 的置信区间形如(5.1.1)式.

当 $1-\alpha=95\%$ 时, $\alpha=0.05$. 这时查标准正态分布表,得 $Z_{\alpha/2}=1.96$. 又已知 $n=27$, $\overline{X}=134.2$,于是置信下限为

$$\overline{X}-1.96\frac{\sigma}{\sqrt{n}}=134.2-1.96\times\frac{6.25}{\sqrt{27}}\approx 131.84,$$

置信上限为

$$\overline{X}+1.96\frac{\sigma}{\sqrt{n}}=134.2+1.96\times\frac{6.25}{\sqrt{27}}\approx 136.56.$$

所以该校高中三年级学生数学成绩平均分的置信度为 95% 的置信区间是(131.84,136.56),即在 95% 可靠度上可以说,该校高中三年级学生数学成绩的平均分在 131.84~136.56 分的范围内.

当 $1-\alpha=99\%$,即 $\alpha=0.01$ 时,查标准正态分布表,得 $Z_{\alpha/2}=2.58$,于是置信下限为

$$\overline{X}-2.58\frac{\sigma}{\sqrt{n}}=134.2-2.58\times\frac{6.25}{\sqrt{27}}\approx 131.10,$$

置信上限为

$$\overline{X}+2.58\frac{\sigma}{\sqrt{n}}=134.2+2.58\times\frac{6.25}{\sqrt{27}}\approx 137.30.$$

所以该校高中三年级学生数学成绩平均分的置信度为 99% 的置信区间是(131.10,137.30),即在 99% 可靠度上可以说,该校高中三年级学生数学成绩的平均分在 131.10~137.30 分的范围内.

二、总体方差未知时,总体平均数的区间估计

设总体的方差 σ^2 未知,当总体服从正态分布时,或者总体虽然不服从正态分布,但样本容量较大($n\geqslant 30$)时,样本平均数 $\overline{X}$ 与总体平均数 μ 的离差统计量均呈自由度为 $df=n-1$ 的 t 分布,于是总体平均数 μ 的置信区间可用 t 分布来求.这时经过推导可得总体平均数 μ 的置信度为 $1-\alpha$ 的一个置信区间

$$(\overline{X}-t_{\alpha/2}(n-1)SE_{\overline{X}},\ \overline{X}+t_{\alpha/2}(n-1)SE_{\overline{X}}), \qquad (5.1.2)$$

相应的置信下限为 $\overline{X}-t_{\alpha/2}(n-1)SE_{\overline{X}}$,置信上限为 $\overline{X}+t_{\alpha/2}(n-1)SE_{\overline{X}}$,其中 $t_{\alpha/2}(n-1)$ 是自由度为 $n-1$ 的 t 分布的上 $\alpha/2$ 分位点,可通过查 t 分布表(附表 2)得到;$SE_{\overline{X}}$ 是样本标准误的估计量.实际使用时,$SE_{\overline{X}}$ 可取为以下三种形式:

(1) $SE_{\overline{X}}=\dfrac{\hat{\sigma}}{\sqrt{n}}$ ($\hat{\sigma}$ 表示总体标准差的估计量);

第五章　数学教育中的区间估计

(2) $SE_{\bar{X}} = \dfrac{S}{\sqrt{n-1}}$ (S 为样本标准差);

(3) $SE_{\bar{X}} = \sqrt{\dfrac{\sum\limits_{i=1}^{n} X_i^2 - \dfrac{1}{n}\left(\sum\limits_{i=1}^{n} X_i\right)^2}{n(n-1)}}$.

例 2 随机抽取某校一年级 19 名学生一次数学测验的成绩,得平均分为 81.63 分,标准差为 9.40 分,试求这次数学测验平均成绩的置信度为 95% 和 99% 的置信区间.

解 由于总体方差 σ^2 为未知,而总体分布可看做正态分布,所以可用(5.1.2)式来求这次数学测验平均成绩的置信区间.由已知条件,取标准误的估计量为

$$SE_{\bar{X}} = \dfrac{S}{\sqrt{n-1}} = \dfrac{9.40}{\sqrt{19-1}} \approx 2.22.$$

当 $1-\alpha = 95\%$ 时,$\alpha = 0.05$. 又有 $df = n-1 = 18$,查 t 分布表,得 $t_{\alpha/2}(18) = t_{0.025}(18) = 2.101$,于是置信下限为

$$\bar{X} - t_{\alpha/2}(18) \dfrac{S}{\sqrt{n-1}} = 81.63 - 2.101 \times 2.22 \approx 76.96,$$

置信上限为

$$\bar{X} + t_{\alpha/2}(18) \dfrac{S}{\sqrt{n-1}} = 81.63 + 2.101 \times 2.22 \approx 86.29.$$

所以这次数学测验平均成绩的置信度为 95% 的置信区间是 (76.96, 86.29).

当 $1-\alpha = 99\%$ 时,$\alpha = 0.01$. 查 t 分布表,得 $t_{\alpha/2}(18) = t_{0.005}(18) = 2.878$,于是置信下限和置信上限分别为

$$\bar{X} - t_{\alpha/2}(18) \dfrac{S}{\sqrt{n-1}} = 81.63 - 2.878 \times 2.22 \approx 75.24,$$

$$\bar{X} + t_{\alpha/2}(18) \dfrac{S}{\sqrt{n-1}} = 81.63 + 2.878 \times 2.22 \approx 88.02.$$

所以这次数学测验平均成绩的置信度为 99% 的置信区间是 (75.24, 88.02).

事实上,利用标准误的其他两种形式计算的结果几乎完全相同,请同学们自己验证.实际应用时可根据情况任意选一种.

例 3 从某次数学考试的试卷中随机抽取 101 份,统计得其中计算题的平均得分为 20 分,标准差为 1.5 分,试求这次考试中计算题平均得分的置信度为 95% 和 99% 的置信区间.

解 由于样本容量较大,$n = 101 > 30$,所以可用(5.1.2)式来求这次考试中计算题平均得分的置信区间.由已知,样本标准误的估计量取为

$$SE_{\bar{X}} = \dfrac{S}{\sqrt{n-1}} = \dfrac{1.5}{\sqrt{101-1}} = 0.15.$$

当 $1-\alpha=95\%$ 时,$\alpha=0.05$. 又知 $df=n-1=101-1=100$,查 t 分布表,得 $t_{\alpha/2}(100)=t_{0.025}(100)=1.984$(附表 2 中只给出了 $n\leqslant 45$ 时的值,这里的 $t_{0.025}(100)$ 是查其他的 t 分布表得到的),于是置信下限和置信上限分别为

$$\overline{X}-t_{\alpha/2}(100)\frac{S}{\sqrt{n-1}}=20-1.984\times 0.15\approx 19.702,$$

$$\overline{X}+t_{\alpha/2}(100)\frac{S}{\sqrt{n-1}}=20+1.984\times 0.15\approx 20.297.$$

所以这次数学考试中计算题平均分的置信度为 95% 的置信区间是 $(19.702, 20.297)$.

当 $1-\alpha=99\%$ 时,$\alpha=0.01$. 查 t 分布表,得 $t_{\alpha/2}(100)=t_{0.005}(100)=2.626$,于是置信下限和置信上限分别为

$$\overline{X}-t_{\alpha/2}(100)\frac{S}{\sqrt{n-1}}=20-2.626\times 0.15\approx 19.606,$$

$$\overline{X}+t_{\alpha/2}(100)\frac{S}{\sqrt{n-1}}=20+2.626\times 0.15\approx 20.394.$$

所以这次数学考试中计算题平均分的置信度为 99% 的置信区间分别是 $(19.606, 20.394)$.

本例中,由于 $n=101$ 较大,$t(n-1)$ 分布接近于正态分布,所以 $t_{\alpha/2}(100)$ 可近似用 $Z_{\alpha/2}$ 来代替. 读者可自行验证用 $Z_{\alpha/2}$ 近似时所得到的结果几乎一样.

第二节 正态总体方差的区间估计

一、正态总体平均数已知时,方差的区间估计

在对总体平均数进行区间估计时,主要依据样本平均数与总体平均数的离差统计量的分布类型. 例如,在总体方差已知的情况下,无论样本容量大小,样本平均数与总体平均数的离差统计量都服从正态分布,通过标准化可以用标准正态曲线来确定临界值;在总体方差未知的情况下,尤其是样本容量小于 30 时,样本平均数与总体平均数的离差统计量服从 t 分布,可以用 t 分布曲线来确定临界值. 同样,对总体方差进行区间估计时,也得寻找与总体方差有关的统计量的分布类型. 事实上,当样本 $X_1,X_2,\cdots,X_n$ 来自正态总体时,有

$$\frac{1}{\sigma^2}\sum_{i=1}^{n}(X_i-\mu)^2 \sim \chi^2(n).$$

但是 χ^2 分布的曲线不是对称的,对于给定的置信度 $1-\alpha$,要想找到最短的置信区间是困难的. 因此,习惯上仍然取对称的 χ^2 分布的上分位点 $\chi^2_{1-\alpha/2}$ 和 $\chi^2_{\alpha/2}$,于是得到方差 σ^2 的置信度为 $1-\alpha$ 的一个置信区间

$$\left(\frac{\sum_{i=1}^{n}(X_i-\mu)^2}{\chi^2_{\alpha/2}(n)}, \frac{\sum_{i=1}^{n}(X_i-\mu)^2}{\chi^2_{1-\alpha/2}(n)} \right), \tag{5.2.1}$$

这时可得标准差 σ 的置信度为 $1-\alpha$ 的一个置信区间是

$$\left(\sqrt{\frac{\sum_{i=1}^{n}(X_i-\mu)^2}{\chi^2_{\alpha/2}(n)}}, \sqrt{\frac{\sum_{i=1}^{n}(X_i-\mu)^2}{\chi^2_{1-\alpha/2}(n)}} \right), \tag{5.2.2}$$

其中 $\chi^2_{\alpha/2}(n)$ 和 $\chi^2_{1-\alpha/2}(n)$ 可通过查 χ^2 分布表(附表 3)得到.

例1 某校初中一年级入学新生的自我检测数学成绩一直稳定在 75 分左右. 现从该校一年级新生中抽取 10 名,得他们的入学自我检测数学成绩如下:

$$68, 75, 90, 83, 71, 84, 60, 90, 72, 79.$$

试估计该校初中一年级入学新生自我检测数学成绩的标准差的置信区间($\alpha=0.05$).

解 假设自我检测数学成绩服从正态分布. 依题意,已知正态总体平均数 $\mu=75$,需求标准差 σ 的置信区间. 我们先求出方差 σ^2 的置信区间.

由 $\alpha=0.05, n=10$,查 χ^2 分布表,得 $\chi^2_{1-\alpha/2}(10)=\chi^2_{0.975}(10)=3.25, \chi^2_{\alpha/2}(10)=\chi^2_{0.025}(10)=20.5$. 又已知 $\mu=75$,从而有

$$\sum_{i=1}^{10}(X_i-\mu)^2 = (68-75)^2+(75-75)^2+(90-75)^2+(83-75)^2$$
$$+(71-75)^2+(84-75)^2+(60-75)^2+(90-75)^2$$
$$+(72-75)^2+(79-75)^2 = 910,$$

于是置信下限和置信上限分别为

$$\frac{\sum_{i=1}^{n}(X_i-\mu)^2}{\chi^2_{\alpha/2}(n)} = \frac{\sum_{i=1}^{10}(X_i-75)^2}{20.5} = \frac{910}{20.5} \approx 44.4,$$

$$\frac{\sum_{i=1}^{n}(X_i-\mu)^2}{\chi^2_{1-\alpha/2}(n)} = \frac{\sum_{i=1}^{10}(X_i-75)^2}{3.25} = \frac{910}{3.25} = 280,$$

即该校初中一年级入学新生自我检测数学成绩方差 σ^2 的置信度为 $1-\alpha=95\%$ 的置信区间是 $(44.4, 280)$,从而标准差 σ 的置信度为 95% 的置信区间是 $(\sqrt{44.4}, \sqrt{280}) \approx (6.66, 16.73)$.

二、正态总体平均数未知时,方差的区间估计

当正态总体的平均数 μ 未知时,(5.2.1)式不再适用. 由于 σ^2 的无偏估计量为 S^2,且统计量

$$\frac{(n-1)S^2}{\sigma^2} \sim \chi^2(n-1),$$

可得到方差 σ^2 的置信度为 $1-\alpha$ 的一个置信区间

$$\left(\frac{(n-1)S^2}{\chi^2_{\alpha/2}(n-1)}, \frac{(n-1)S^2}{\chi^2_{1-\alpha/2}(n-1)}\right), \tag{5.2.3}$$

从而得到标准差 σ 的置信度为 $1-\alpha$ 的一个置信区间

$$\left(\sqrt{\frac{(n-1)S^2}{\chi^2_{\alpha/2}(n-1)}}, \sqrt{\frac{(n-1)S^2}{\chi^2_{1-\alpha/2}(n-1)}}\right) = \left[\frac{\sqrt{(n-1)}S}{\sqrt{\chi^2_{\alpha/2}(n-1)}}, \frac{\sqrt{(n-1)}S}{\sqrt{\chi^2_{1-\alpha/2}(n-1)}}\right]. \tag{5.2.4}$$

例 2 从某校一次数学测验中随机抽取 7 名学生,得其成绩的标准差为 2.25 分,试估计这次测验数学成绩标准差的置信度为 95% 的置信区间。

解 假设数学测验的成绩服从正态分布。由置信度为 $1-\alpha=95\%$ 得 $\alpha=0.05$,又自由度为 $df=n-1=7-1=6$,查 χ^2 分布表,得

$$\chi^2_{1-\alpha/2}(6) = \chi^2_{0.975}(6) = 1.24, \quad \chi^2_{\alpha/2}(6) = \chi^2_{0.025}(6) = 14.40.$$

已知 $S=2.25$,由 (5.2.4) 式得到这次测验数学成绩标准差的置信度为 95% 的置信区间是

$$(\sqrt{6\times 2.25^2/14.4}, \sqrt{6\times 2.25^2/1.24}) \approx (1.57, 5.35).$$

第三节　总体属性比率的区间估计

通常将具有某种属性的个体占总体的比例称为总体的**属性比率**。总体属性比率的区间估计一般在较大样本情况下才有意义。

当总体的属性比率 p_0 未知时,样本的属性比率 p(样本中具有某种属性的个体占整个样本的比例)是总体属性比率 p_0 的点估计量。如果从总体中抽取容量为 n 的样本,当 $np \geqslant 5$ 时,样本的属性比率近似服从正态分布,于是这时可推导出总体属性比率 p_0 的置信度为 $1-\alpha$ 的一个置信区间为

$$\left(p - Z_{\alpha/2}\sqrt{\frac{pq}{n}}, p + Z_{\alpha/2}\sqrt{\frac{pq}{n}}\right), \tag{5.3.1}$$

其中 $q=1-p$。

例 某中学初中一年级学生进行了数学统考,随机抽取 50 名学生,得 85 分以上的有 18 名,试估计该校初中一年级学生数学统考成绩 85 分以上人数占初中一年级学生总人数的比例的置信度为 95% 的置信区间。

解 已知 $p=\dfrac{18}{50}=0.36, q=1-p=0.64, n=50$,得

第五章 数学教育中的区间估计

$$\sqrt{\frac{pq}{n}} = \sqrt{\frac{0.36 \times 0.64}{50}} \approx 0.07.$$

由置信度为 $1-\alpha = 95\%$ 得 $\alpha = 0.05$，查标准正态分布表，得 $Z_{\alpha/2} = 1.96$，于是由 (5.3.1) 式知置信下限和置信上限分别为

$$p - Z_{\alpha/2}\sqrt{\frac{pq}{n}} = 0.36 - 1.96 \times 0.07 \approx 0.22,$$

$$p + Z_{\alpha/2}\sqrt{\frac{pq}{n}} = 0.36 + 1.96 \times 0.07 \approx 0.50,$$

即所求的置信区间为 $(0.22, 0.50)$，亦即该校初中一年级学生数学统考成绩 85 分以上人数占初中一年级学生总人数的比例有 95% 的可能性落在 $(0.22, 0.50)$ 这一区间，落在这区间以外的可能性为 5%。

习 题 五

1. 从某次智力测验结果总体中随机抽取一个样本容量为 $n = 25$ 的样本，求得其平均数为 $\bar{X} = 42$ 分。已知总体服从正态分布，其标准差为 6 分，试估计总体平均数 μ 的置信度为 95% 和 99% 的置信区间。

2. 从某区小学六年级学生的数学成绩中随机抽取 26 个，求得其平均数为 86 分，标准差为 $S = 7$ 分。已知全区小学六年级学生的数学成绩服从正态分布，请以 95% 的置信度估计该区小学六年级学生数学平均成绩的置信区间。

3. 从某次数学考试成绩总体中随机抽取样本容量为 $n_1 = 16, n_2 = 36$ 的两个样本，求得两个样本的平均成绩分别为 77 分和 78 分。已知总体服从正态分布，其标准差是 6.5 分，试用两个样本分别估计总体平均数在 95% 和 99% 置信度下的置信区间。

4. 从某校高中一年级数学考试中随机抽取 144 份试卷，计算得平均分为 87 分，标准差为 5.6 分。试估计这次考试平均分的置信度为 95% 和 99% 的置信区间。

5. 某地区随机抽查 100 名教师，发现其中具有本科以上学历的有 63 人。试估计该地区具有本科以上学历教师所占比例的范围 ($\alpha = 0.05$)。

6. 从四年级学生中随机选取 50 人，施行某测验，结果是：通过者 30 人，未通过者 20 人。试估计整个四年级学生对该测验能通过的人数比率范围 ($\alpha = 0.05$)。

7. 已知某次数学测验成绩的样本容量 $n = 10$，样本方差 $S^2 = 0.286$，求该数学测验成绩总体方差的置信度为 95% 和 99% 的置信区间。

第六章 数学教育中的假设检验

> 数学教育统计中,经常会遇到关于样本平均数(均值)和总体平均数(均值)的假设检验问题以及关于各种相关系数的假设检验问题.本章侧重介绍数学教育统计中一些典型情形的假设检验问题.

第一节 平均数的显著性检验

平均数的显著性检验,无论是检验样本平均数与总体平均数之间的差异,还是检验两总体平均数之间的差异,都因样本大小的不同,而采取不同的检验方法.若要检验平均数之间的差异,一般大样本($n \geqslant 30$)时用 Z 检验,小样本($n < 30$)时用 t 检验.

一、样本平均数与总体平均数之间差异的显著性检验

样本平均数与总体平均数之间差异的显著性检验,是检验样本平均数与总体平均数之间的差异是否由抽样误差造成,或者说样本是否来自总体,也就是要检验如下假设:

$$H_0: \mu = \mu_0, \quad H_1: \mu \neq \mu_0, \tag{6.1.1}$$

其中 μ 为样本来自的真正总体的平均数,μ_0 为已知的总体平均数.

下面介绍检验这一假设的两种方法.

1. Z 检验

采用 Z 检验时,构造的检验统计量为

$$Z = \frac{\overline{X} - \mu_0}{\sigma / \sqrt{n}}, \tag{6.1.2}$$

其中 $\overline{X}$ 为样本平均数,μ_0 为总体平均数,σ 为总体标准差,n 为样本容量.

当样本来自正态总体,且原假设 H_0 为真时,检验统计量(6.1.2)服从标准正态分布,于是对于给定的显著性水平 α,拒绝域为

$$|Z| \geqslant Z_{\alpha/2}.$$

(6.1.2)式适用于以下两种情况：

(1) 总体服从正态分布,总体方差 σ^2 已知时,无论样本容量大小,都可使用(6.1.2)式；

(2) 总体方差 σ^2 未知时,无论总体分布是否为正态分布,只要 $n \geqslant 30$,也可以用(6.1.2)式作为检验统计量(这时样本平均数的分布近似服从正态分布),只是需用样本标准差 S 代替总体标准差 σ.

例1 某校高中二年级数学期末考试的平均成绩为 83 分,标准差为 8 分.已知该年级甲班有 25 人参加考试,平均成绩为 85 分,问:甲班的数学成绩与全年级的数学成绩是否一致？假设学生的数学成绩服从正态分布.

解 依题意需检验假设(6.1.1).由于学生的数学成绩服从正态分布,而且总体标准差已知,所以可用 Z 检验,取(6.1.2)式作为检验统计量.检验步骤如下:

(1) 计算检验统计量 Z 的观测值.

已知 $\mu_0 = 83, \sigma = 8, \overline{X} = 85, n = 25$,因此由(6.1.2)式有

$$Z = \frac{\overline{X} - \mu_0}{\sigma/\sqrt{n}} = \frac{85 - 83}{8/\sqrt{25}} = 1.25.$$

(2) 选取显著性水平 α 及确定拒绝域中的临界值.

取 $\alpha = 0.05$,查标准正态分布表,在双侧检验情况下,得临界值 $Z_{\alpha/2} = Z_{0.025} = 1.96$.

(3) 判断结果.

由于 $|Z| = 1.25 < Z_{\alpha/2}$,因此样本平均数与总体平均数之间差异不显著,没有理由拒绝原假设 H_0,即认为甲班的数学成绩与全年级的数学成绩一致,其差异是由于偶然因素造成的.

例2 某市经调查得幼儿园学前班儿童平均身高为 115.4 cm.医务工作者从某幼儿园随机抽取学前班儿童 36 名,测得他们的身高(单位：cm)如下：

108, 110, 112, 110, 125, 121, 122, 100, 98, 110, 106, 104, 108, 113,
112, 106, 108, 105, 101, 100, 99, 98, 105, 107, 111, 112, 120, 125, 126,
120, 118, 124, 122, 130, 125, 120.

问：该幼儿园学前班儿童的平均身高是否与全市幼儿园学前班儿童的平均身高相同？

解 依题意需检验假设(6.1.1).虽然总体标准差未知,但是由于样本容量为 36,是一大样本,因此可用样本标准差直接代替总体标准差而使用 Z 检验.

根据所抽取的 36 名儿童的身高数据,求得 $\overline{X} = 112.25, S = 9.08$.已知 $\mu_0 = 115.4, n = 36$,由(6.1.2)式有

$$Z = \frac{112.25 - 115.4}{9.08/\sqrt{36}} \approx -2.08.$$

选取 $\alpha=0.05$,查标准正态分布表,得 $Z_{\alpha/2}=Z_{0.025}=1.96$.

由于 $|Z|>Z_{\alpha/2}$,所以拒绝原假设 H_0,即认为该幼儿园学前班儿童的平均身高与全市幼儿园学前班儿童的平均身高有显著差异.

2. t 检验

t 检验所用的检验统计量为

$$t = \frac{\overline{X} - \mu_0}{S/\sqrt{n-1}}, \tag{6.1.3}$$

其中 $\overline{X}$ 为样本平均数,μ_0 为总体的平均数,S 为样本标准差,n 为样本容量.

当样本来自正态总体,且原假设 H_0 为真时,检验统计量(6.1.3)服从自由度为 $n-1$ 的 t 分布,于是对于给定的显著性水平 α,拒绝域为

$$|t| \geq t_{\alpha/2}(n-1).$$

(6.1.3)式适用于总体服从正态分布,总体方差未知的情形,尤其当 $n<30$ 时,均用(6.1.3)式作为检验统计量,而当 $n>30$ 时,可用(6.1.3)式作为检验统计量,也可选 Z 检验而用(6.1.2)式作为检验统计量.

t 分布随着自由度的不同而得到不同的分布曲线(称为 t 曲线).自由度越小,t 曲线与正态曲线的差异越大;自由度越大,t 曲线与正态曲线差异越小.当自由度大于 30 时,t 曲线与标准正态曲线几乎重合.于是,当 $n>30$ 时,用 t 检验和 Z 检验的结果差异很小.

例 3 某县初中一年级学生数学统考的平均成绩为 70 分,该县某校 26 名学生的考试成绩如下:

85,72,64,87,73,50,68,74,59,75,81,63,82,
65,70,80,74,63,60,65,88,86,79,81,74,70.

问:该校初中一年级的数学统考成绩是否与全县初中一年级的数学统考成绩一致?

解 依题意需检验假设(6.1.1).由于 $n<30$,而且总体方差未知,要用 t 检验.

依据上述 26 名学生的成绩求得 $\overline{X}=72.6, S=9.6$.已知 $\mu_0=70, n=26$,所以由(6.1.3)式有

$$t = \frac{\overline{X} - \mu_0}{S/\sqrt{n-1}} = \frac{72.6 - 70}{9.6/\sqrt{26-1}} \approx 1.35.$$

取 $\alpha=0.05$,自由度 $df=n-1=26-1=25$,查 t 分布表,得 $t_{\alpha/2}(25)=t_{0.025}(25)=2.06$.

由于 $|t|=1.35<t_{\alpha/2}(25)$,所以接受原假设 H_0,即认为该校初中一年级的数学统考成绩与全县初中一年级的数学统考成绩一致.

二、两样本平均数之间差异的显著性检验

要检验两样本平均数之间是否有显著差异,即检验如下假设:

$$H_0: \mu_1 = \mu_2, \quad H_1: \mu_1 \neq \mu_2, \tag{6.1.4}$$

其中 μ_1, μ_2 分别为两样本来自的总体的平均数.

1. 两独立大样本平均数之间差异的显著性检验

独立样本是指随机抽取的两样本之间相互独立. 大样本时,由于两样本平均数之差的分布为正态分布或近似于正态分布,检验假设(6.1.4)可用 Z 检验,所用的检验统计量为

$$Z = \frac{\overline{X}_1 - \overline{X}_2}{\sqrt{SE_{\overline{X}_1}^2 + SE_{\overline{X}_2}^2}}, \tag{6.1.5}$$

其中 $\overline{X}_1, \overline{X}_2$ 分别是两样本的平均数,$SE_{\overline{X}_1}, SE_{\overline{X}_2}$ 分别是两样本的标准误.

(6.1.5)式适用于以下两种情况:

(1) 总体方差未知,两样本都是大样本、相互独立,且两样本方差之间无显著差异(实际中通常认为后者是成立的);

(2) 总体服从正态分布,总体方差已知,两样本相互独立,且两样本方差之间无显著差异.

当总体方差已知时,还可取检验统计量为

$$Z = \frac{\overline{X}_1 - \overline{X}_2}{\sqrt{\frac{\sigma_1^2}{n_1} + \frac{\sigma_2^2}{n_2}}}, \tag{6.1.6}$$

其中 σ_1^2, σ_2^2 分别为两样本来自的总体的方差,n_1, n_2 分别为两样本的容量.

在实际应用中,一般总体方差并非已知,所以常常是在总体方差未知的情况下检验两个平均数之间的差异是否显著. 当总体方差未知且为大样本时,可用样本方差直接代替总体方差,(6.1.6)式写成

$$Z = \frac{\overline{X}_1 - \overline{X}_2}{\sqrt{\frac{S_1^2}{n_1} + \frac{S_2^2}{n_2}}}, \tag{6.1.7}$$

其中 S_1^2, S_2^2 分别为两样本的方差.

对于适用于(6.1.5)式、(6.1.6)式或(6.1.7)式的情况,在给定的显著性水平 α 下,拒绝域均为

$$|Z| \geqslant Z_{\alpha/2}.$$

例 4 对甲、乙两所小学一年级学生进行数学能力测验,两所小学分别测查 100 人和 90 人,得他们的平均数学能力分数分别为 110 分和 107 分,标准差分别为 17 分和 16 分,问:甲、乙两所小学一年级学生的数学能力是否有显著差异?

解 依题意需检验假设(6.1.4). 已知两样本分别来自两独立总体,而且是大样本,可用 Z 检验,选(6.1.7)式作为检验统计量.

由于 $\overline{X}_1 = 110, S_1 = 17, n_1 = 100, \overline{X}_2 = 107, S_2 = 16, n_2 = 90$,所以由(6.1.7)式有

$$Z = \frac{\overline{X}_1 - \overline{X}_2}{\sqrt{\frac{S_1^2}{n_1} + \frac{S_2^2}{n_2}}} = \frac{110 - 107}{\sqrt{\frac{17^2}{100} + \frac{16^2}{90}}} \approx 1.26.$$

取 $\alpha = 0.05$,查标准正态分布表,得 $Z_{\alpha/2} = Z_{0.025} = 1.96$.

由于 $|Z| = 1.26 < Z_{\alpha/2}$,所以接受原假设 H_0,即认为两所小学一年级学生的数学能力水平相同.

2. 两独立小样本平均数之间差异的显著性检验

当两独立样本为小样本时,检验假设(6.1.4)可用 t 检验,检验统计量为

$$t = \frac{\overline{X}_1 - \overline{X}_2}{\sqrt{\frac{\sum_{i=1}^{n_1}(X_{1i} - \overline{X}_1)^2 + \sum_{j=1}^{n_2}(X_{2j} - \overline{X}_2)^2}{n_1 + n_2 - 2}} \sqrt{\frac{1}{n_1} + \frac{1}{n_2}}}, \tag{6.1.8}$$

其中 $\sum_{i=1}^{n_1}(X_{1i} - \overline{X}_1)^2$, $\sum_{j=1}^{n_2}(X_{2j} - \overline{X}_2)^2$ 分别为两样本的离差平方和.

(6.1.8)式适用于如下情况:总体服从正态分布,方差未知,两样本相互独立,且样本方差之间无显著差异. 这时,对于给定的显著性水平 α,拒绝域为

$$|t| \geqslant t_{\alpha/2}(n_1 + n_2 - 2).$$

当然,总体方差未知时,两独立大样本平均数之间差异的检验也可用 t 检验.

例5 用甲、乙两种数学教材分别在两个平行组进行实验,甲组(用甲教材)有 12 人,乙组(用乙教材)有 14 人,实验结束后两组数学测验成绩如下:

甲组:33,38,25,31,28,30,25,32,31,36,30,30;

乙组:36,25,23,20,30,25,28,33,20,22,27,24,34,12.

问:甲、乙两种数学教材的效果是否有显著性差异?假设数学测验成绩服从正态分布.

解 依题意需检验假设(6.1.4). 由于两样本是小样本,而且总体方差未知,所以用 t 检验. 这里 $n_1 = 12, n_2 = 14$. 根据上述甲、乙两组的数学测验成绩,得

$$\overline{X}_1 = 30.75, \quad \overline{X}_2 = 25.64,$$

$$\sum_{i=1}^{12}(X_{1i} - \overline{X}_1)^2 = \sum_{i=1}^{12} X_{1i}^2 - \frac{1}{12}\left(\sum_{i=1}^{12} X_{1i}\right)^2 = 11509 - \frac{369^2}{12} = 162.25,$$

$$\sum_{j=1}^{14}(X_{2j} - \overline{X}_2)^2 = \sum_{j=1}^{14} X_{2j}^2 - \frac{1}{14}\left(\sum_{j=1}^{14} X_{2i}\right)^2 = 9457 - \frac{359^2}{14} \approx 251.21,$$

所以由(6.1.8)式得

$$t = \frac{\overline{X}_1 - \overline{X}_2}{\sqrt{\frac{\sum_{i=1}^{12}(X_{1i} - \overline{X}_1)^2 + \sum_{j=1}^{14}(X_{2j} - \overline{X}_2)^2}{n_1 + n_2 - 2}} \sqrt{\frac{1}{n_1} + \frac{1}{n_2}}}$$

$$= \frac{30.75 - 25.64}{\sqrt{\frac{162.25 + 251.21}{12 + 14 - 2}}\sqrt{\frac{1}{12} + \frac{1}{14}}} \approx 3.13.$$

取 $\alpha = 0.01, df = n_1 + n_2 - 2 = 12 + 14 - 2 = 24$,查 t 分布表,得

$$t_{\alpha/2}(24) = t_{0.005}(24) = 2.797.$$

由于 $t = 3.13 > t_{\alpha/2}(24)$,因此拒绝原假设 H_0,即认为甲、乙两种数学教材的效果差异非常显著。

如果两样本方差已知,则在(6.1.8)式中两样本的离差平方和分别可由 $n_1 S_1^2$ 和 $n_2 S_2^2$ 代替,因此(6.1.8)式可写成

$$t = \frac{\overline{X}_1 - \overline{X}_2}{\sqrt{\frac{n_1 S_1^2 + n_2 S_2^2}{n_1 + n_2 - 2}}\sqrt{\frac{1}{n_1} + \frac{1}{n_2}}}. \tag{6.1.9}$$

例 6 从 A,B 两校同一年级分别随机抽取一部分学生参加数学能力测验,A 校参加 28 人,B 校参加 25 人,他们的平均成绩分别为 83 分和 80 分,标准差分别为 10 分和 12 分,问:A,B 两校该年级学生的数学能力测验成绩之间是否有显著性差异?

解 依题意需检验假设(6.1.4). 由于是小样本,而且总体方差未知,因此选用 t 检验. 又因为两样本的方差已知,可取(6.1.9)式作为检验统计量.

已知 $n_1 = 28, \overline{X}_1 = 83, S_1 = 10, n_2 = 25, \overline{X}_2 = 80, S_2 = 12$,将各值代入(6.1.9)式,得

$$t = \frac{83 - 80}{\sqrt{\frac{28 \times 10^2 + 25 \times 12^2}{28 + 25 - 2}}\sqrt{\frac{1}{28} + \frac{1}{25}}} \approx 0.97.$$

取 $\alpha = 0.05, df = 28 + 25 - 2 = 51$,查 t 分布表,得 $t_{\alpha/2}(51) = t_{0.025}(51) = 2.01$.

由于 $|t| < t_{\alpha/2}(51)$,所以接受原假设 H_0,即认为 A,B 两校该年级学生的数学能力测验成绩之间无显著性差异.

3. 两相关样本平均数之间差异的显著性检验

相关样本是指两样本之间存在一定的联系,通常有两种情况:一种是,同一组被试在不同条件下形成的两组样本之间存在的相关关系;另一种是,在成对匹配的两组被试条件下形成的样本之间存在的相关关系. 由于相关样本之间的相关程度对实验结果有一定的影响,因此在对相关样本进行平均数差异的显著性检验时,其样本标准误与独立样本时不同,所用的检验统计量也就不同.

(1) 当总体服从正态分布,总体方差已知,且两样本之间的相关系数已知时,检验两样本平均数之间差异的显著性(即检验假设(6.1.4))可用 Z 检验,检验统计量为

$$Z = \frac{(\overline{X}_1 - \overline{X}_2)\sqrt{n}}{\sqrt{\sigma_1^2 + \sigma_2^2 - 2r\sigma_1\sigma_2}}, \tag{6.1.10}$$

其中 σ_1^2 和 σ_2^2 分别是两样本来自的总体的方差,$n = n_1 = n_2$ 为观测值的对子数,r 为两样本之间的积差相关系数.这时,对于给定的显著性水平 α,拒绝域为

$$|Z| \geqslant Z_{\alpha/2}.$$

如果总体方差未知,只要 $n > 30$,也可用 Z 检验,这时检验统计量为

$$Z = \frac{(\overline{X}_1 - \overline{X}_2)\sqrt{n}}{\sqrt{S_1^2 + S_2^2 - 2rS_1S_2}}. \tag{6.1.11}$$

(2) 当总体分布为正态分布,总体方差未知,而且两样本为小样本时,检验假设(6.1.4)用 t 检验,且在两样本之间的相关系数已知的情况下,选如下检验统计量:

$$t = \frac{(\overline{X}_1 - \overline{X}_2)\sqrt{n-1}}{\sqrt{S_1^2 + S_2^2 - 2rS_1S_2}}; \tag{6.1.12}$$

如果两样本之间的相关系数未知,尤其对较小样本用如下检验统计量更方便:

$$t = \frac{\overline{D}}{\sqrt{\dfrac{\sum_{i=1}^{n} D_i^2 - \dfrac{1}{n}\left(\sum_{i=1}^{n} D_i\right)^2}{n(n-1)}}}, \tag{6.1.13}$$

其中 $D_i(i = 1, 2, \cdots, n)$ 为第 i 对观测值的差数,$\overline{D} = \dfrac{1}{n}\sum_{i=1}^{n} D_i$.对于给定的显著性水平 α,这两种情况的拒绝域均为

$$|t| \geqslant t_{\alpha/2}(n-1).$$

例 7 从某小学四年级随机抽取 15 名学生,在学期初进行了一次推理测验,学期末又进行了一次相似的推理测验,两次测验的成绩如表 6.1 所示.问:该年级学生在这一学期内的推理能力是否有显著提高?

表 6.1 学期初和学期末两次推理测验的成绩

学期初	52	53	51	50	53	54	56	55	51	59	60	61	58	59	52
学期末	54	55	55	53	54	60	62	65	63	58	60	53	60	63	62

解 用一组被试在不同条件下获得的两组测验成绩之间存在相关关系,需进行相关样本平均数之间差异的检验,即要检验假设(6.1.4).由于两样本相关,总体方差未知,而且是小样本,因此采用 t 检验,用(6.1.12)式作为检验统计量.

这里 $n = 15$.根据表 6.1 所给的数据求得 $\overline{X}_1 = 54.93, \overline{X}_2 = 58.47, S_1 = 3.53, S_2 = 4.13$,

第六章 数学教育中的假设检验

$r = 0.42$,则由(6.1.12)式得

$$t = \frac{(\overline{X}_1 - \overline{X}_2)\sqrt{n-1}}{\sqrt{S_1^2 + S_2^2 - 2rS_1S_2}} \approx -3.18.$$

取 $\alpha = 0.01$,查 t 分布表,当自由度为 $n-1=14$ 时,得 $t_{\alpha/2}(14) = t_{0.005}(14) = 2.977$.

由于 $|t| = 3.18 > t_{\alpha/2}(14)$,所以拒绝原假设 H_0,即认为该年级学生在学期初与学期末的推理能力有显著的差异. 又由于 $\overline{X}_2 > \overline{X}_1$,所以可以认为该年级学生在这一学期内的推理能力有显著提高.

本例要判断是否有显著提高,带有方向性,所以也可以考虑用单侧检验来分析.

例 8 用两种不同的方式呈现某种刺激于一组被试,成绩如表 6.2 所示,检验两种呈现刺激方式的效果之间有无显著差异.

表 6.2 两种呈现刺激方式的成绩

方式 I (X_1)	方式 II (X_2)	D_i	D_i^2
30	17	13	169
30	25	5	25
34	37	-3	9
37	27	10	100
38	24	14	196
35	18	17	289
39	32	7	49
20	22	-2	4
30	28	2	4
34	27	7	49
求和		70	894

解 依题需检验假设(6.1.4).由于两样本相关,总体方差未知,且样本容量较小,采用 t 检验,且取(6.1.13)式作为检验统计量.

计算每对观测值的差数 D_i 及 D_i^2,见表 6.2,并求得

$$\overline{D} = \frac{1}{n}\sum_{i=1}^{n} D_i = \frac{70}{10} = 7, \quad \sum_{i=1}^{n} D_i^2 = 894.$$

代入(6.1.13)式,得

$$t = \frac{\overline{D}}{\sqrt{\dfrac{\sum_{i=1}^{n} D_i^2 - \dfrac{1}{n}\left(\sum_{i=1}^{n} D_i\right)^2}{n(n-1)}}} = \frac{7}{\sqrt{\dfrac{894 - \dfrac{1}{10} \times 70^2}{10(10-1)}}} \approx 3.3.$$

取 $\alpha=0.01$,查 t 分布表,当自由度 $df=10-1=9$ 时,得 $t_{\alpha/2}(9)=t_{0.005}(9)=3.25$.

由于 $t=3.3>t_{\alpha/2}(9)$,故拒绝原假设 H_0,即认为两种呈现刺激方式的效果之间差异非常显著.

第二节 相关系数的显著性检验

一、积差相关系数的显著性检验

积差相关系数的显著性检验一般分为两种情况,即样本相关系数与总体相关系数之间差异的显著性检验和两总体相关系数之间差异的显著性检验.

1. 样本相关系数与总体相关系数之间差异的显著性检验

样本相关系数与总体相关系数之间差异的显著性检验,是检验样本相关系数与总体相关系数之间的差异是否完全由抽样造成,所用的检验方法可因原假设不同而不同.

设原假设为 $H_0:\rho=\rho_0$.其中 ρ 为样本来自的真正总体某两变量的相关系数,ρ_0 为已知总体该两变量的相关系数.如果 $\rho_0=0$,则可直接查积差相关系数显著性临界值表(附表4),在一定的显著性水平 α 下,$df=n-2$ 时对应的积差相关系数显著性临界值 $r_\alpha(n-2)$ 就是判断是否拒绝原假设 H_0 的临界值,其中 n 是样本观测的对子数.当样本相关系数 r 大于 $r_\alpha(n-2)$ 时,拒绝原假设 H_0,说明样本相关系数 r 与零相关有显著差异,样本并非来自零相关总体;当样本相关系数 r 小于 $r_\alpha(n-2)$ 时,接受原假设 H_0,说明样本相关系数 r 与零相关无显著差异,认为所得的 r 值由抽样所致.

例如,从某总体随机抽取 14 名被测,他们在两种测验上的成绩之间的相关系数 $r=0.55$,问:14 名被测的两种测验成绩是否来自零相关的总体?直接查积差相关系数显著性临界值表,当 $\alpha=0.05$,$df=n-2=12$ 时,得 $r_\alpha(n-2)=0.532$.由于 $r>r_\alpha(n-2)$,因此认为 14 名被测试的两种测验成绩并非来自零相关的总体.

如果已知的总体相关系数 ρ_0 不为零,而是某一非零数值,则对于原假设 $H_0:\rho=\rho_0$,可用 Z 检验,检验统计量为

$$Z=\frac{Z_r-Z_{\rho_0}}{\sqrt{\dfrac{1}{n-3}}}, \tag{6.2.1}$$

其中 Z_r,Z_{ρ_0} 分别是 r 和 ρ_0 的正态转换值,可直接由相关系数的 Z 值转换表(附表7)查出,n 为样本观测值的对子数.这时,对于给定的显著性水平 α,拒绝域为

$$|Z|\geqslant Z_{\alpha/2}.$$

例1 某研究使用日本 GAT 焦虑量表测得我国小学三年级学生的数学成绩与冲动倾

向表(GAT 分量表)得分之间的相关系数为 $\rho_0=0.34$. 现在从某地区的小学随机抽取 25 名三年级学生,测得他们的数学成绩得分与冲动倾向得分之间的相关系数为 $r=0.25$,问:这一相关系数与上述研究结果是否有显著差异?

解 依题意需检验假设

$$H_0: \rho=\rho_0, \quad H_1: \rho\neq\rho_0 \quad (\rho_0=0.34).$$

由于已知的总体相关系数 ρ_0 不为零,可用 Z 检验,取(6.2.1)式作为检验统计量.

将 $r=0.25, \rho_0=0.34$ 分别转换为 Z 值:查相关系数的 Z 值转换表,得 $Z_r=0.255, Z_{\rho_0}=0.354$. 已知 $n=25$,将上述各值代入(6.2.1)式,得

$$Z=\frac{0.255-0.354}{\sqrt{\frac{1}{25-3}}}\approx -0.46.$$

取 $\alpha=0.05$,查标准正态分布表,得 $Z_{\alpha/2}=Z_{0.025}=1.96$.

由于 $|Z|<Z_{\alpha/2}$,所以接受原假设 H_0,即认为这一相关系数与上述研究结果是一致的.

2. 两总体相关系数之间差异的显著性检验

如果两个样本相关系数 r_1, r_2 同是某两个变量之间的相关系数,但来自两个不同总体,要检验两个总体的这两个变量相关程度是否有显著差异,即要检验假设

$$H_0: \rho_1=\rho_2, \quad H_1: \rho_1\neq\rho_2, \tag{6.2.2}$$

其中 ρ_1, ρ_2 分别为两总体这两个变量之间的相关系数. 这时我们仍然可使用 Z 检验,检验统计量为

$$Z=\frac{Z_{r_1}-Z_{r_2}}{\sqrt{\frac{1}{n_1-3}+\frac{1}{n_2-3}}}, \tag{6.2.3}$$

其中,Z_{r_1}, Z_{r_2} 分别是样本相关系数 r_1 和 r_2 的转换 Z 值,n_1, n_2 分别是样本相关系数 r_1, r_2 对应的样本观测值的对子数.

例 2 随机抽取 120 名 11~15 岁儿童,测得其身高与体重之间的相关系数为 $r_1=0.89$;随机抽取 124 名 21~25 岁的青年,测得其身高与体重的相关系数为 $r_2=0.72$. 问:这两个年龄段的身高与体重之间的相关程度是否有显著差异?

解 依题意需检验假设(6.2.2). 用 Z 检验,取(6.2.3)式为检验统计量.

将 $r_1=0.89, r_2=0.72$ 分别转换为 Z 值:查相关系数的 Z 值转换表,得 $Z_{r_1}=1.422, Z_{r_2}=0.908$. 已知 $n_1=120, n_2=124$,所以由(6.2.3)式得

$$Z=\frac{Z_{r_1}-Z_{r_2}}{\sqrt{\frac{1}{n_1-3}+\frac{1}{n_2-3}}}=\frac{1.422-0.908}{\sqrt{\frac{1}{120-3}+\frac{1}{124-3}}}\approx 3.97.$$

取 $\alpha=0.01$,查标准正态分布表,得 $Z_{\alpha/2}=Z_{0.005}=2.58$.

由于 $Z=3.97>Z_{\alpha/2}$,因此拒绝原假设 H_0,即认为这两个年龄段身高与体重之间的相关程度差异非常显著.

二、等级相关系数的显著性检验

在分析等级变量之间的相关性时,需对等级相关系数进行显著性检验.

1. 斯皮尔曼等级相关系数的显著性检验

对斯皮尔曼等级相关系数 r_S 的显著性检验,一般是检验假设

$$H_0: r_S=0, \quad H_1: r_S\neq 0. \quad (6.2.4)$$

检验这一假设的方法是:将由实际观测值求得的 r_S 与一定显著性水平 α 下的斯皮尔曼等级相关系数显著性临界值 r_α 作比较,如果实际求得的 r_S 大于或等于临界值 r_α,则拒绝原假设 H_0,即认为两变量是显著相关的;否则接受原假设 H_0,即认为两变量是零相关的.

例3 两位教育行政领导根据10名数学教师的工作情况分别对他们进行综合评定,每个人的评定结果都是以等级记录的,如表6.3所示.问:这两位领导对10名数学教师的评定结果是否一致?

表6.3 两位领导对10名数学教师的工作评定结果

被评教师编号	评定等级		D	D^2
	领导1	领导2		
1	2	1	1	1
2	3	6	-3	9
3	4	4	0	0
4	5	2	3	9
5	10	9	1	1
6	8	5	3	9
7	9	10	-1	1
8	7	7	0	0
9	6	8	-2	4
10	1	3	-2	4
求和				38

解 要了解两位领导评定的结果是否一致,可检验其等级相关系数是否与零相关有显著差异,即检验假设(6.2.4).如果由实际观测值求得的 r_S 与临界值 r_α 比较后拒绝原假设 H_0,那么可以说明两位领导的评定结果是显著有关系的,且相关系数 r_S 越大,说明其评定标准越一致.

第六章 数学教育中的假设检验

根据表 6.3 所给的评定等级，求得

$$r_S = 1 - \frac{6}{n(n^2-1)}\sum_{i=1}^{n}D^2 = 1 - \frac{6\times 38}{10(10^2-1)} \approx 0.77.$$

取 $\alpha=0.05$，查斯皮尔曼等级相关系数显著性临界值表，当 $n=10$ 时，得界限值为 $r_\alpha=0.564$. 因为 $r_S > r_\alpha = 0.564$，所以拒绝原假设 H_0，即认为两位领导的评定结果一致.

2. 肯德尔和谐系数的显著性检验

肯德尔和谐系数的显著性检验是通过检验等级的离差平方和实现的，通常用于检验评价者的意见是否一致. 下面结合例子说明肯德尔和谐系数显著性检验的方法.

例 4 6 位视导员对 7 所学校的评定等级如表 6.4 所示，问：6 位视导员对 7 所学校的评价结果是否一致？

表 6.4 6 位视导员对 7 所学校的评定等级

视导号编号 \ 学校编号	1	2	3	4	5	6	7
1	3	5	2	1	4	6	7
2	1	4	3	2	5	7	6
3	2	7	3	1	6	5	4
4	2	7	1	4	3	6	5
5	7	6	1	3	5	2	4
6	6	7	1	2	3	5	4
求和	21	36	11	13	26	31	30

解 设 R_i 为各个评价对象的评定等级之和. 如果各个评价者的意见一致性程度越高，则 R_i 的变异数（即离差平方和）就会越大. 当 R_i 的变异数达到或超过一定显著性水平 α 下的临界值时，我们就认为肯德尔和谐系数达到显著性水平，评价者的评价结果是一致的.

具体检验方法是：

求出 R_i 的离差平方和

$$SS_R = \sum_{i=1}^{N} R_i^2 - \frac{\left(\sum_{i=1}^{N} R_i\right)^2}{N},$$

其中 N 为评价对象的个数. 本例中，$N=7$，R_i 为表 6.4 中最后一行的各个数值，求得 $\sum_{i=1}^{7} R_i = 168$，$\sum_{i=1}^{7} R_i^2 = 4564$，所以

$$SS_R = 4564 - \frac{168^2}{7} = 532.$$

第二节 相关系数的显著性检验

取 $\alpha=0.01$，查肯德尔和谐系数显著性临界值表（附表6），当 $K=6, N=7$ 时，得临界值
$$SS_\alpha = 422.6.$$

由于 $SS_R > SS_\alpha$，所以肯德尔和谐系数达到非常显著的水平，认为7个评价者的意见一致性程度很高.

三、点二列相关系数的显著性检验

对点二列相关系数的显著性检验，一般是检验点二列相关系数与零相关是否有显著差异. 最简单的办法是直接使用积差相关系数显著性临界值表（附表4）：如果由实际样本观测值计算得到的点二列相关系数 r_{pb} 小于自由度为 $n-2$（n 为样本容量）的积差相关系数显著性临界值，那么点二列相关系数 r_{pb} 与零相关无显著差异；反之，认为其与零相关有显著差异.

另一种方法是，检验两样本平均数之间的差异是否显著（通常用 t 检验）. 若两样本平均数之间的差异不显著，则认为点二列相关系数与零相关没有显著差异；反之，则认为相关系数与零相关有显著差异.

例5 20名学生参加某一种测验，其中男生11人，女生9人，成绩如下：

男生：78, 64, 89, 72, 77, 82, 81, 90, 70, 85, 84；

女生：53, 69, 82, 64, 77, 80, 78, 70, 74.

问：检验成绩是否与性别相关？

解 方法1 求得男生成绩的平均分、标准差及人数比率分别为
$$\overline{X}_p = 79.3, \quad S_p = 7.7, \quad p = 0.55;$$
女生成绩的平均分、标准差及人数比率分别为
$$\overline{X}_q = 71.9, \quad S_q = 8.6, \quad q = 0.45;$$
20名学生成绩的标准差为 $S=8.9$. 于是男、女生成绩的点二列相关系数为
$$r_{pb} = \frac{\overline{X}_p - \overline{X}_q}{S}\sqrt{pq} = \frac{79.3 - 71.9}{8.9}\sqrt{0.55 \times 0.45} \approx 0.41.$$

取 $\alpha=0.05$，查积差相关系数显著性临界值表，当 $df=18$ 时，得 $r_\alpha=0.444$.

由于 $r_{pb}=0.41<0.444$，因此认为男、女生成绩之间的点二列相关与零相关无显著差异，即认为测验成绩与性别无关.

方法2 检验男、女生成绩的平均分是否有显著差异，即检验如(6.1.4)的假设. 由于是小样本，且总体方差未知，因此用 t 检验，并选(6.1.9)式作为检验统计量.

分别计算男、女生成绩的平均分、标准差，并将它们代入(6.1.9)式，得
$$t = \frac{79.3 - 71.9}{\sqrt{\frac{11 \times 7.7^2 + 9 \times 8.6^2}{11+9-2}}\sqrt{\frac{1}{11}+\frac{1}{9}}} \approx 1.92.$$

第六章 数学教育中的假设检验

当 $\alpha=0.05, df=18$ 时,查 t 分布表,得 $t_\alpha(18)=t_{0.025}(18)=2.101$.

由于 $|t|<t_{\alpha/2}(18)$,所以接受原假设 H_0,即认为男、女生成绩平均分的差异不显著. 于是,认为男、女生成绩之间的点二列相关与零相关无显著差异,即认为测验成绩与性别无关. 这与直接查积差相关系数表的结果一致.

四、二列相关系数的显著性检验

二列相关系数的显著性检验一般也是检验二列相关系数与零相关是否有显著差异,常用的方法是 Z 检验,公式为

$$Z=\frac{yr_b}{\sqrt{pq/n}}, \tag{6.2.5}$$

其中 n 为样本容量,其他符号意义与二列相关系数公式(3.3.3)中的相同. 对取定的显著性水平 α,如果由实际观测值代入公式(6.2.5)计算得到的 $|Z|$ 大于 $Z_{\alpha/2}$ 值,则说明 r_b 与零相关有显著差异,即两变量之间存在显著的相关关系;否则,说明 r_b 与零相关没有显著差异,即两变量之间几乎不相关.

例6 已知某班有 48 名学生,某次期末考试中,数学的平均成绩是 82 分,标准差 11 分,而物理成绩在 80 分以上的有 30 人,他们的数学平均成绩是 87 分. 问:该班学生的数学成绩和物理成绩之间是否存在相关关系?

解 已知 $\bar{x}_p=87, S_t=11, p=\frac{30}{48}=0.625$,而 $\bar{x}_q=\frac{82\times48-87\times30}{48-30}\approx73.7, q=1-p=0.375$. 查标准正态分布表,当 $p=0.625-0.5=0.125$ 时,得 $y=0.37903$. 将这些数值代入二列相关系数公式(3.3.3),得

$$r_b=\frac{\bar{x}_p-\bar{x}_q}{S_t}\cdot\frac{pq}{y}=\frac{87-73.7}{11}\cdot\frac{0.625\times0.375}{0.37903}\approx0.75.$$

已知 $y=0.37903, p=0.625, q=1-0.625=0.375, n=48$,代入公式(6.2.5),得

$$Z=\frac{0.37903\times0.75}{\sqrt{0.625\times0.375/48}}\approx4.07.$$

显然,这一值远远超过 $\alpha=0.01$ 时的界限值 $Z_{\alpha/2}=Z_{0.005}=2.58$,则该班学生数学成绩与物理成绩之间的二列相关系数与零相关有非常显著的差异. 这说明该班学生的数学成绩与物理成绩有显著的相关关系,即数学成绩高的学生其物理成绩一般较高,数学成绩低的学生其物理成绩一般较低.

五、Φ 相关系数的显著性检验

同样,Φ 相关系数的显著性检验一般是检验 Φ 相关系数 r_Φ 是否与零相关有着显著差

异,常用的检验方法是看由实际观测数据计算得到的 χ^2 值是否达到一定显著性水平 α 下的临界值. Φ 相关系数是表示两个二分变量之间相关程度的量数,其变量数据可整理成四格表的形式. 对于同一个四格表,我们既可以求出 r_Φ, 也可以求出 χ^2 值: r_Φ 与 χ^2 之间的关系为 $\chi^2 = n r_\Phi^2$, 其中 n 为样本容量. 如果求得的 χ^2 值达到或超过显著水平 α 下的临界值,即 $\chi^2 > \chi_\alpha^2(df)$, 则说明 r_Φ 与零相关有显著的差异;如果 $\chi^2 \leqslant \chi_\alpha^2(df)$, 则说明 r_Φ 与零相关没有显著的差异. 这里 $df = 1$.

例 7 从某地区小学四年级学生中随机抽取智商测验得分在 90 分以上和 90 分以下的学生各 250 名,分别测出他们的注意力集中水平,见表 6.5. 试问:注意集中情况与智商是否有关联?

表 6.5　智商测验与注意集中水平的四格表

注意集中水平＼智商测验	90 分以下人数	90 分以上人数	求和
500 分以上人数	100 (b)	180 (a)	280 (a+b)
500 分以下人数	150 (d)	70 (c)	220 (c+d)
求和	250 (b+d)	250 (a+c)	500

解　这里 $n = 250 + 250 = 500$. 由关系式 $\chi^2 = n r_\Phi^2$ 及公式 (3.3.4) 有

$$\chi^2 = \frac{n(ad-bc)^2}{(a+b)(c+d)(a+c)(b+d)} = \frac{500(180 \times 150 - 100 \times 70)^2}{280 \times 220 \times 250 \times 250} \approx 51.95.$$

取 $\alpha = 0.01$, 而这里 $df = 1$, 查 χ^2 分布表,得 $\chi_{0.01}^2(1) = 6.63$. 显然 $\chi^2 > \chi_{0.01}^2(1)$. 这说明注意力集中水平与智商有显著的关联.

第三节　其他显著性检验

一、比率之间差异的显著性检验

1. 样本属性比率与总体属性比率之间差异的显著性检验

要检验样本属性比率与总体属性比率之间是否有显著的差异,就是要检验假设

$$H_0: p = p_0, \quad H_1: p \neq p_0, \quad (6.3.1)$$

其中 p 为样本来自的真正总体的属性比率, p_0 是已知的总体属性比率. 当样本容量 n 和样本属性比率 $\hat{p}$ 满足 $n\hat{p} \geqslant 5$ 时,检验这一假设可用 Z 检验,检验统计量为

$$Z = \frac{\hat{p} - p_0}{\sqrt{\dfrac{p_0 q_0}{n}}}, \quad (6.3.2)$$

第六章　数学教育中的假设检验

其中 $q_0 = 1 - p_0$. 这时，对于给定的显著性水平 α，拒绝域为
$$|Z| \geqslant Z_{\alpha/2}.$$

例1　某地区公布该地区的学龄儿童入学率为 90%. 现随机抽取该区学龄儿童 200 名，入学儿童为 172 名，问：这一结果是否与公布的一致？

解　依题意需检验假设(6.3.1)，这里 p 为某地区学龄儿童的入学率. 用(6.3.2)式作为检验统计量.

已知 $p_0 = 0.9$，则 $q_0 = 0.1$. 又知 $k = 172, n = 200$，所以 $\hat{p} = \dfrac{k}{n} = \dfrac{172}{200}$，从而

$$Z = \frac{\hat{p} - p_0}{\sqrt{\dfrac{p_0 q_0}{n}}} = \frac{\dfrac{172}{200} - 0.9}{\sqrt{0.9 \times 0.1/200}} \approx -0.89.$$

取 $\alpha = 0.05$，查标准正态分布表，得 $Z_{\alpha/2} = Z_{0.025} = 1.96$.

由于 $|Z| < Z_{\alpha/2}$ 所以接受原假设 H_0，即认为该地区学龄儿童入学率的调查结果与公布的结果间没有显著差异，是一致的.

2. 两独立样本属性比率之间差异的显著性检验

要检验两独立样本的属性比率之间是否有显著差异，即检验假设：
$$H_0: p_1 = p_2, \quad H_1: p_1 \neq p_2, \tag{6.3.3}$$

其中 p_1, p_2 分别为两样本来自的总体的属性比率. 当两样本相互独立，且两样本的容量 n_1，n_2 和两样本的属性比率 $\hat{p}_1, \hat{p}_2$ 满足 $n_1 \hat{p}_1 \geqslant 5, n_2 \hat{p}_2 \geqslant 5$ 时，检验假设(6.3.3)也用 Z 检验，检验统计量为

$$Z = \frac{\hat{p}_1 - \hat{p}_2}{\sqrt{pq \dfrac{n_1 + n_2}{n_1 n_2}}}, \tag{6.3.4}$$

其中 p 为 $\hat{p}_1$ 和 $\hat{p}_2$ 的加权平均，即 $p = \dfrac{n_1 \hat{p}_1 + n_2 \hat{p}_2}{n_1 + n_2}$，而 $q = 1 - p$. 这时，对于给定的显著性水平 α，拒绝域为
$$|Z| \geqslant Z_{\alpha/2}.$$

例2　甲、乙两校高中三年级学生参加数学结业会考的人数分别为 186 人和 165 人，考试合格的人数分别为 170 人和 142 人，问：两校数学结业会考的合格率是否有显著差异？

解　依题意需检验假设(6.3.3)，这里 p_1, p_2 分别为两校的数学结业会考合格率. 由于两校相互独立，且人数较多，所以可用(6.3.4)式作为检验统计量.

已知 $n_1=186, n_2=165, \hat{p}_1=\dfrac{170}{186}=0.91, \hat{p}_2=\dfrac{142}{165}=0.86$,所以

$$p=\frac{n_1\hat{p}_1+n_2\hat{p}_2}{n_1+n_2}=\frac{170+142}{186+165}=0.89,\quad q=1-0.89=0.11.$$

于是,由(6.3.4)式有

$$Z=\frac{\hat{p}_1-\hat{p}_2}{\sqrt{pq\dfrac{n_1+n_2}{n_1 n_2}}}=\frac{0.91-0.86}{\sqrt{0.89\times 0.11\times\dfrac{186+165}{186\times 165}}}\approx 1.49.$$

取 $\alpha=0.05$,查标准正态分布表,得 $Z_{\alpha/2}=Z_{0.025}=1.96$.

由于 $Z\leqslant Z_{\alpha/2}$,所以接受原假设 H_0,即认为两校数学结业会考的合格率没有显著差异.

二、两相关样本方差之间差异的显著性检验

要检验两样本方差之间差异是否显著,即要检验如下假设:

$$H_0:\sigma_1^2=\sigma_2^2,\quad H_1:\sigma_1^2\neq\sigma_2^2, \tag{6.3.5}$$

其中 σ_1^2,σ_2^2 分别为两样本来自的总体的方差.而对假设(6.3.5),检验分两种情况:两样本相互独立和两样本相关.如果两样本是相互独立的,则要用 F 检验(本书不讨论);如果两样本是相关的,则要用 t 检验.这里只介绍两样本相关且容量相等的情况,这时所用的检验统计量为

$$t=\frac{(S_1^2-S_2^2)\sqrt{n-2}}{\sqrt{4S_1^2 S_2^2(1-r^2)}}, \tag{6.3.6}$$

其中 S_1^2, S_2^2 分别为两样本的方差,r 为两样本之间的积差相关系数,$n=n_1=n_2$ 为样本容量.这时,在给定显著性水平 α 下,拒绝域为

$$|t|\geqslant t_{\alpha/2}(n-2).$$

例3 随机抽取某校初中二年级 25 名学生,计算得他们的语文成绩和数学成绩的标准差分别是 12 分和 16 分.若语文和数学两科成绩之间的相关系数为 0.56,问:这两科成绩的离散程度是否相同?

解 依题意需检验假设(6.3.5).由于 25 名学生的两科成绩是相关的,所以两样本相关,可用(6.3.6)式作为检验统计量.

已知 $S_1=12, S_2=16, n=25, r=0.56$,代入(6.3.6)式,得

$$t=\frac{(S_1^2-S_2^2)\sqrt{n-2}}{\sqrt{4S_1^2 S_2^2(1-r^2)}}=\frac{(12^2-16^2)\sqrt{25-2}}{\sqrt{4\times 12^2\times 16^2(1-0.56^2)}}\approx -1.69.$$

取 $\alpha=0.05$,而 $df=25-2=23$,查 t 分布表,得 $t_{\alpha/2}(23)=t_{0.025}(23)=2.069$.

由于 $|t|<t_{\alpha/2}(23)$,所以接受原假设 H_0,即认为两科成绩的方差之间差异不显著.于是认为两科成绩离散程度基本相同.

第六章 数学教育中的假设检验

习 题 六

1. 某校二年级学生数学期中考试的平均成绩为 72 分,标准差为 8 分. 期末考试后,随机抽取 36 名学生的数学成绩,其平均成绩为 75 分. 问:该校二年级学生的数学成绩是否有显著性进步($\alpha=0.05$)?

2. 某市调查表明,一年级小学生的平均身高为 116.5 cm. 某调查组从该市一所小学的一年级中随机抽取 49 名学生,测量他们的身高,经计算得平均身高为 116.6 cm,标准差为 12.7 cm. 问:该校一年级学生的平均身高是否与全市儿童的平均身高一致($\alpha=0.05$)?

3. 某地区五年级数学统一考试平均成绩为 68 分,该区某小学五年级 26 份试卷的平均分数为 69.4 分,标准差为 9.92 分. 试分析该校五年级数学平均成绩是否与全区一致($\alpha=0.05$).

4. 某初中上一届一年级学生的自学能力测试平均成绩为 30 分,这一届随机抽取的 20 名一年级学生的自学能力测试平均成绩为 38 分,标准差为 6 分. 假定这一届学生与上一届学生学习条件相同,试分析这一届一年级学生的自学能力是否高于上一届一年级学生($\alpha=0.05$).

5. 从某小学五年级随机抽取 12 名学生,测验他们的自学能力,测验成绩的平均分为 61 分,标准差为 8 分. 这 12 名学生是否来自自学能力水平为 $\mu_0=64$ 分的总体($\alpha=0.05$)?

6. 某老师在学生中进行识记方式实验,随机抽取 8 名学生,在训练前对他们进行记忆测试,训练后用一套与训练前等值的试卷再测试,结果如表 6.6 所示. 问:训练前、后学生记忆水平是否有显著差异($\alpha=0.05$)?

表 6.6 8 名学生训练前、后记忆测试的结果

学生编号	训练前(X_1)	训练后(X_2)
1	70	72
2	84	85
3	70	68
4	76	93
5	80	91
6	63	81
7	82	89
8	74	82
求和	599	661

7. 某研究使用智力量表测得某市小学二年级学生的数学成绩与智力成绩之间的相关

习 题 六

系数 $\rho_0=0.36$. 现在从某地区的小学随机抽取 39 名二年级学生,测得他们的数学成绩与智力成绩之间的相关系数为 $r=0.4$. 问:这一相关系数与某研究结果是否有显著差异($\alpha=0.05$)?

8. 从某中学初中三年级学生中随机选定两个组(每组 15 人)进行数学教学方法改革试验,甲组采用探究式方法,乙组采用讲授式方法. 期末数学测验甲组的平均成绩是 81 分,方差为 13 分;乙组的平均成绩为 76 分,方差为 15 分. 问:探究式和讲授式两种方法效果有无显著差异($\alpha=0.05$)?

9. 某大学文科一年级高等数学不合格的人数占全校文科一年级学生的 3%,其中中文系一年级学生 120 人中有 4 人不合格. 问:中文系一年级学生高等数学不合格率与全校文科一年级学生高等数学的不合格率是否一致($\alpha=0.05$)?

第七章 数学教育测量概述

> 本章从测量的概念出发,给出教育测量与数学教育测量的界定,分析数学教育测量的基本要素和特点以及在数学教育教学中的功能,介绍数学测验的常见类型和数学测验的编制与实施,并阐述数学测验的误差问题.

第一节 数学教育测量的基本概念

一、数学教育测量的概念

1. 测量

测量是按照一定的法则用数学方法对事物的属性进行数量化描述的过程.在日常生活中,测量是被普遍运用的方法.人们通过对客观事物进行大量的测量,来验证现象、定理和定律是否符合实际,同时经过反复测量、实践,逐步认识事物的客观规律.俄国科学家门捷列夫(Mendeleyev)在论述测量的意义时曾说过:"测量是认识自然界的主要方法.""没有测量,就没有科学."

2. 教育测量

如果需要将教育的效果、效率像对物理现象进行的测量一样,以数量化的形式表示出来,就要进行教育测量.广义的教育测量是指对教育现象进行定量化测定的一门教育学科,主要研究测量教育(或训练)效果的原理和方法.狭义的教育测量是指对学习结果即学习后所获得的知识、技能的测量.

教育测量源于我国古代的考试,但这样的考试没有标准化,是一种非正式的测量过程.直至 20 世纪早期,美国心理学家桑代克(E. L. Thorndike)和其他一些学者把实验室中的关于心理统计与测量的原理运用到教育,才使得教育测量走上了标准化、科学化的道路.目前,教育测量在人才选拔、教育评价、教育研究、教育管理等诸多领域发挥着重要的作用.

3. 数学教育测量

数学教育测量是教育测量的一个分支,它以教育学、心理学、测量学的理论为基础,研究如何根据数学学科自身的特点,运用各种测量手段和统计方法,按照一定的规则,用数量对数学教学效果和学生的数学知识、技能、能力进行描述和确定.

数学教育的目的在于帮助学生达到国家规定的数学课程标准的要求,即帮助学生掌握规定的数学知识,培养学生的数学能力.要了解学生掌握数学知识的多少、学生数学能力的高低及其变化情况、教育者的教学效果等,均需要通过数学教育测量来实现.而要完成这样的测量,需利用"测验"这一工具.数学教育测量研究的测量工具就是各种测验,也就是测量学生所掌握数学知识与技能的系统方法,其具体内容包括:测验的种类、质量指标的制定与实施过程、误差的来源与控制等.

二、数学教育测量的三要素

测量实际上是一种比较的过程,它是通过将被测与参照点进行比较,进而对被测进行赋值实现的.与其他测量一样,数学教育测量也需要具有以下三个要素:测量单位、参照点和量表.

1. 测量单位

没有单位,数量的多少、数据的大小便无法表示,数量化的分析便无法进行.只要实施测量就必须有统一的单位.例如,测量长度以米(m)、厘米(cm)等为单位,测量质量以千克(kg)、吨(t)为单位.有了单位,才能将被测对象的量与数字对应起来,从而精确地表示被测对象数量的多少.测量单位需满足两个条件:一是,有确定的意义,即人们对该单位应有统一一致的理解,以免引起混乱,使测量结果失去意义;二是,单位"距离"的不变性,即要求在测量的量尺上,单位的实际价值处处相同.例如,测量长度时,3 cm 与 4 cm 的差距应和 59 cm 与 60 cm 的差距是一样的.但是,数学教育测量所使用的单位,如考试的分数单位,与物理测量单位意义不同,其单位的实际价值不是绝对相等的,这也是为什么要合成标准分数的原因.

2. 参照点

要测定事物的量,必须有一个计算的起点,这个起点即为参照点.参照点有两种:一种是以绝对零点作为参照点,如测量物体的质量、长度等都是以绝对零点为计量的起点,它表示测量起点在内容上为 0;另一种是以人为零点作为参照点,它是按照人们的习惯共同约定的计量参照点,如测量物体的温度一般是以水在标准状态下的冰点作为参照点,记做 0℃.在数学教育测量中,因为对学生的数学知识、技能进行测定时,无法确定数学知识、技能的绝对起点,所以多以人为零点为参照点.以人为零点起计算的考试分数,不能以倍数作比较,也不能做代数运算. 例如, 在数学期末考试中, 学生甲得 100 分, 学生乙得 50 分, 学生丙得 50 分, 我们不能说甲的数学水平是乙的两倍, 也不能说甲的数学水平是乙、丙之和.

3. 量表

量表是测量的工具, 是表示量数的方法. 例如, 尺子是测量长度的量表, 安培表是测量电流的量表. 借助于量表, 施测者可以确定被测所包括测量单位的数量, 从而得到测量结果. 因此量表是测量得以实施的重要保证. 一个好的量表首先应当具有准确性, 这样才能使测量的结果可靠、有效, 保证测量的精度要求; 其次应具备操作的节约性, 即在保证测量精准的前提下, 尽量使测量简单易行. 在数学教育测量中, 量表是根据测量目的所设计的测试试题和赋值规则, 因此它是测量规则在实际测量中的具体化. 通常所使用的量表多数以文字试题的形式出现, 也有的以图形、符号、操作要求的形式出现. 常见的量表有百分量表、等级量表等.

三、数学教育测量的特点

与物理测量不同, 教育测量的对象、过程和结果复杂多样, 同时, 数学教育测量又结合了数学学科的特点, 所以数学教育测量有其自身的特点. 主要表现在以下几个方面:

1. 间接性

测量有直接测量和间接测量两种. 直接测量就是把测量工具与被测对象直接相比较. 例如, 测量一本书的厚度, 就可以直接将尺子与书的厚度相比较, 进而得到书的厚度值. 一般地, 物理测量多数为直接测量. 教育测量的对象是人, 人通过学习所掌握的知识、技能以及人的智力、情感、态度等都无法直接测量, 而只能通过间接检测其外显的行为或外在表现特征来推断各项指标, 所以教育测量属于间接测量. 在数学教育测量中, 通常通过测验来间接测量学生的数学知识水平、能力状况等.

2. 相对性

从测量的结果分析, 物理测量的结果具有绝对性. 例如, 测量甲、乙、丙三人的身高, 结果甲比乙高 10 cm, 乙比丙高 10 cm, 这两个 10 cm 是相等的, 也是绝对的. 但在数学教育测量中并非如此, 因为数学教育测量的结果为相对的. 例如, 某学生在数学期中考试中得 85 分, 期末考试中得 80 分, 孤立地看这两个分数并不能说明该学生的数学学习是进步了还是退步了, 只有把它们放到某种标准中去比较, 才能确定结果如何. 又例如, 学生甲在数学期中考试中得 50 分, 期末考试中得 60 分; 学生乙在数学期中考试中得 90 分, 期末考试中得 100 分. 学生甲和乙各自的数学期末考试成绩比期中考试成绩均多 10 分, 这两个 10 分的价值是不相等的, 因为由 50 分增加到 60 分和由 90 分增加到 100 分的难度是不一样的. 所以说, 数学教育测量的结果是相对的. 一个学生成绩的好坏、知识水平的高低和能力状况的差异等都是相对的. 因此, 为了使数学教育测量的分数具有研究价值, 必须根据测量的原理与方法编制量表,并制定科学的评分标准和方法,将测量所得的原始分数转化为可以直接比较的量表分数——标准分数.

3. 多样性

数学教育测量不同于物理测量,其涉及面广泛、结构复杂.数学教育测量所用的测量工具——测验是由一组题目组成的,题目是构成测验的元素(或项目).每一个题目只能部分反映被测对象外显的行为或外在的表现特征,多个题目的测试才能综合反映被测在某一方面的总体属性.因此,一个测验能否达到一定的测量目的,不仅取决于每一个题目的优劣,而且也取决于题目之间的整合是否科学、得当.这就决定了数学教育测量的多样性.例如,一份高考的数学试卷往往包含了很多知识点,考查的知识范围是高中数学的整个内容,每部分内容又都有若干个知识点,并且这些知识点与初中甚至是小学所学的数学知识有着不可分割的联系,出题者必须围绕这些知识点从不同的角度和程度去测试学生掌握和理解的状况.所以,测试题目的代表性、科学性就显得尤为重要.

4. 不确定性

数学教育测量的对象是人,影响其数学知识、能力变化的因素比较多,不同的时间,不同的环境,不同的条件,以及学生本身的思想、情绪、身体等状况,都可能引起其测量结果的变化.例如,同样的数学测验,学生上午完成的成绩和下午完成的成绩很有可能不一样.这就给测量带来了一定的困难.另外,数学教育测量多数是通过测验实施的,而测验内容是由数学教学内容和教学目标决定的.在数学教学目标中处于同等地位的两个教学内容,若一个通过选择题来考查,另一个通过填空题来考查,结果很有可能某学生选择题的答案是"猜"对的,但填空题却没有回答出来.因此,影响数学教育测量的因素很多,而且不稳定.

四、数学教育测量的功能

数学教育测量是根据数学教育目标及教学计划的要求,用科学的方法来衡量数学教学效果的.因此,数学教育测量在整个数学教育中占有重要的地位.首先,在教学方面,数学教育测量可以帮助教师更准确地甄别出学生在数学知识、能力等方面的水平,区别出学生的兴趣与才能,诊断出学生在数学学习过程中存在的困难和问题.这样一来,教师便可以根据测量的结果,采用合适的教材、教法,组织适当的教学活动,有效地做到因材施教.同时,教师也可以从数学教育测量中总结自己在数学教学活动中的经验教训,探索数学教学过程的规律,提高教学质量.所以说,数学教育测量是改进数学教学的良好工具.其次,在教育研究方面,数学教育测量可以提供客观的、可分析的数据.任何一种新的教育理论、教材、教学方法,在没有经过教育测量检验其效果之前,都无法科学地评定它的价值,无法判断它是否正确.目前,数学教育工作中存在着诸多问题,例如如何发展学生的数学能力问题、考试改革问题、教育质量评价问题等.如果合理地利用好数学教育测量这一有效工具,就可以为数学教学研究提供客观的、可分析的数据,以更好地解决数学教育工作中存在的问题.所以说,数学教育测量是进行数学教育研究的一种有效途径.

第二节　数学教育测量的工具——测验

一、测验的概念

测验、调查、观察、评定、实验等都可以作为教育测量的工具,但是数学教育测量的工具以测验为主.

美国心理与教育测量学家布朗(F. G. Brown)曾说过:"所谓的测验,就是对一个行为样组进行测量的系统程序."其中,对"行为样组"进行测量是指测验并不是对学生在某一学习阶段中的所有目标或表现进行全面的测量,而是对抽样出的一组行为进行测量,并根据学生对样本试题的反映,推断出其知识、能力等特征.另外,这里的测量应当是客观的、科学的、标准化的."客观"和"科学"是指抽样应当消除个人主观偏差,按事物本来面目去考查,具有较高的效度与信度;"标准化"是指在测验的编制、实施过程中,都应当努力控制各种误差.

二、数学测验的常见类型

测验的分类有多种标准,测验的类型也多种多样.这里介绍数学教育测量中几种常见的测验类型.

1. 按参照标准分类

1) 常模参照性测验

常模参照性测验是依据测验团体的常模来解释分数意义的测验,其中的常模是团体在考试中的平均水平,如平均分、标准差等.该类测验是将被测在测验中所得的分数与其所在团体的常模进行比较,旨在衡量被测在团体中的相对位置,以决定其成绩的优劣.不难看出,常模参照性测验是一种选拔性测验,常见的表现形式就是中考、高考等升学考试中的数学测验.

2) 目标参照性测验

目标参照性测验是依据学习目标来解释分数意义的测验.该类测验是将被测的表现与既定的教育目标即行为标准相比较,旨在说明被测的学业是否达到教育目标的要求,测验结果只与既定的目标相比较,着眼于教育目标的完成情况,而不在被测之间进行比较,凡达到目标的被测都可以理解为通过测验.目标参照性测验是一种通过性测验,常见的表现形式如毕业考试中的数学测验.

第二节 数学教育测量的工具——测验

2. 按功能分类

1）学绩测验

学绩测验是一种衡量被测经过教育、训练后所获得的知识、技能情况的测验，也称为**成就测验**。根据测验的内容，学绩测验可分为单科学绩测验与综合学绩测验。前者旨在考查对某一学科的知识、技能的掌握情况，而后者涉及的内容广泛，旨在考查在多个学科或综合学科上的学习成绩。学绩测验可以是单个的测验，也可以是成套的测验。学绩测验较为常见，平时学校组织的单元测验、期中考试、期末考试均属于学绩测验。

2）能力测验

能力测验，其目的在于发现被测的潜在才能，了解其特长和发展倾向。能力测验按内容可分为一般能力测验和特殊能力测验。其中，一般能力测验现在专指智力测验，主要测量人的观察、想象、思维、判断、推理等一般能力；特殊能力测验主要用于测量人的某种特殊的能力。在日常教学中，能力测验并不常见，尤其是特殊能力测验，但是随着对素质教育重视程度的加强，能力测验日益成为贯彻因材施教原则的必要前提。目前，对于数学能力的测验又分为特殊能力测验中的数学能力测验，一般能力测验中的算术能力、空间能力、形象知觉测验，国际数学奥林匹克竞赛（IMO）等。

3）个性测验

个性测验也称为**人格测验**，主要测量被测的人格心理特征，诸如态度、情绪、兴趣、动机、意志等方面的个性心理特征。由于人格的概念十分宽泛，因此，人格测量所涉及的内容层面很多，人格测量的方法也是丰富多样的。虽然个性测验属于心理学的范畴，但是它对数学教育也存在着影响，所以在数学教育测量中做个性测验也是常见的。例如，研究数学学习兴趣对数学成绩的影响就需要做个性测验。

3. 按教学阶段分类

1）准备性测验

准备性测验是指在进行某一学习活动之前进行的、用来测量学生对于完成该学习任务的准备情况的测验。例如，新生刚入学时对全体新生进行一次数学准备性测验，测验内容为已学习过的数学知识。该测验的作用在于：如果通过测验发现学生缺乏必备的数学知识、技能，教师就可以有准备地采取适当的补救措施，以便于更好地开展新数学知识的教学。

2）过程性测验

过程性测验，顾名思义，是指在教学过程中实施的测验。过程性测验又称为**形成性测验**和**进展性测验**。该测验是用来测量学生目前达到学习目标的程度和学习情况。它是教学的中间环节，它特别强调单元教学、章节教学所要达到的学习结果，测验题目紧扣教学内容，目的在于考查学生学习和教师教学是否有成效。教学中进行的单元测验、阶段测验就属于过程性测验.

3）总结性测验

总结性测验是指教学结束时进行的测验.总结性测验是为了了解学生在学习活动后对知识、技能等方面的掌握情况和教学目标的达成情况而进行的，所以它也称为成就测验.例如，期中考试、期末考试均属于总结性测验.总结性测验也能为下一学期或学年的编班分组提供有效资料.

4. 按编制方式分类

1）标准化测验

标准化测验是指测验全过程都被标准化的一种测验.通常,标准化测验会有一定严格的编制程序，即从测试题目及试卷的编拟到施测、评分计分、分数的合成与解释等全过程标准化.标准化测验的试题由专家周密编制，有一定的质量指标要求，测量误差会受到严格控制，评分计分、分数的合成与解释等都有详细、明确的规定.标准化测验一般以大规模测验结果为基础，求出常模、建立量表，以此作为说明分数的标准.标准化测验的根本目的在于尽量减少测量误差，使测量结果真实、客观地反映实际情况.

2）自编测验

自编测验是教师根据实际教学各阶段的需要，自行设计和编制的测验.一般学校在较小范围内考查学生学习成绩时所进行的各种测验，如班级的单元测验、期中考试等，均属于自编测验.不难看出，自编测验在客观性和标准化程度上没有标准化测验高，但是与标准化测验相比，自编测验具有省时省力、灵活方便、测验内容与教学内容紧密联系、针对性强等特点.通过自编测验，教师可及时、准确了解教学情况，这是标准化测验所不及的.

5. 按被测数量分类

1）个体测验

个体测验是指一个施测者在规定的时间内每次只测验一个对象的测验.个体测验的优点是：施测者可以仔细观察被测的言语、情绪和行为，易于与被测合作，测试结果真实、可靠.但是，这类测验的缺点是：不经济，且施测者必须经过专业训练才能胜任.研究个体的心理特征时则要求施测者有一定的心理学研究的经验.

2）团体测验

团体测验是用相同的测试内容，在同一时间对多个对象进行施测的一种测验.例如，毕业考试、联考等都属于团体测验.团体测验中，施测者不必接受严格的专业训练即可担任，而且节约时间.但是，在整个施测过程中，施测者无法对被测的行为进行切实的观察与控制，测验的结果也不及个体测验真实、可靠.

第二节 数学教育测量的工具——测验

三、数学测验的编制与实施

1. 测验目标的确定

测验目标是指施测者所编制的测验需要达到的预期结果和标准. 测验目标的设定是编制测验的出发点和依据. 测验目标的确定是以教育目标分类理论为基础的.

自上世纪 50 年代以来，诸多学者针对教育目标提出了各种分类理论，其中美国著名教育家、心理学家布卢姆（B. S. Bloom）的教育目标分类理论的影响力最大，应用范围最广. 1948 年，布卢姆开始致力于研究教育目标的分类，并于 1956 年公布了研究成果：他把教育目标分为认知领域、情感领域和动作技能领域，并指出认知领域可分为知识、理解、应用、分析、综合和评价六个水平（表 7.1），这六个水平具有层次性、顺序性、递进性，知识是最低水平的目标，评价是最高水平的目标.

表 7.1 布卢姆认知领域目标分类系统

分类	意义	行为
知识	对学习过的知识和有关材料的识别与再现	确认、定义、配对、指出名次、选择、默写、背诵、描述、标明、列举、说明等
理解	对知识的掌握，能抓住事物的实质	转换、解释、推断
应用	把学习到的知识应用于新的情境	概念、原理、方法和理论的应用. 运用的能力以识记和理解为基础
分析	把复杂的知识进行分解，找出组成的要素，并分析其相互关系及组成原理	既要理解知识材料的内容，也要理解其结构
综合	与分析相反，把各个要素组成新的整体	形成新的模式或结构
评价	根据一定的标准对事物予以价值的判断	对材料的内在标准与外在标准的双重价值判断

许多进行数学教育测量研究的学者都通过布卢姆的认知领域目标分类系统来制定数学测验的目标，或者根据研究的实际情况将其整合成新的测验目标. 2011 年，国家教育部制定的《义务教育数学课程标准（2011 年版）》中规定了数学课程目标的分类（表 7.2）. 该标准规定数学课程目标包括结果目标和过程目标，其中结果目标使用了"了解""理解""掌握""运用"等行为动词表述，过程目标使用了"经历""体验""探索"等行为动词表述.

第七章 数学教育测量概述

表 7.2 《义务教育数学课程标准(2011年版)》中规定的数学课程目标分类

目标		含义
结果目标	了解	从具体实例中知道或举例说明对象的有关特征；根据对象的特征，从具体情境中辨认或举例说明对象
	理解	描述对象的特征和由来，阐述此对象与相关对象之间的区别和联系
	掌握	在理解的基础上，把对象用于新的情境
	运用	综合使用已掌握的对象，选择或创造适当的方法解决问题
过程目标	经历	在特定的数学活动中，获得一些感性认识
	体验	参与特定的数学活动，主动认识或验证对象的特征，获得一些经验
	探索	独立或与他人合作参与特定的数学活动，理解或提出问题，寻求解决问题的思路，发现对象的特征及其与相关对象的区别和联系，获得一定的理性认识

本书倾向于采用《义务教育数学课程标准》规定的课程目标中的结果目标，即"了解""理解""掌握""运用"作为测验目标. 原因有三：

一是，这四个目标相对于布卢姆的认知领域目标分类系统来说更符合数学学科的特点；

二是，将测验目标与课程标准中的教学目标一致起来，有助于教育工作者理解、掌握和贯彻课程标准；

三是，在这四个目标中"了解"和"理解"是相对于知识而言的，"掌握"是相对于技能而言的，"运用"是相对于能力而言的，这种分类更体现了数学教学目标的层次性、顺序性和相对性等特点，有利于教师在教学中将学生数学知识的学习、数学技能的训练和数学能力的发展落到实处.

2. 测验双向细目表的制定

制定测验双向细目表是编制测验的重要环节，它反映了测验的内容、测验的目标以及各部分内容、各级目标在整个测验中的比例. 测验双向细目表是编制测验的蓝图，它能保证教学内容与教学目标在测验中得以合理的安排. 一般依据测验目标编拟数学测验双向细目表.

编制数学测验双向细目表的一般步骤如下：

(1) 按测验目标在整个试卷中的一般比例与被测的实际水平进行横向设计.

通常情况下，测验目标在整个试卷中的分配应以"了解"约占 15%，"理解"约占 25%，"掌握"约占 35%，"运用"约占 25% 为宜. 当然这一比例分配应以符合被测的实际水平为前提. 如果被测的实际水平较高，则后两项的百分比要大一些，而前两项的百分比小一些；反之，则应做相反的改变. 只有这样，才可以通过测验来调动学生的学习积极性.

(2) 将测验内容按章节或按知识点分类进行纵向设计.

通常情况下，测验中的重点内容所占的比例应大一些，次重点内容所占的比例相应减小. 这一分配比例没有明确的规定，施测者应根据教学目标的要求、学生的实际情况以及测验本身的特征来设计分数比例.

（3）根据纵横双向比例将实际分数数据及相应的合计分数填入表格，得到数学测验双向细目表.

制定数学测验双向细目表时有两点需要说明：

一是，在设计测验前应事先确定好题型，在制定测验双向细目表时可以将题型按测验目标分类加入表格中，也可以将题型按测验内容的分类加入表格中.加入题型的测验双向细目表会更加丰富，更加便于施测者设计测验.

二是，测验双向细目表是在设计测验前制定的表格，而在实际测验设计过程中，有的题目的分值可根据实际情况做适当的调整.这种情况多在教师自编测验中发生.

表 7.3 是某初中一年级下学期的数学期中测验双向细目表.该表加进了题型的分类，比一般的测验双向细目表更详细.

表 7.3 数学测验双向细目表示例

目标 内容	了解			理解			掌握			运用			求和			
	选择题	填空题	解答题	选择题	填空题	解答题	选择题	填空题	解答题	选择题	填空题	解答题	选择题	填空题	解答题	总分
分式	3			3	3								6	3	0	9
勾股定理	3			3	3	6	3		6				9	6	13	28
反比例函数	3			3	3	6		6	12		6	12	9	15	30	53
平行四边形	3				3				12	3	6		6	6	17	30
求和	12	0	0	9	12	12	9	9	30	0	9	18	30	30	60	120
	12			33			48			27						

3. 测验题目的设计

测验题目的设计是一项十分复杂的工作，它是实现测验目标的关键，是测验得以顺利实施的重要保证.要设计好测验题目，需要掌握编制测验题目的基本原则和各类题目的设计方法与技巧.

1）编制测验题目的基本原则

编制测验题目必须针对被测对象的特征，尽量做到科学客观、实用有效、简洁合理.编制测验题目一般应遵循以下几个原则：

一是，目的性原则.编制题目必须要有目的性，编制者应明确界定被测对象的各类特征，如年龄、能力等，同时还要根据测验目标，有目的地选择合适的题型和题目.

二是，代表性原则.测验题目是根据教学目标来制定的，测验题目的类型多种多样，任何一种测验不可能将教学目标中全部内容的所有题型都包含进去，测验题目可以看成教学目标的抽样,因此这种抽样必须具有代表性,避免盲目贪多等现象的出现.

三是,科学性原则.在数学测验中,题目的语言应言简意赅,题目的格式应规范一致,题目的内容应科学完整,题目的答案应明确无异.同一份试卷中的题目不能存在因果关联,不能有试题或答案的重复.

2) 测验题型及其编制

数学测验题目的类型分为客观性试题和主观性试题两种.

● 客观性试题

数学测验中常见的客观性试题有如下几种:

(1) 是非题.

是非题又称为判断题、正误题,其题干是一个让被测判断是非的陈述句.是非题编制容易,回答方便,评分客观,适用于考查学生对简单知识的了解.是非题也有一些明显的缺点:因为是非题的结果只有"正确"和"错误"两种,所以其结果受猜测的影响较大,不一定能客观地反映学生的学习效果;而且不是所有的学习内容都可以用"正确"和"错误"来解释的,因此其应用不太广泛,主要用于小学数学测验或需要快速做出判断的测验.另外,是非题的题目稍有不规范就会让人觉得是在玩文字游戏,这样就违背了测验的本意和命题的原则.

例如,某小学五年级的数学测验中有一道这样的是非题:

求方程的解叫做解方程.(　　)

这道题是对还是错呢?众说纷纭.一个教师认为,教材中关于解方程的定义是"求方程的解的过程叫做解方程",而且这个题干句子的主语是"解",所以这道题是错误的.另一个教师认为,这个题干句子的主语是"求方程的解",是个动宾短语,该动宾短语表示的是"求方程的解"这一行为,这一行为就叫做"解方程",所以这道题是正确的.如果这样理解,则应该判定这道是非题是正确的.可是,如何让小学五年级的学生理解呢?相关语文知识超出了小学五年级学生的理解能力.

(2) 选择题.

在各类数学测验中,选择题是应用最为广泛的一种题型,它由题干和选项两部分组成.题干通常由直接问句或不完全陈述句构成,选项一般由若干正确答案和错误答案构成.正确答案可以是一个(单项选择题),也可以是多个(多项选择题).如果是多项选择题,选项也可能全部都是正确答案,没有错误答案.错误答案又称为干扰项,具有似真性,目的是干扰被测的选择.

编制选择题时应根据测验的目的和内容来选择适当的题目.从前面的测验双向细目表(表7.3)我们不难发现:不同的内容、各层次的教学目标均可以通过选择题来考查.对于数学测验中的选择题,常见的几种变式如下:简单计算、类比推理、找不同类、找最佳理由等.

第二节　数学教育测量的工具——测验

所以,在选择题的设计中,应根据测验的目的和内容来选择不同的变式,并且注意做到以下几点:

① 题干的陈述应简单、明确,避免使用不必要的修饰词和太复杂的语句;

② 题干应当包括解题时所必需的共同元素,并尽可能精确、完整;

③ 选项应简短、清楚,各选项中不宜使用重复的语句,必要时可将相同或相似的修饰语置于题干中;

④ 各选项在形式上最好保持一致,文字个数应大体相当,正确答案不应有区别于错误答案的特殊之处,即错误答案对被测要具有一定的干扰性,不能错得太明显;

⑤ 同一份试卷的选择题中,选项个数应相同,正确答案在选项中的位置应随机排列,不能有规律性。

在数学测验中,选择题的优点在于:

① 单位时间内施测的题目量大,内容可以更全面,可以提高测验的效度;

② 评分客观,可以保证测验的信度,而减少随机因素的影响,施测者还可以通过错误答案的迷惑性来调整题目的难度;

③ 在目前的科学技术条件下,可采用机器阅卷,更经济、更方便。

选择题的缺点是:

① 正确答案已呈现在试卷中,不能考查到被测对于材料的组织能力和创造力;

② 编制题目复杂困难,需要一定的技巧性。

目前,选择题在初中、小学的数学考试中应用较多,而随着对学生数学能力要求的提高,部分省份的高考数学试卷中已取消了选择题。

(3) 匹配题。

匹配题又叫做连线题,这种试题一般包括并列的两行(或列),一行(或列)为刺激项目,另一行(或列)为反应项目,被测需要从反应项目中找出与刺激项目匹配的项目。这种匹配可以是完全匹配(刺激项目与反应项目数量相等),也可以是不完全匹配(反应项目的数量多于刺激项目)。

编制匹配题时应注意刺激项目和反应项目各自在内容上同质同性,例如一行均用数学式子来表示,或者均用图形来表示,尽量不要混淆,以免造成被测的思维混乱。在题干中应讲清匹配依据,必要时要提醒被测该匹配题是完全匹配还是不完全匹配。匹配题中的配对项目不可过多或过少,项目过多会造成混乱,项目过少会使得随机性增强。排版时也要注意将同一道匹配题印在一页上,以免造成作答的困难。

从本质上看,匹配题是一种特殊的选择题,一道匹配题是由若干道选择题组成的。匹配题适用于测量概念或事实之间的关系,多在低年级数学测验中出现,其优缺点与选择题类似。

（4）填空题.

部分学者认为填空题属于主观性试题，因为里面多少会含有主观成分，例如语文测验中的写近义词，但是在数学测验中的填空题应属于客观性试题.

在数学测验中，填空题是由被测对删去关键词、计算结果的句子进行填答的题目. 填空题应用范围较广，猜测因素较少，但评分不及前面几种客观性试题方便、客观，无法用机器阅卷. 这是因为虽然填空题的答案相对确定，但是它可以有多种表现形式. 例如，某道题的答案为 $\frac{8}{5}$，但 $\frac{8}{5}$，1.6，$1\frac{3}{5}$ 都属于正确答案，这就需要评分者根据实际情况来判分.

编制填空题时应注意答案必须唯一确定，不能有多种不同答案，同时所要填的答案应具有一定的意义，不能太长，且填空题的空格不能过多，以免破坏完整的题意而造成答案的多重性. 较高年级的填空题最好避免使用教材中的措辞，以免造成学生死记硬背.

- 主观性试题

主观性试题是向被测提出一些问题，要求被测以自己的答案来回答，答案中必须有适当的解题过程的描述. 主观性试题的特点是被测可以自由作答. 在数学测验中，常见的主观性试题有作图题、计算题、证明题等. 许多测验将这些试题统称为解答题.

主观性试题适用于较高层次的测验目标，比如"掌握"和"运用". 主观性试题具有以下优点：

（1）编制时省时省力；

（2）鼓励被测组织所学的材料，表达自己的观点；

（3）有利于被测展示自己的能力，也有利于施测者了解其解题过程中的薄弱环节与错误所在.

主观性试题的缺点是：

（1）不易回答、耗时长，被测需要花较多的精力解题；

（2）正确答案不唯一，评分困难，容易造成成绩的误差.

编制主观性试题时应注意陈述问题要明确，题干部分的条件既要充分也不能多余，以使被测清楚地了解解题的要求与方向. 随着年级的升高，题目的数量应适当增多. 题目数量越多，测验的误差会越少，测验的结果会越可靠. 主观性试题答案灵活，应该确定好分段评分标准，并尽量将各种可能情况都列出，以便更好地评分.

3）测验题目的调试

在测验题目初步确定之后，测验题目编制者应对这些题目进行调试. 具体做法如下：

（1）选取最具代表性的被测样本若干，对其进行预测；

（2）根据变量特征选择难度、区分度的计算公式，计算出每道题的难度与区分度；

第二节 数学教育测量的工具——测验

（3）根据计算结果并结合实际对题目进行修正与调试.

对于一个测验,尤其是标准化测验,测验题目的调试工作是必不可少的.但是,有的测验受条件的限制,不方便在被测中选取样本进行调试,比如自编测验.此时,可以选择同行评判的方法进行调试.教师可以请自己的同行对测验的导向性、题目的科学性与规范性,测验的难度、区分度等方面进行评判,并请同行提出切实可行的建议,帮助完善题目,在最大程度上减少测验的误差.

4）测验内容的整合

各类题型的题目编制并调试完成后,编制者应将这些题目进行整合,从而形成一份完整的试卷.编制者应将同一类型的题目集中编排在一起,通常客观性试题在前,主观性试题在后,各种类型的题目尽量按由易到难的测验目标顺序排列.这样的编排会使得整份试卷各类题目层次清晰分明,即使是学困生也可以通过自己的努力解答出前面较简单的问题,从而增强考试的信心.

测验题目编排好之后,还需要对答题要求做简要说明.答题要求应指明测验的目的、时间的限制、回答试题的方法及记分的方法等,语言应简明扼要、意义明确.有的测验其答题要求体现在测验内容的前面,有的测验每一类题型都配有答题要求.不管怎么安排,答题要求都应最大程度上避免被测在测验过程中公开提出问题的现象,保证测验的有序性、统一性与客观性.

编排好测验题目及做好答题要求说明后,编制者还需要对整份试卷做检查校对.编制者应认真检查每一道题是否完整、正确、规范,各题之间是否彼此独立;检查测验内容是否与测验双向细目表匹配;检查题目的数量是否与测验要求的时间匹配;检查测验的难度是否适宜、区分度是否良好;等等.一旦检查出现问题,应对问题部分进行修改,再重新进行检查校对.如果条件允许的话,测验题目编制工作与校对工作最好由不同的人来完成.

4. 测验的实施

测验的实施过程是整个测验中的一个重要环节.测验的实施过程是否得当直接关系到测验结果的真实性、客观性和可靠性.因此,测验的实施必须严格按照规范来进行,做到以下几点:

（1）在测验开始之前,主试应明确测验规则、测验时间;

（2）测验进行中,主试应按规定处理好违规、违纪或一些突发性事件,以保证被测在一个安静、稳定的环境下完成测验并发挥自己的真实水平;

（3）对于被测在测验过程中提出的问题,主试应做适当、简短的作答,但不可给被测提供答案或暗示;

（4）测验结束后,主试应将所有被测的测验试卷收回,不可遗漏或误收.

第三节 数学教育测量的误差

一、误差的含义

所谓的**误差**,是指在测量过程中出现与测量目的无关的因素而导致的测量结果不准确或不一致的反应.误差可分为随机误差和系统误差两种形式.随机误差是由偶然因素引起的无规律的误差.随机误差会使得多次测量结果不一致,误差的大小和方向的变化也是随机的.例如,试卷的印刷质量、测验中实施过程中考场周围的噪音、测验评分者的标准不一等引起的误差都属于随机误差.系统误差是由某种常定因素引起的有规律的误差.系统误差稳定地存在于每一次测量之中,这样各次测量的结果比较一致,但测量的结果仍与真实值之间存在差异.例如,数学测验也需要学生具备一定的阅读理解能力,各学生理解能力的不同会造成数学成绩的误差,这种误差属于系统误差.综上所述,我们可知,随机误差既影响到了测验的一致性,也影响到了测验的准确性;而系统误差因其是稳定的,所以不会影响测验的一致性,只能影响到测验的准确性.

二、数学教育测量中误差的来源

数学教育测量中误差的来源有三种:测量工具、测量对象和测量过程.

1. 测量工具

测验是数学教育测量的主要工具,数学教育测量的实施一般通过测验来完成,所以测验误差是数学教育测量中误差的主要来源之一.而测验误差主要来自于测验的编制过程,其中题目的选择对误差的影响最大.当测验题目过少或缺乏代表性时,被测的真实水平很难得以表现.例如,各种数学测验中常常有押题现象,如果测验题目过少或缺乏代表性,则押中题的人就会得到好成绩,而没有押中题的人很难取得好成绩.如果测验题目模棱两可、形式夸张或复杂、内容令人费解,那么测验本身就是不可靠的,即信度较低,这样也会产生测量误差.另外,现在很多数学测验为了防止作弊现象的发生,常常会在同一次测验中将学生分成两部分分别作答 A 卷和 B 卷,其中 A 卷和 B 卷是两份符合同一个测验双向细目表、测验目标一致且题型、题量、各题的难度等指标等值而题目又不相同的试卷,这时 B 卷可以看做 A 卷的等值复本(一般是以精心编制的第一套试卷作为"源本",然后依据"源本"对题目进行逐个"复制",比如改变提出问题的方式复制题目,得到"复本").同一源本的复本不可能产生完全相同的测验结果.由于测验题目内容的不同,同一个被测在不同复本中测得的结果也会不同.所以,源本及其复本在内容上的差异也会成为测验误差的一个重要来源.

2. 测量对象

测量对象,即被测.由被测本身引起的误差是数学教育测量中最复杂也最难以控制的一类误差.在测量过程中,被测的真实水平能否得以充分发挥是引起测量误差的主要原因.

首先,被测的动机和情绪等心理方面的原因会影响其参与测量的态度、注意力、持久性、反应速度等,从而影响测量的结果.例如,学生受某种情绪的影响不能集中注意力对待考试,而导致测量结果与其真实水平之间产生较大的差异.再例如,应试焦虑会影响被测的反应水平,从而影响测验的结果.实验表明,适当的应试焦虑会使被测的兴奋度达到一个比较好的水平,从而对测验产生积极的效果.如果被测焦虑过度,则其在测验过程中会产生思维抑制、反应速度减慢等现象,从而导致测验结果不理想;如果被测一点焦虑也没有,对测验抱着一种消极的态度,测验成绩也会低于其实际水平.

其次,被测的经验与技巧的不同会导致测量误差的出现.任何一道测验题,如果对于被测来说是陌生的,则会给被测在理解上带来一定的难度甚至出现错误,这样必会带来误差;而如果被测对测验题目事先有了充足的练习,测验的成绩会比较高,误差也会减小.一个好的应试技巧在某种程度上也可以弥补知识、技能的不足.例如,数学测验中的选择题、填空题常常可以用特殊值法来解决,掌握这一技巧的学生可以很轻松地得出正确答案,而没有掌握该技巧的学生可能需要花更多的时间和精力来解题,且结果不一定是正确的.

最后,被测的健康状态、疲劳等因素也难免会导致测量的误差.

3. 测量过程

随着测量的标准化水平的提高,测量条件能够得到较好的控制,但是由于测量的复杂性,在测量过程中出现的诸多偶然因素都可能导致测量误差的产生.

第一是施测的环境.施测现场的物理条件,如光线、噪音、桌椅质量等都会对被测产生影响.

第二是测验时间.大部分学生在早晨大脑最清醒,而有少量学生则在睡完午觉后的两三点钟大脑最清醒.所以,测验时间的安排也会影响被测水平的发挥.

第三是主试.不同的主试在测验的实施过程中会给被测不同的信息.例如,被测在答题时遇到问题求助于主试,有的主试不给予任何提示,有的主试会暗示被测一些知识点,而有的主试会让被测放弃该题,这样被测的测验结果会因主试提供的信息不同而产生差异.再例如,在测验的实施过程中,主试对待测验的态度、监考方式各有不同,这些都会给被测带来不同的情绪感受,从而引起测验结果的变化.

第四是评分.在测验的评分过程中,大部分客观性题目的评分都较为准确、客观,但是主观性题目的评分标准很难控制.曾经有人对高考数学试卷的阅卷工作做调查发现,一道题的同一种解法,有的评分者给满分,有的评分者却给零分.数学测验中的题目一题多解的情况常有发生,主观性题目的评分标准难以把握,不同的评分者会有不同的偏好和意见,同一评分者也会由于心理、疲劳等因素的影响而导致评分误差的产生.

三、数学教育测量中误差的控制

在数学教育测量中,虽然误差的产生是必然的,但是误差的控制却是必要的.根据教学教育测量中误差的来源,误差的控制可以从以下三方面入手:

(1) 在测量工具方面,测验题目的编制过程是控制误差的一个很重要的环节.首先,施测者应该建立一个科学的测量目标体系,科学抽样,参照测验双向细目表精心选择、编制有代表性的测验题目.其次,测验题目的难度应根据测验的性质、被测对象等实际情况来确定,测验题目也应具有一定的区分度,以使测验具有较好的鉴别被测真实水平的功能.最后,测验题目及相关说明的语言要简练、准确、易懂,使被测不至于造成混淆;同时要保证题目的数量,对于测验双向细目表中一个细目下的同种题型应保证其等值性,以便筛选或编制复本.

(2) 在测量对象方面,应在对被测实施测量前对其动机水平、焦虑水平等心理因素进行调控,力争使其在最佳的心理状态下接受测量.另外,教师平时应在教授给学生知识的同时,向其传授一定的应试技巧,帮助其积累应试经验.

(3) 在测量过程方面,尽量保证被测均在相同的条件下参加测验.这里的条件包括测验环境、测验时间、测验要求等.为了保证测验的公平性,主试在实施测验时应以相同的情绪态度和监控方式对待每一个被测.对于测量过程,控制误差的另一个重要方面是评分的客观性.评分客观意味着各个评分者对同一测验的评分标准应是一致的.只有做到评分客观,才可以将分数的差异完全归结于被测本身水平的差异.

要想控制数学教育测量的误差,就要使整个测量的方方面面均趋于标准化,这样才能够控制导致误差的因素,以减小误差,从而使得测量结果更加真实、可靠.

习 题 七

1. 简述数学教育测量的概念.
2. 简述数学教育测量的三要素.
3. 简述数学教育测量的特点.
4. 简述数学测验的常见类型.
5. 简述数学测验题目的类型.
6. 根据中学数学中的某些知识点设计一道主观性测验题目,并谈谈设计主观性题目应注意哪些问题.
7. 简述选择题的特点,并根据中学数学中某些知识设计一组选择题.

第八章 数学测验的质量分析

> 数学测验的质量指标主要包括测验的信度、效度、难度和区分度.本章介绍信度和效度的概念及其计算公式,分析提高信度和效度的途径,给出难度和区分度的定义和计算公式,并举例说明这四个质量指标的计算过程.

第一节 数学测验的信度

一、信度的概念

信度即测验结果可信的程度,它是反映测验结果一致性、可靠性及稳定性程度的指标.

测验的目的就是希望通过测验得到的实测值能够接近真值的大小,反映被测的实际情况.由于各种原因,实测值一般不会完全等于真值,两者之差称为误差.显然,误差越小,测验的信度就越高.但由于所测的真值是未知的(如果已知的话就没有测验的必要了),所以这个误差也是无法求出来的,从而直接用误差来估计测验信度的大小在实际上是行不通的.

由于测验是通过试卷来实现的,通常也将测验的信度称为试卷的信度.

二、信度系数及其计算公式

在实际中,通常采用相关分析的方法,用相关系数来估计测验的信度.也就是说,将对同一组对象施测两次所得的两组成绩数据的相关系数作为度量测验信度的指标.这时的相关系数称做**信度系数**.信度系数越大,则测验的信度越高;反之,信度系数越小,则测验的信度越低.

在数学教育测量中,常用的信度系数有三种:再测信度系数、复本信度系数、内部一致性系数.另外,有时候也会需要对评分者评分的信度进行分析,这时所用的信度系数是评分者信度系数.

1. 再测信度系数

再测信度系数也称为**稳定性系数**,是指在先后两个不同时间内用相同的测验(试卷)对同一组被测对象进行两次施测所得分数的相关系数.再测信度系数是估测信度最简单的方法,只需要用同一份试卷对同一组被测施测两次即可.用再测信度系数来表示信度系数的方法叫做**重测法**.

重测法的基本程序是:

$$\text{测验 } A_1 \xrightarrow{\text{适当时间间隔}} \text{测验 } A_2,$$

其中 A 表示两次施测的试卷相同,A_1 和 A_2 表示同一测验经过适当时间间隔施测两次.时间间隔可以是几天,也可以是几个月.

再测信度系数一般用积差相关系数的公式来计算,具体公式如下:

$$r_{A_1 A_2} = \frac{n\sum_{i=1}^{n}X_i Y_i - \sum_{i=1}^{n}X_i \sum_{i=1}^{n}Y_i}{\sqrt{n\sum_{i=1}^{n}X_i^2 - \left(\sum_{i=1}^{n}X_i\right)^2}\sqrt{n\sum_{i=1}^{n}Y_i^2 - \left(\sum_{i=1}^{n}Y_i\right)^2}}, \tag{8.1.1}$$

其中 $r_{A_1 A_2}$ 是再测信度系数,即两次施测成绩的相关系数,X_i 是第一次施测的成绩,Y_i 是第二次施测的成绩,n 为被测对象的人数.

计算积差相关系数的具体方法已经在第三章第一节做了详细说明,这里不再赘述.$r_{A_1 A_2}$ 作为信度系数的计算结果,可以通过查积差相关系数显著性临界值表(附表4)来判断测验信度的高低,其中自由度为 $df = n-2$.下面用一个例题来简要说明判断测验信度高低的方法.

例1 用一份数学试卷对某校的 10 名学生进行测验,成绩记为 $X_i(i=1,2,\cdots,10)$;半个月后又用原试卷对这 10 名学生重新测验,成绩记为 $Y_i(i=1,2,\cdots,10)$.两次测验结果如表 8.1 所示,问:该试卷的信度如何?

表 8.1 再测信度系数计算示例

学生编号 i	X_i(测验 A_1)	Y_i(测验 A_2)	X_i^2	Y_i^2	$X_i Y_i$
1	72	37	5184	1369	2664
2	87	92	7569	8464	8004
3	78	59	6084	3481	4602
4	96	96	9216	9216	9216
5	73	82	5329	6724	5986
6	97	97	9409	9409	9409
7	90	76	8100	5776	6840

第一节 数学测验的信度

续表

学生编号 i	X_i（测验 A_1）	Y_i（测验 A_2）	X_i^2	Y_i^2	X_iY_i
8	50	27	2500	729	1350
9	85	83	7225	6889	7055
10	24	38	576	1444	912
求和	752	687	61192	53501	56038

解 根据表8.1中第2列和第3列的数据,计算出 X_i^2,Y_i^2,X_iY_i,并填入表的第4,5,6列;然后计算表中第2~6列数据的和,并填入最后一行.将计算所得的结果 $\sum_{i=1}^{10}X_i=752$, $\sum_{i=1}^{10}Y_i=687$, $\sum_{i=1}^{10}X_i^2=61192$, $\sum_{i=1}^{10}Y_i^2=53501$ 和 $\sum_{i=1}^{10}X_iY_i=56038$ 代入公式(8.1.1),求再测信度系数:

$$r_{A_1A_2}=\frac{n\sum_{i=1}^{n}X_iY_i-\sum_{i=1}^{n}X_i\sum_{i=1}^{n}Y_i}{\sqrt{n\sum_{i=1}^{n}X_i^2-\left(\sum_{i=1}^{n}X_i\right)^2}\sqrt{n\sum_{i=1}^{n}Y_i^2-\left(\sum_{i=1}^{n}Y_i\right)^2}}$$

$$=\frac{10\times 56038-752\times 687}{\sqrt{10\times 61192-752^2}\sqrt{10\times 53501-687^2}}$$

$$\approx 0.750.$$

取显著性水平 $\alpha=0.05$,又知 $df=n-2=10-2=8$,查积差相关系数显著性临界值表,得 $r_\alpha(n-2)=r_{0.05}(8)=0.632$.因为

$$r_{A_1A_2}=0.750>0.632=r_{0.05}(8),$$

所以前后两次测验结果的相关程度较高,从而说明该试卷的信度较高.

在使用重测法计算再测信度系数时,需要注意的是:再测信度系数的大小易受两次施测间隔时间长短的影响.间隔时间过长,由于经验、练习、情绪、积极性等方面的影响,第二次施测结果会与第一次施测结果有较大差异,因而降低了信度;但如果间隔时间过短,被测在第二次施测时对第一次施测的过程仍然记忆犹新,容易回忆出上一次的答案,这样会夸大信度.所以,两次施测间隔时间的过长或过短都会存在一定的问题,而施测者又很难控制这种影响,这就要求施测者根据实际情况来确定两次施测的间隔时间,以保证被测在第二次施测时的能力水平、情绪、积极性等与第一次施测时的情况尽量均等且不受第一次施测的影响.

2. 复本信度系数

当同一测验不能或不适合实施两次时,就需要采用该测验试卷的一个复本进行测验.复本在题型、数量、格式、难度等方面应与原测验试卷(源本)保持一致.施测者先实施第一次测

第八章 数学测验的质量分析

验,然后在最短的时间内实施第二次测验,再求出两次测验结果的相关系数.这个相关系数即为**复本信度系数**.这种确定信度系数的方法叫做**复本法**.

复本法的基本程序是:

$$测验 A_1 \xrightarrow{\text{最短时间间隔}} 测验 B_1,$$

其中 A_1 表示用试卷 A 进行的第一次测验,B_1 表示用试卷 B 进行的第二次测验,试卷 B 是试卷 A 的等值复本.

复本信度系数的计算也是用两次测验结果的积差相关系数来表示的,所以计算公式还是公式(8.1.1).

复本法通常用于判断两次测验是否等值.两次测验等值是指两次测验结果的复本信度系数较高,而且平均数和标准差比较接近.因此,要确定两次测验是否等值,需计算复本信度系数,判断测验信度的高低,还需考查两次测验结果的平均数与标准差.

例 2 某校利用 A 卷和 B 卷对 12 名高三学生连续实施两次数学测验,测验成绩分别用 X_i 和 Y_i 表示,结果如表 8.2 所示.判断这两次测验是否等值.

表 8.2 复本信度系数计算示例

学生编号 i	X_i(测验 A_1)	Y_i(测验 B_1)	X_i^2	Y_i^2	$X_i Y_i$
1	98	51	9604	2601	4998
2	126	109	15876	11881	13734
3	135	113	18225	12769	15255
4	114	99	12996	9801	11286
5	157	134	24649	17956	21038
6	172	126	29584	15876	21672
7	172	146	29584	21316	25112
8	94	112	8836	12544	10528
9	129	133	16641	17689	17157
10	164	148	26896	21904	24272
11	158	132	24964	17424	20856
12	140	135	19600	18225	18900
求和	1660	1440	237455	179986	204808

解 根据表 8.2 中第 2 列和第 3 列的数据计算出 $X_i^2, Y_i^2, X_i Y_i$ 和各组数据之和:$\sum_{i=1}^{12} X_i = 1660, \sum_{i=1}^{12} Y_i = 1440, \sum_{i=1}^{12} X_i^2 = 237455, \sum_{i=1}^{12} Y_i^2 = 179986, \sum_{i=1}^{12} X_i Y_i = 204808.$ 将计算所得的数据代入公式(8.1.1),求复本信度系数:

第一节 数学测验的信度

$$r_{A_1B_1} = \frac{n\sum_{i=1}^{n}X_iY_i - \sum_{i=1}^{n}X_i\sum_{i=1}^{n}Y_i}{\sqrt{n\sum_{i=1}^{n}X_i^2 - \left(\sum_{i=1}^{n}X_i\right)^2}\sqrt{n\sum_{i=1}^{n}Y_i^2 - \left(\sum_{i=1}^{n}Y_i\right)^2}}$$

$$= \frac{12 \times 204808 - 1660 \times 1440}{\sqrt{12 \times 237455 - 1660^2}\sqrt{12 \times 179986 - 1440^2}}$$

$$\approx 0.747.$$

取显著性水平 $\alpha=0.01$,又知 $df=n-2=12-2=10$,查积差相关系数显著性临界值表,得 $r_\alpha(n-2)=r_{0.01}(10)=0.708$. 于是有

$$r_{A_1B_1} = 0.747 > 0.708 = r_{0.01}(10).$$

由表 8.2 中的数据可以计算得到两次测验成绩的平均分与标准差如下：

	平均分	标准差
测验 A_1	127.69	27.13
测验 B_1	110.77	26.40

从上面的比较得知,两次测验的复本信度系数较大,平均分差别较大,标准差比较接近. 所以可以认为两次测验不等值.

平均分差别较大的原因一般有两种：一是,两次测验的难度的确有所不同,从而导致平均分差别较大；二是,由于两次测验的时间间隔较短,但数学测验的计算量较大,所以被测产生了厌倦心理而导致第二次测验的平均成绩明显低于第一次测验的平均成绩.

使用复本法计算信度系数可以避免重测法受时间间隔影响的缺点,应用范围较广. 但是,从上例我们不难看出,施测者难以建立两个完全平行等值的复本,这是复本法的弊端. 此外,两次测验连续进行时,应注意到被测是否因测验时间过长而产生厌倦心理,从而影响测验结果,所以施测者一方面应事先与被测做好沟通,另一方面在实际测量过程中,有时也可以将被测对象分成两半,一半先完成测验 A,再完成测验 B,而另一半则相反,这样可以排除施测的顺序效应.

3. 内部一致性系数

计算重测信度系数和复本信度系数时都需要测验两次,但在实际的数学教育测量中,一方面施测者很难编制两套等值的试卷,另一方面被测也很难以相同的状态去对待这两次测验. 因此,需要通过一次测验来估计测验的信度,从而引入内部一致性系数的概念.

内部一致性系数是反映一个测验中被测各道题所得分数的一致性的指标,可用来估计测验的内部一致性信度. 常用的内部一致性系数有分半信度系数、库德-理查逊(Kuder-

Richardson)系数和克伦巴赫 α 系数三种.

1) 分半信度系数

将一个测验分成两个假定相等而独立的部分(例如分为奇数题和偶数题,或前半部分和后半部分)来记分,分组之后,求其两组得分的积差相关系数,即为**分半信度系数**.再用斯皮尔曼-布朗公式对分半信度系数进行校正,可求得整个测验的信度系数.这种求测验信度系数的方法称为**分半法**.

对于分半法,有两点需要说明:

一是,这里之所以要用斯皮尔曼-布朗公式进行校正,是因为测验的题目数对信度的大小有一定的影响,测验题目越多,信度就越高.而分半法中将测验分成两部分记分,实际上相当于将整个测验的题目数减了一半,所以求得的信度必然低于整个测验的信度.因此,为了获得整个测验的信度,就需要用斯皮尔曼-布朗公式来校正.

二是,虽然试题分半的方法有很多种,但是通常以奇数题和偶数题分半较为科学.

利用分半法计算测验信度系数的流程相对复杂,这里简要地介绍一下计算步骤:

第一,将测验题目按奇数题和偶数题进行分组,并计算每个被测的奇数题的总分 X_i 和偶数题的总分 Y_i;

第二,利用积差相关系数的计算公式(8.1.1),计算出两组题目的相关系数作为分半信度系数,记为 r_{XY};

第三,用斯皮尔曼-布朗公式校正分半信度系数,校正公式为

$$r_u = \frac{2r_{XY}}{1 + r_{XY}}, \tag{8.1.2}$$

其中 r_u 为校正后的信度系数,r_{XY} 为分半信度系数.

例 3 某施测者编制了一份检查高中生数学自我监控能力的问卷,共 38 题.用这个问卷对 10 名学生进行测验,测验之后计算各学生奇数题的总分和偶数题的总分,结果如表 8.3 所示.求该问卷的内部一致性信度.

表 8.3 内部一致性系数计算示例——分半信度系数

学生编号 i	奇数题总分 X_i	偶数题总分 Y_i	X_i^2	Y_i^2	$X_i Y_i$
1	75	68	5625	4624	5100
2	63	63	3969	3969	3969
3	60	62	3600	3844	3720
4	68	71	4624	5041	4828
5	62	64	3844	4096	3968
6	56	69	3136	4761	3864
7	66	70	4356	4900	4620

续表

学生编号 i	奇数题总分 X_i	偶数题总分 Y_i	X_i^2	Y_i^2	X_iY_i
8	67	62	4489	3844	4154
9	47	58	2209	3364	2726
10	56	65	3136	4225	3640
求和	620	652	38988	42668	40589

解 第一步,首先利用表 8.3 中第 2 列奇数题总分和第 3 列偶数题总分的数据,计算 X_i^2, Y_i^2, X_iY_i 的值,并填入表的第 4,5,6 列;然后将第 2~6 列各自求和得出 $\sum_{i=1}^{10}X_i, \sum_{i=1}^{10}Y_i, \sum_{i=1}^{10}X_i^2, \sum_{i=1}^{10}Y_i^2$ 和 $\sum_{i=1}^{10}X_iY_i$ 的值,并填入表的最后一行.

第二步,将 $\sum_{i=1}^{10}X_i=620, \sum_{i=1}^{10}Y_i=652, \sum_{i=1}^{10}X_i^2=38988, \sum_{i=1}^{10}Y_i^2=42668$ 和 $\sum_{i=1}^{10}X_iY_i=40589$ 代入公式(8.1.1),求分半信度系数:

$$r_{XY}=\frac{n\sum_{i=1}^{n}X_iY_i-\sum_{i=1}^{n}X_i\sum_{i=1}^{n}Y_i}{\sqrt{n\sum_{i=1}^{n}X_i^2-\left(\sum_{i=1}^{n}X_i\right)^2}\sqrt{n\sum_{i=1}^{n}Y_i^2-\left(\sum_{i=1}^{n}Y_i\right)^2}}$$

$$=\frac{10\times 40589-620\times 652}{\sqrt{10\times 38988-620^2}\sqrt{10\times 42668-652^2}}$$

$$\approx 0.561.$$

第三步,将 $r_{XY}=0.561$ 代入公式(8.1.2)进行校正:

$$r_u=\frac{2r_{XY}}{1+r_{XY}}=\frac{2\times 0.561}{1+0.561}\approx 0.719.$$

取显著性水平 $\alpha=0.01$,又知 $df=n-2=10-2=8$,查积差相关系数检验显著性临界值表,得 $r_\alpha(n-2)=r_{0.01}(8)=0.765$. 因为

$$r_u=0.719<0.765=r_{0.01}(8),$$

所以该问卷的内部一致性信度较低.

2)库德-理查逊系数

库德-理查逊为了避免分半法中任意分半产生的偏差,使用试题统计量,提出了自己的方法:采用库德-理查逊系数来估计测验的内部一致性信度. 这一方法主要用于题目均为客观性试题的测验的内部一致性信度分析.

常用的库德-理查逊系数有两种:r_{KR20} 系数和 r_{KR21} 系数.

r_{KR20} 系数是通过每道题回答正确的人数占总人数的比例来计算的,其中每道题只有回

第八章 数学测验的质量分析

答正确和回答错误两种情况. r_{KR20} 系数的计算公式为

$$r_{KR20} = \frac{K}{K-1}\left(1 - \frac{\sum_{j=1}^{K} p_j q_j}{S^2}\right), \tag{8.1.3}$$

其中 K 为测验的题目数量；p_j 为第 j 题回答正确的人数占总人数的比例，q_j 为第 j 题回答错误的人数占总人数的比例，显然 $p_j + q_j = 1 (j = 1, 2, \cdots, K)$；$S^2$ 为各被测的各道题得分之和的方差，每道题回答正确得 1 分，回答错误得 0 分，其计算公式为

$$S^2 = \frac{\sum_{i=1}^{n}\left(\sum_{j=1}^{K} X_{ij} - \overline{X}\right)^2}{n}, \tag{8.1.4}$$

这里 X_{ij} 为第 i 个被测第 j 题的得分，$\sum_{j=1}^{K} X_{ij}$ 为第 i 个被测各道题得分之和，n 为被测对象的人数，$\overline{X} = \frac{1}{n}\sum_{i=1}^{n}\sum_{j=1}^{K} X_{ij}$ 为被测各道题得分之和的平均数.

例 4 某小学五年级一次数学单元测验中只包含 5 道判断题，10 名学生的得分如表 8.4 所示，试估计该测验的内部一致性信度.

表 8.4 内部一致性系数计算示例——库德-理查逊 r_{KR20} 系数

被测编号 i	得分 X_{ij}					$\sum_{j=1}^{5} X_{ij}$
	第 1 题	第 2 题	第 3 题	第 4 题	第 5 题	
1	1	1	1	1	1	5
2	1	1	0	1	1	4
3	1	0	0	0	1	2
4	1	0	0	1	1	3
5	1	1	1	1	1	5
6	1	1	1	1	1	5
7	1	1	1	1	1	5
8	1	0	0	1	1	3
9	1	1	1	0	0	3
10	1	0	1	0	1	3
$\sum_{i=1}^{10} X_{ij}$	10	6	6	7	9	$\overline{X} = 3.8$ $S^2 = 1.16$
p_j	1	0.6	0.6	0.7	0.9	$\sum_{j=1}^{5} p_j q_j = 0.78$
q_j	0	0.4	0.4	0.3	0.1	$K = 5$
$p_j q_j$	0	0.24	0.24	0.21	0.09	

解 这里 $K = 5, n = 10$. 首先，根据表 8.4 中各列的得分分别计算 $\sum_{i=1}^{10} X_{ij}, p_j, q_j, p_j q_j$ 的

值,并填入表的第 12~15 行;然后,将第 2~11 行的数据按行求和,并填入表的最后一列;最后,根据前面两步的计算结果计算出 $S^2, \overline{X}, \sum_{j=1}^{5} p_j q_j$,并填入表的最后一格.

将表 8.4 中有关数据代入公式(8.1.3),计算 r_{KR20} 系数:

$$r_{\text{KR20}} = \frac{K}{K-1}\left(1 - \frac{\sum_{j=1}^{K} p_j q_j}{S^2}\right) = \frac{5}{5-1}\left(1 - \frac{0.78}{1.16}\right) \approx 0.409.$$

这一内部一致性系数的值是较小的,说明该测验的内部一致性信度较低.

r_{KR21} 系数是通过各被测总分的平均数和方差来计算的,不需要计算各道题回答正确或错误的比例,其计算公式为

$$r_{\text{KR21}} = 1 - \frac{0.8\overline{X}(K - \overline{X})}{KS^2}. \tag{8.1.5}$$

利用公式(8.1.5)来计算例 4 中的信度系数,得

$$r_{\text{KR21}} = 1 - \frac{0.8\overline{X}(K - \overline{X})}{KS^2}$$

$$= 1 - \frac{0.8 \times 3.8 \times (5 - 3.8)}{5 \times 1.16}$$

$$\approx 0.371.$$

由计算的结果可知,r_{KR21} 系数的值比 r_{KR20} 系数的值小.事实上,公式(8.1.5)适用于各道题的难度相近的情况,如果这个条件不能满足,即各道题的难度相差较大,就会出现低估倾向.因此,r_{KR20} 系数比 r_{KR21} 系数要精确.因为 r_{KR21} 系数使用时不需计算每题回答正确与错误的比例,所以使用起来比较方便,只不过要注意在各道题的难度相当时才适用.但是要注意,不管哪一种库德-理查逊系数都只适用于客观性试题的测验.

3) 克伦巴赫 α 系数

计算内部一致性系数时,如果测验题目包含主观性试题,且没有严格的评分标准,那么对于同一题目,被测的得分很可能会各不相同,甚至相同的答案得分也可能不同.这类测验的内部一致性信度常常用克伦巴赫 α 系数来表示,其计算公式为

$$\alpha = \frac{K}{K-1}\left(1 - \frac{\sum_{i=1}^{K} S_i^2}{S_t^2}\right), \tag{8.1.6}$$

其中 α 为克伦巴赫 α 系数,K 为测验的题目数量,S_i^2 为第 i 题各被测得分的方差,S_t^2 为各被测所得总分的方差.

例 5 某小学数学教师布置了 5 篇数学日记作为学生暑期作业,暑期结束后随机抽取 8 名学生的数学日记并予以评分,分数如表 8.5 所示.试求这个暑期作业的内部一致性信度.

第八章　数学测验的质量分析

表 8.5　内部一致性系数计算示例——克伦巴赫 α 系数

日记编号 i \ 学生编号 j	1	2	3	4	5	6	7	8	求和	S_i^2 方差
1	77	78	79	71	78	76	60	74	593	34.36
2	90	74	89	93	72	55	71	56	600	191.50
3	87	90	84	85	81	78	74	70	649	40.11
4	67	67	60	62	63	51	58	47	475	45.23
5	66	67	66	53	51	67	56	62	488	39.00
求和	387	376	378	364	345	327	319	309		

解　这里 $K=5$. 首先, 根据表 8.5 中的数据计算每篇日记各学生的得分之和, 并填入表 8.5 的倒数第 2 列; 然后, 计算每名学生 5 篇日记所得分数之和, 并填入表的最后一行; 最后, 求出每篇日记各学生得分的方差 S_i^2, 填入表的最后一列.

根据表 8.5 最后一列的数据, 计算方差之和:

$$\sum_{i=1}^{K} S_i^2 = 34.36 + 191.50 + 40.11 + 45.23 + 39.00 = 350.20.$$

计算学生总分(最后一行数据)的方差:

$$S_t^2 = 777.23.$$

将相关数据代入公式(8.1.6), 求得克伦巴赫 α 系数:

$$\alpha = \frac{K}{K-1}\left(1 - \frac{\sum_{i=1}^{K} S_i^2}{S_t^2}\right) = \frac{5}{5-1} \times \left(1 - \frac{350.2}{777.23}\right) \approx 0.687.$$

因此, 这个暑期作业的内部一致性信度较高.

4. 评分者信度系数

客观性试题一般都有固定的答案, 无论谁来评分差异都相对较小, 所以误差也较小. 但是, 在数学教育测量中, 主观性试题也占有比较大的比例. 主观性试题会出现不同评分者的评分差异较大的现象, 而且如果用等级进行评分则差异会更大. 此时不宜采用前面的几种方法去评价测验的信度, 而必须进行评分者信度系数的估计.

评分者信度系数即评分者评分的一致性系数, 用来度量评分者评分的信度. 而评分者评分的信度在一定程度上是评分质量的反映. 如果某一测验的评分者信度较高, 则说明评分质量得到较充分的保证; 反之, 则说明评分者的评分一致性较低, 评分存在较大争议, 此时需要分析原因, 统一意见, 以弥补误差. 一般要求受过训练的评分者信度系数达到 0.9 以上, 才认为评分者的信度较高, 评分是客观的.

评分者信度系数的计算与评分者人数的多少有关. 如果有两人参评 n 份测验试卷或一人先后两次评 n 份测验试卷, 可用斯皮尔曼等级相关系数作为评分者信度系数; 如果有三个或三个以上的评分者评 n 份测验试卷,则需要用肯德尔和谐系数作为评分者信度系数.这两种系数的计算方法在本书第三章已经详细介绍,这里不再详述.

三、提高信度的主要途径

信度系数是衡量测验好坏的一个重要指标.信度系数达到多高才可以接受呢?最理想的情况当然是1,但这是不可能的.不过我们可以用已有的同类测验作为比较的标准.一般能力与学绩测验的信度系数应为 0.90 以上,有的可以达到 0.95;标准智力测验的信度系数应达到 0.85 以上;个性和兴趣测验的信度系数可稍低,一般应达到 0.70~0.80.

影响信度的因素主要有以下几个方面:

(1) 被测方面:身心健康状况、动机、注意力、持久性、求胜心、作答态度等;

(2) 主试方面:不严格按照规定实施测验、制造紧张气氛、给予特别协助、评分主观;

(3) 测验内容方面:试题取样不当、内部一致性较低、题目数量过少、题意模糊等;

(4) 施测环境方面:施测现场条件,如通风、温度、光线、噪音、桌面好坏、空间的阔窄等.

主要通过以下几个途径提高测验的信度:

(1) 适当增加测验的题目(增加的新题目必须与原试卷中的所有题目同质,且新增题目量必须适度);

(2) 使测验题目的难度接近正态分布,并控制在中等难度;

(3) 努力提高测验题目的区分度;

(4) 选取适当的被测团体;

(5) 主试严格按照要求施测,评分客观.

第二节　数学测验的效度

一、效度的概念

信度是对测验结果可信程度的估计,可用来衡量某个测验在使用中是否具有一致性、可靠性及稳定性.我们知道,由于系统误差的影响,实测分数并不能真正反映被测的真实水平.但是,系统误差对实测分数的影响是恒定的,并不会降低测验的信度.所以,一个测验具有较高的信度并不意味着这个测验能有效地测量到所要测量的东西.这就涉及测验效度的问题.**效度**是指测验结果的有效程度.通俗地说,效度是度量测验是否达到了预期目的的指标.效度是数学教育测量中最基本也是最重要的问题,是评鉴测验质量的重要指标.效度所要回答的问题是:

(1) 一个测验测量了什么特性？或者说，测验测到了它所要测量的东西吗？

(2) 一个测验对所要测量的特性测得有多准？

二、效度系数的计算

效度可以用效度系数来度量．在数学教育测量中，效度系数的计算方法比较多，既可以用积差相关系数作为效度系数，也可以用等级相关系数和点二列相关系数作为效度系数，具体采用哪种相关系数由测验结果数据的性质来决定．各种相关系数的计算方法可以参照第三章．

至于用相关系数表示的效度系数需要多高才可以判定为效度高，常见的判定方法有以下两种：

一是，直接根据相关系数的值的大小来解释，具体解释方法参照第三章．

二是，检验测验分数与效标分数是否显著相关．对此，可以通过查积差相关系数显著性临界值表来实现．

三、效度的类型

根据不同的角度，可将效度分为不同的类型．通常根据测验目标把效度分为三种：内容效度、构想效度和效标关联效度．所以，一个测验可以具有不同的效度指标，在不同的条件和要求下，效度的分析方法也不同．

1. 内容效度

内容效度是指测验内容与预定要测的内容之间的一致程度．它反映了测验题目在所要测量的内容范围和教学目标内取样是否充分和确切的问题，主要用于学科成绩测验．内容效度的估算方法按定性和定量分为以下两种：

（1）基于定性分析的专家判断法．一般由专家根据测验题目和测验所属的内容范围进行符合性判断．专家首先确定所要测验的全部内容范围，并列出相应的全部知识点，然后根据教学目标的要求将测验目标具体化为不同层次的测验目标，并确定每一层次目标的测验题目在整个测验题目中的比重，再制定测验双向细目表，最后根据测验双向细目表对测验的内容、题目的形式等进行评定．如果专家认为，测验与预期之间的吻合度较高，则测验就具有较高的内容效度；反之，则测验的内容效度较低．

（2）基于定量分析的统计分析法．具体估算方法有以下几种：

① 克伦巴赫法．克伦巴赫认为，内容效度可由一组被测在测验试卷的两个等值复本上得分的相关系数来表示．当相关系数较高时，可以推断测验具有较高的内容效度；当相关系数较低时，则说明测验的内容效度较低．

② 前后测对比法．在教学或训练之前实施某一测验，这一次测验是在被测对测验

的内容了解很少的前提下进行的;在被测经过一段时间的学习或训练之后,再次进行相关内容的测验.如果第二次测验的成绩显著高于第一次测验的成绩(具体的方法可以通过显著性检验来考查),则可以认为测验能够很好地反映教学或训练的效果,即测验具有较高的内容效度.

③ 评分一致性考查法.不同的评分者之间评分的一致性也可以用来判断内容效度的高低.虽然评分者评分的一致性代表的是评分者评分的信度,但由于它来自相互独立的评分者,所以符合程度越高越能反映测验的内容效度越高.

2. 构想效度

构想是心理学理论中所涉及的抽象而属于假设性的概念或特质,如智力、行为习惯、能力等,它们往往用某种操作来定义,可以通过测验来衡量.**构想效度**是指测验结果能够解释心理学理论中的构想的程度.显然,构想效度主要用于心理测验效度的确定.

确定构想效度一般需要三个步骤:

第一步,建立理论构想并以此为出发点提出关于构想的假设;

第二步,设计、编制测验题目并进行测验;

第三步,验证测验结果与理论假设的相符程度.

3. 效标关联效度

效标是检验测验效度的参照标准.在数学测验中,常常以一类标准化测验的结果作为某次测验的效标.因为标准化测验是一类取样范围广、覆盖面宽,并且经过专家或权威鉴定过的测验,例如高考、大型的会考等,所以它们均具有有效的客观标准.效标既要反映测验的特性与功能,也要独立在测验之外,以免误入"循环"的圈子.同时,在运用效标进行测验时,施测者要注意避免效标污染,即避免评定者事先知道被测的原测验成绩,存在偏见,凭印象给分,从而影响了对这个被测的成绩评定.

效标关联效度是指测验的结果与作为效标的另一个独立测验的结果之间的一致程度.

根据效标资料收集时间的不同,效标关联效度可分为同时效度和预测效度两种.同时效度的效标资料可与测验同时收集,而预测效度的效标资料则需要在测验结束后过一段时间才能收集.可以说,预测效度是指测验在预测被测将来从事某种学习或训练后能够达到应有水平上的有效程度.

不论是同时效度还是预测效度,其效度的高低都可以用测验成绩与效标测验成绩之间的相关系数求得,这种相关系数称为**效标系数**.但是,这两种效度是有本质区别的.同时效度主要用于检查自编测验的效度,以便有效地研究、编制和使用新测验;预测效度主要用于检查测验的预测能力,而且预测效度的效标要在测验之后隔相当长时间才能获得,比如高考就是一种具有预测性质的选拔性测验,一般以被录取考生入学后的学习成绩作为效标,这些考生高考成绩与入学后学习成绩的相关系数即为预测效度.

四、提高效度的主要途径

提高效度的主要途径有:
(1) 精心编制测验题目,避免出现较大的系统误差;
(2) 妥善组织测验,控制随机误差;
(3) 创设标准的应试情境,让每个被测都发挥出正常水平;
(4) 选好正确的效标,定好恰当的效标测量,正确使用有关的公式.

要提高测验的内容效度,具体注意以下几个方面:

一是,测验的内容范围.一个测验必须明确界定测验的内容与范围.对于学科成绩测验而言,这种内容范围的界定是比较容易的.施测者在编制测验题目时需注意:测验题目要反映教学目标,符合教学内容,突出重点和难点.

二是,系统取样.高效度的测验要求取样即测验题目的选定应尽量代表要测量的全部内容.目前,大部分数学学科成绩测验编制测验题目时,均是根据教学目标的分类,先拟定测验双向细目表,将各部分内容和教学目标各层次按确定的比重表达出来,然后编制试题,以提高内容效度.

三是,表面效度.表面效度是指从外表直观看,测验题目与测验目标的一致程度,例如测验的材料、试卷的印刷质量等.严格来说,表面效度并不能算做效度的一种,也不属于或等同于内容效度,但在实际教学测量中是不可忽视的,一个表面效度高的测验会有助于内容效度的提高.

第三节　数学测验的难度

一、难度的概念

难度是指试题(测验题目)的难易程度.在数学测验中,一般以能够正确回答试题的人数与参加测验的总人数之比作为难度指标.测验试题的难度可以反映出被测的能力水平能否得到真实的体现,因而恰当的难度是一个好的测验的重要质量指标.

二、难度的计算

对于客观性试题和主观性试题两类测验题目,难度的计算是不一样的,下面分客观性试题与主观性试题两种情况介绍试题难度的计算方法.

第三节 数学测验的难度

1. 客观性试题难度的计算方法

对于采用二分法计分的客观性试题,难度以通过率来表示,公式如下:

$$P = \frac{R}{N}, \qquad (8.3.1)$$

其中 P 为难度值,R 为回答正确的人数,N 为全体被测的人数.

显然,这里的难度值与试题实际的难易程度是成反比的,即难度值越大,试题难度就越小;难度值越小,试题难度就越大.

例1 某初中三年级 236 名学生参加全市数学模拟考试,选择题第 1 题回答正确的有 208 人,第 2 题回答正确的有 167 人,比较这两道题的难度.

解 利用公式(8.3.1)计算,得

$$P_1 = \frac{208}{236} \approx 0.8814,$$

$$P_2 = \frac{167}{236} \approx 0.7076.$$

由于 $P_1 > P_2$,所以第 1 题的难度小于第 2 题的难度.

在利用二分法计分时,对于客观性试题(如选择题、判断题)的作答,可以允许被测通过猜测得分,所以被测的得分会被夸大.对于选择题,选项越少,投机的作用就越大.为了平衡猜测得分对难度的影响,可用下面的公式进行校正:

$$CP = \frac{KP - 1}{K - 1}, \qquad (8.3.2)$$

其中 CP 为校正后的难度值,P 为校正前的难度值(即实际的通过率),K 为选项的数量.

例如,若前面计算的 P_1 是有 4 个选项的选择题的通过率,可通过公式(8.3.2)校正其难度:

$$CP = \frac{KP_1 - 1}{K - 1} = \frac{4 \times 0.8814 - 1}{4 - 1} \approx 0.8419.$$

不难发现,通过校正后的难度值比校正前的难度值要小.

当进行大规模测验时,因为被测人数较多,利用原始定义法计算难度的计算量较大,这时可以采用极端分组法计算难度.

利用极端分组法计算难度的公式为

$$P = \frac{P_H + P_L}{2}, \qquad (8.3.3)$$

其中 P 为难度值,P_H 为高分组通过率,P_L 为低分组通过率.

利用极端分组法计算客观性试题难度的步骤如下:

第一步,将测验总分按从高到低的顺序排序;

第二步,确定比例各为27%的高分组和低分组;

第三步,分别求出这两组被测的通过率P_H和P_L;

第四步,将数据代入公式(8.3.3),求得难度值P.

需要说明的是,这里提出选取极端组的比例为27%(对于主观性试题,通常取为25%)是在测验总分符合正态分布的前提下提出的,但是如果分布较为平坦,比例可以取为33%.

2. 主观性试题难度的计算方法

当测验题目是主观性试题时,一般采用下面的公式计算试题难度:

$$P = \frac{\overline{X}}{W}, \tag{8.3.4}$$

其中P为难度值,$\overline{X}$为平均得分;W为满分的分数.

例2 某高中三年级共42名学生参加数学单元测验,其中某道解答题的满分为14分,学生在该题上的平均得分为11.41分,计算该题的难度.

解 根据公式(8.3.4)计算,得该题的难度值为

$$P = \frac{\overline{X}}{W} = \frac{11.41}{14} \approx 0.815.$$

在例2中,需要将所有学生在该题上的得分全部记录下来,然后通过求平均得分计算难度值.这样的计算量较大,于是也考虑采用极端分组法来计算主观性试题的难度,具体公式如下:

$$P = \frac{X_H + X_L - 2NL}{2N(H-L)}, \tag{8.3.5}$$

其中P为难度值,X_H为该题高分组的总分,X_L为该题低分组的总分,H为该题的最高得分,L为该题的最低得分,N为参加测验的总人数的25%.

用极端分组法计算主观性试题难度比计算客观性试题难度的过程略复杂一点,其步骤如下:

第一步,将测验总分按从高到低的顺序排序;

第二步,确定比例各为25%的高分组和低分组;

第三步,为两个极端组分别编制该试题的得分分析表,主要包含被测在该题上得到的各种分值(X)、取得各种分值的人数(f)以及两者的乘积(fX);

第四步,将求得的数据代入公式(8.3.5)中,求得难度值.

例3 已知某高三年级共1287名学生参加全市数学模拟考试,第17题的得分情况如表8.6所示,其中按总分高、低各占总人数的25%进行分组(为方便起见,不一一列出数据,把高分组和低分组得分情况给出).求第17题的难度.

第三节 数学测验的难度

表 8.6 第 17 题的得分情况

	X	f	fX		X	f	fX
	14	102	1428		14	0	0
	13	4	52		13	0	0
	10	60	600		10	3	30
	7	120	840		7	82	574
高分组	6	6	36	低分组	6	4	24
	5	0	0		5	1	5
	4	0	0		4	1	4
	3	17	51		3	60	180
	0	13	0		0	171	0
求和		322	3007	求和		322	817

解 由表 8.6 的数据可知

$$X_H = 3007, \quad X_L = 817, \quad H = 14, \quad L = 0, \quad N = 322.$$

将这些值代入公式(8.3.5),可求得第 17 题的难度值为

$$P = \frac{X_H + X_L - 2NL}{2N(H-L)} = \frac{3007 + 817 - 2 \times 322 \times 0}{2 \times 322 \times (14-0)} \approx 0.424.$$

三、难度对测验的影响

测验中试题的难度对测验的质量有直接的影响,主要表现在以下几个方面:

(1) 测验分数的分布.测验试题的难度越大,回答正确的人就越少,测验的得分就集中在低分段;而难度越小,回答正确的人就越多,测验的得分就集中在高分段.因此,测验试题过难或过易都会造成测验分数偏离正态分布,而使其离散程度变小,即分数差异未形成,最终会导致该测验并不能反映学生之间实际存在的差异.

(2) 测验鉴别能力.测验的一个主要目的是鉴别学生实际水平的高低.难度适当的测验会加大考试得分的差异,从而提高测验的鉴别能力;反之,则会降低测验的鉴别能力.方差是反映鉴别能力的一个重要指标.通常情况下,试题的难度值在 0.5 左右时,测验得分的方差会达到最大值,此时测验的鉴别能力最高.当然,不能要求测验中所有试题的难度都为 0.5,这样造成的结果是一半的人得满分,一半的人得零分.所以,这里说的 0.5 是使测验题目难度值的平均数接近 0.5,在 0.5±0.2 之间,而不是每道题的难度值都是 0.5.

(3) 测验的目的.试题的难度应根据测验的目的来确定,即试题的难度不能一概而论,应考虑测验的目的.例如,高考这样的测验目的在于选拔人才,其难度值应与录取率接近.

第四节　数学测验的区分度

一、区分度的概念

区分度是指试题对不同考生的知识、能力水平的鉴别程度. 如果一个题目的测试结果是水平高的学生得高分, 水平低的学生得低分, 那么就可以说该试题的区分能力很高. 试题的区分度就反映了试题的这种区分能力的高低.

二、区分度的计算

计算试题区分度的方法很多, 常见的数学试题区分度的计算方法有两种: 极端分组法和相关法.

1. 极端分组法

与试题难度计算中的极端分组法类似, 计算区分度也分客观性试题和主观性试题两种情况.

客观性试题区分度的计算公式为

$$D = P_H - P_L, \qquad (8.4.1)$$

其中 D 为区分度, P_H 为高分组通过率, P_L 为低分组通过率.

利用极端分组法计算客观性试题区分度的步骤如下:

第一步, 将测验总分按从高到低的顺序排序;
第二步, 确定比例各为 27% 的高分组和低分组;
第三步, 分别求出这两组被测的通过率;
第四步, 将数据代入公式 (8.4.1) 中, 求得区分度.

例如, 对于某试题, 高分组通过率为 60%, 低分组通过率为 10%, 则该试题的区分度为

$$D = P_H - P_L = 0.6 - 0.1 = 0.5.$$

特别地, 如果高分组全部通过某试题, 即通过率为 100%, 低分组全部没有通过, 即通过率为 0, 那么该试题的区分度为 1; 如果高分组和低分组的通过百分比完全相同, 则该试题的区分度为 0.

主观性试题区分度的计算公式为

$$D = \frac{X_H - X_L}{N(H - L)}, \qquad (8.4.2)$$

其中 D 为区分度, X_H 为该题高分组的总分, X_L 为该题低分组的总分, H 为该试题的最高得分, L 为该试题的最低得分, N 为考生总人数的 25%.

第四节 数学测验的区分度

利用极端分组法计算主观性试题区分度的步骤如下：

第一步，将测验总分按从高到低的顺序排序；

第二步，确定比例各为 25% 的高分组和低分组；

第三步，为两个极端组分别编制该试题的得分分析表，主要包含被测在该题上得到的各种分值（X）、取得各种分值的人数（f）以及两者的乘积（fX）；

第四步，将求得的数据代入公式（8.4.2）中，求得区分度。

例 某高中三年级 40 名学生参加了一次数学测验，试题中第 16 题的得分情况如表 8.7 所示，其中按总分高、低分各占总人数的 25% 进行分组。计算第 16 题的区分度。

表 8.7 第 16 题的得分情况

	X	f	fX		X	f	fX
高分组	14	2	28	低分组	14	0	0
	10	1	10		10	1	10
	8	0	0		8	1	8
	7	7	49		7	0	0
	3	0	0		3	3	9
	0	0	0		0	5	0
求和		10	87	求和		10	27

解 由表 8.7 的数据可知

$$X_H = 87, \quad X_L = 27, \quad H = 14, \quad L = 0, \quad N = 10.$$

将这些值代入公式（8.4.2）中，可求得第 16 题的区分度为

$$D = \frac{X_H - X_L}{N(H-L)} = \frac{87 - 27}{10(14 - 0)} \approx 0.429.$$

用极端分组法计算试题的区分度，虽然易于理解，计算简便，但在计算过程中只利用了两个极端组的数据，而忽略了中间的数据，所以计算的结果不够准确。因此，这种计算方法常常用于教师自编测验，而在标准化测验中不常用。

2. 相关法

相关法常常用来计算一套测验试题的区分度，即测验的区分度。利用相关法求区分度的原理是：分析测验的内部一致性，即以测验分数与效标分数（如果没有效标，则以测验总分代替）的相关系数作为区分度的指标，相关系数越高，区分能力越高。根据测验得分是连续型变量还是二分变量，在求区分度时可采用积差相关系数、点二列相关系数、二列相关系数和 Φ 相关系数等。计算上述相关系数的方法在第三章已详细讲述，这里不再重复。

第八章　数学测验的质量分析

习　题　八

1. 简述信度、效度、难度和区分度的概念.
2. 简述效度的类型以及提高效度的途径.
3. 用同一组数学计算题,对某班12名学生先后进行两次测验,其结果见表8.8.求该试卷的信度.

表 8.8　12名学生先后两次测验的结果

学生序号	第一次测验得分	第二次测验得分	学生序号	第一次测验得分	第二次测验得分
1	20	20	7	23	25
2	20	21	8	24	25
3	21	21	9	25	26
4	22	20	10	26	26
5	23	23	11	26	27
6	23	23	12	27	29

4. 用 A,B 两份等值复本数学试卷对某班级10名学生进行测验,其结果见表8.9.判断两测验是否等值.

表 8.9　A,B两份试卷的测验结果

学生编号	A卷得分	B卷得分	学生编号	A卷得分	B卷得分
1	19	20	6	15	15
2	19	17	7	15	13
3	18	18	8	14	15
4	17	18	9	13	12
5	16	17	10	12	12

5. 对某班10名学生进行数学测验,共有6道试题,答对1题得1分,答错得0分,测验结果如表8.10所示.试计算该测验的内部一致性信度.

表 8.10　10名学生的数学测验结果

学生编号	各试题得分						学生编号	各试题得分					
	1	2	3	4	5	6		1	2	3	4	5	6
1	1	0	0	0	0	0	6	1	1	1	0	1	1
2	0	0	0	1	0	0	7	1	1	1	1	0	1
3	1	0	1	0	0	0	8	1	1	0	1	1	0
4	1	1	0	0	0	0	9	0	1	1	0	0	1
5	1	0	0	1	0	0	10	1	1	1	1	1	1

习 题 八

6. 用 6 个数学拓展性练习对 5 名学生进行测验,其测验结果如表 8.11 所示. 试求测验的内部一致性信度.

表 8.11 5 名学生测验的结果

学生编号	各练习得分					
	1	2	3	4	5	6
1	3	4	3	2	1	4
2	6	3	4	5	4	6
3	1	3	1	2	4	5
4	6	2	2	1	5	3
5	5	3	1	2	4	2

7. 一次 100 名学生参加的数学测试中,高、低分组各有 27 人,其中高分组答对第 1 题的有 20 人,低分组答对第 1 题的有 5 人. 试求这道题的难度.

8. 设有 200 名考生参加某次数学测验,按高、低分各占总人数的 25% 分组,其中第 2 题的得分统计如表 8.12 所示. 求该题的难度和区分度.

表 8.12 200 名考生主观性试题测验得分统计表

	X	f	fX		X	f	fX
高分组	10	20		低分组	10	0	
	8	16			8	10	
	7	12			7	16	
	5	2			5	4	
	4	0			4	20	
求和		50		求和		50	

第九章 数学教育评价概述

> 数学教育评价在数学教育中有着非常重要的作用,评价的内容和方法直接影响到被评价者的努力方向.本章主要介绍数学教育评价的概念、数学教育评价的功能与原则、现代数学教育评价的策略以及国际上典型的数学教育评价案例.

第一节 数学教育评价的基本概念

一、教育评价的概念

系统的正式教育评价活动起源于中国隋代开始的科举制度,它是用一套完整的考试方法来挑选人才的活动.

19世纪初至20世纪30年代,称为现代教育评价的萌芽期.随着自然科学的发展和美国教育测验运动的兴起,学历测验、智力测验、人格测验相继问世.这一时期关于教育评价的基本观点受美国桑代克"凡是存在的东西都有数量;凡是有数量的东西都可量化"的思想影响,当时把教育评价说成"教育测量".

20世纪30年代至50年代,称为现代教育评价的泰勒期.因为对教育这个极为复杂的现象,是很难统计和精确测量的,所以从1930年起,美国开始了对教育测验的批判.当时,R. 泰勒(R. Taylor)负责的一个评价委员会,首先提出了用教育目标的"达到程度"来定义教育评价概念的思想.他们认为教育评价就是把实际的表现与理想的目标相对照和比较差异的过程.

20世纪50年代末至70年代初,称为现代教育评价的发展期.许多科学家用系统论、信息论的观点描述教育评价,认为教育评价就是收集信息,把信息资料形成系统、综合分析的过程,以协助决策者做出决策.

1973年至今,称为现代教育评价的成熟期.从1973年起,教育评价的领域开始明确,并成为一门独立的专业.它不仅日益成熟,十分活跃地出现在世界各国的教育舞台上,而且发挥着愈来愈大的作用.

教育评价的内涵是随着社会的发展和变革而不断变化的.美国的心理学家布鲁姆继承和发展了泰勒教育评价的理论,他认为教育评价的主要内容应该包括以下几个方面:

(1)教育评价首先是一种用各种手段获取证据、资料并进行科学处理,用以确定学生学业水平和教师教学有效性的方法.

(2)教育评价包括收集各类考试的成绩评定及能反映学生学习状况的证据.

(3)教育评价是教育的总目标和教学任务的具体目标实现的手段,是用来检测学生按这些理想目标的方向发展的过程.

(4)教育评价作为一个"反馈—纠正"的系统,用以在教学过程的每一环节中判断其过程的有效度.如果有效度高,说明纠正得好;如果有效度差或者无效,应立即采取补救的措施,以确保纠正的高效度.

(5)教育评价作为教育科研和教育实践的重要工具,用来检验教育目标的达到程度.

二、数学教育评价的概念

数学教育评价是全面搜集、处理数学课程与教学的设计和实施过程中的信息,从而做出价值判断、改进教学决策的过程.数学教育评价包括数学课程与教学评价;数学课程与教学的实施过程是以师生为主体展开的.因此,数学课堂教学评价、学生评价和教师评价都是数学教育评价的主要对象.数学教育评价就是搜集和处理以上各个评价对象的发展信息,从而了解教育工作的进展,发现问题,做出价值判断和进一步改进策略,以在教学教育中更好地促进人的发展.在教学教育中促进人的发展是数学教育评价的主要宗旨,也是有效开展数学教育评价的指导方向.

第二节 数学教育评价的功能与原则

一、数学教育评价的功能

结合教育评价的功能和数学学科自身的特点,可以知道数学教育评价具有如下功能:

1. 数学教育评价具有管理功能

数学教育评价以数学课程标准为基准,它所制定的目标,都是为了实现数学课程标准的各项要求.只有科学的教育评价,才能对数学教育过程进行科学、有效的管理.大量事实表明,凡是教育管理失调的学校,教育质量都出现下降的趋势.同样条件的一所学校,通过教育评价进行严格的科学管理与忽略教育评价进行随机性的自然管理,会显示出两种截然不同的效应,这就是评价对管理的制约作用.

2. 数学教育评价具有导向功能

数学教育评价的导向功能是指数学教育评价在数学教育和教学上的指导意向作用.有什么样的数学教育评价,就有什么样的数学教学内容,就会导致什么样的教育结果.如果把升学率作为数学教育评价的基准,那么会把数学教学导向"题海战术",而它所导致的教育结果是学生的"高分低能".

数学教育评价的导向功能在宏观上的表现是:

(1)解决当前数学教育现状与市场经济发展不协调的矛盾;

(2)解决未来数学在更广泛领域里发挥巨大作用与当前的为数学而进行数学教育的狭隘数学教育观的矛盾;

(3)解决按数学课程标准的要求全面提高学生的素质与追求升学、片面的人才观的矛盾.

数学教育评价的导向功能在微观上的表现是:

(1)解决数学教学面向全体学生,使每一个学生学好数学的基础知识和基本技能,与只抓少数"尖子"学生而忽略大多数学生的英才教育的矛盾;

(2)解决减轻学生的学习负担,为开发智力、培养能力而学习,与追求高密度、高难度、高速度的教学而加大学生负担的矛盾.

3. 数学教育评价具有调控功能

所谓的调控功能,是指调节与控制教学的功能.在数学教育评价的过程中,依靠大量的教育信息,通过信息反馈,教师按预先设定的评价目标,调节教学,控制教学,以尽快地达到目标要求.我们称这个评价过程为调控过程.数学教育评价通过调控过程可以成功地获得教育或教学的理想效果.这就是数学教育评价的调控功能,它主要表现为调节教学内容,控制教学速度、教学节奏、教学密度、教学难度等.

4. 数学教育评价具有激发功能

数学教育评价的激发功能是建立在调控功能的基础之上的.调节与控制的目的在于激发学生学习数学的积极性,使学生热爱数学.学生热爱数学是学好数学的重要前提.

激发是在数学教学过程中进行的一种活动,我们称它为激发性的教学活动.这种活动的外在表现是学生情绪高昂,乐于并善于向老师提出问题.爱因斯坦说过:"提出一个问题往往比解决一个问题更重要."一个学生能连续不断地向老师提出问题,说明这个学生具有较高的数学能力.我们的评价应促使学生积极向老师提出问题,且敢于对老师的教学提出怀疑和质问.教师应善于运用评价激发学生的数学学习积极性.比如,通过大家感兴趣的问题,引起争论,进行评价.在争论和评价中,既可以增强学生学习数学的积极性,又可以使问题明朗化,让学生找到解决这一问题的钥匙.这个过程就是激发功能在评价中运行的过程.

5. 数学教育评价具有诊断功能

数学教育评价的诊断功能是教育评价自身所决定的,这种诊断功能常常可以提供教育决策所需的资料.概括地说,教育评价是为了补救与改善,具有诊断功能,其诊断的结论不是评价的归宿,而是完成后继学习内容的起点.通过教育上的诊断,可以为提高下一段的学习效果提供证据;可以及时了解存在问题的症结和弊端,以便有针对性地改变策略和方法,促进学生的学习.

数学教育评价可以把知识、能力、情感、动作技能等有机地融为一体,并借此有效地改善教学活动,保持教与学平衡.同时,它又是破坏这个平衡的手段,在"破坏"中调动师生教与学的积极性和主动性,促进教学和学习任务的完成,从而又建立了新的平衡.也就是说,数学教育评价促使数学教学和学习遵循"不平衡—平衡—不平衡—平衡"的规律,以推动数学教学的发展.

二、数学教育评价的原则

数学教育评价的原则,是指在数学教育评价中人们的评价语言、评价活动和评价行为必须遵守的规则.数学教育评价的原则从属于教育评价的原则,保持数学教育的自身特点和规律.数学教育评价的原则是确定数学教育评价内容的依据,也是确定数学教育评价的标准与方法的基础.评价原则、评价标准、评价内容、评价方法构成数学教育评价的系统,这个系统以教育评价原则为轴心,纳入数学教育系统内按自己固有的规律运行.数学教育评价的原则可归纳为以下四条:

(1) 要求的统一性原则.

约束数学教育的直接依据是数学课程标准.数学课程标准是根据我国的教育方针和国家对人才培养的总目标而制定的在数学教学上的总要求.它是确定数学教学目标、教学内容、教学方法的依据,是教师教学和检查教学的依据,也是数学测验命题的依据.数学课程标准是国家对数学教学提出的统一要求,数学教育评价必须与数学课程标准的教学目标统一起来.此外,把对人才培养的总目标与数学教育评价的总目标统一起来,恰恰体现了数学教育评价的方向要符合教育方针要求.

(2) 过程的教育性原则.

数学教育评价是数学教育的组成部分,在评价的全过程中始终指向对学生(被评价者)的教育价值.任何将评价与教育分开或对立的做法,都是与这条原则不相容的.

第九章　数学教育评价概述

数学教育是全方位的教育,它包括对数学学习的态度、动机和目的的教育,对数学知识的传授,对数学能力的培养,对数学基本技能的训练,对学生进行数学思想和数学方法的教育,对学生进行个性品质的培养.要避免"评价就是评价"这种单一的为评价而评价的观点,也要防止把评价者与被评价者对立起来或者评价就是分数激烈竞争等各种错误的做法和观点.数学教育评价要服务于学生的发展和变化,在活动中进行评价,要善于发现学生的微小变化,及时做出鼓励性评价,使评价与教学有机地结合起来,融为一体.关注评价过程的教育性就是树立新的评价观,把教育评价作为数学教育不可缺少的组成部分,并使它合理地在教学过程中运行.

过程的教育性原则强调在教学的每一个重要环节,针对每一个可教育的内容,通过设定目标,用目标的达到程度去实现.数学教育评价作为某一个整体的数学教育的价值判断,要依据在该整体每一个学生身上所体现出的数学教育效果,即每一个学生的数学素质的提高幅度.这就要求评价者随时把握评价过程中发生的变化,有哪些成功的做法需要巩固和提高,有哪些不足之处需要及时纠正和改进,有哪些不利因素需要抵制等,都是在评价过程中需要解决的问题.强调对每一个学生的教育,并不是限制个性发展或追求平均化.评价过程的教育性必须建立在评价的客观性和发展性的基础上.要对取得的"固定"的资料进行灵活分析,用发展、变化的观点去评价学生,要以鼓励为主的原则建立评价体制.

(3) 评价的科学性和全面性.

评价的科学性和全面性原则的含义是,数学教育评价要遵循科学规律,采取实事求是的科学态度,讲究科学的评价方法和手段,从客观实际出发,全面考虑制约评价的各个要素,把定量与定性结合起来,进行科学分析,得到切合实际的评价.

在这一原则下,数学教育评价要以数学课程标准为依据,严格按照已确定的教学目标进行客观评价.在评价的过程中,不能随意改变或脱离评价标准.如果确实因为所确立的标准与学生的实际有一定距离,则需要经过对反馈信息的分析,调整教学目标,与此同时,也要纠正学生的缺点和错误,使之最终达到标准.要全面考查每一个学生,听取各个方面的意见,防止仅从某一个方面(或要素)片面地进行评价.例如,单纯地从某一次考试分数来确定学生的学业水平,单纯地依据一所学校的升学率来评价这所学校的教学水平,都是违背这条原则的.

我们强调数学教育评价的全面性,不是不分主次地把影响数学教育的各个变量等量齐观,造成评价的平均化.数学教育评价必须建立在评价的科学性基础之上,把定量与定性、主观与客观、主要因素与次要因素有区分地结合起来,根据学生实际,在统一要求的前提下,分层次、分阶段(教学环节)确定客观的评价标准.评价标准要全面、具体,一旦确定,要自始至终保持一致性.科学性保证了评价的客观性和一致性,全面性保证了评价的教育性.

(4) 实施的可行性原则.

数学教育评价具有很强的实践性,它的价值在于可实施、可操作,并为广大教师、学生和教育工作者所接受.

实施的可行性原则要求在进行数学教育评价时,其内容和标准应明确、具体,不能含混不清或不可捉摸;要有统一的评价指标,被评价内容具有可测性;要简化评价程序.在进行定性分析与判断时,必须以科学的测量为重要的依据.只有将经验判断和科学测量两者科学地结合起来,才能实现教育评价的可行性原则.

第三节 现代数学教育评价的策略

一、数学教育评价的改革与发展

随着教育理论与实践的发展和数学学科自身的不断发展,人们的数学教育理念逐渐更新,数学课程改革也在不断深化.在这一背景下,以数学课程标准为参照点的数学教育评价的改革逐渐成为十分重要的研究课题,并在国际数学教育研究领域引起普遍的重视,各国对此进行了深入的探索.当前,数学教育评价改革与发展变化主要表现在以下几个方面:

1. 评价目的的转变

传统的教育评价的主要目的在于甄别与选拔,尤其是各个阶段的终结性评价.在这种评价目的导向之下的数学教育评价,使得数学课程与数学教学处于考试的支配之下,教与学都失去了原本的目的,受外在的评价所牵制.在学习过程中,学生处于主体地位;而在评价过程中,学生通常处于客体地位,一个局外人以某种方式来评估他所学数学知识的数量和质量,并以此作为他的数学学业水平.20世纪90年代以来,使学生成为数学教育评价主体的研究趋势已经成为各国数学教育评价研究普遍认同的观点.随着人们对数学教育问题的研究和认识的不断深化,数学教育评价的目的发生了革命性的转变.现代数学教育评价强调通过评价促进人的和谐发展,关注评价的过程,使评价本身成为促进发展的过程.

2. 评价主体的多元化

现代数学教育评价提倡评价主体的多元化,并在评价过程中加强评价主体之间的互动与沟通.除了教育行政部门、学校、教师层面的评价,还鼓励家长参与评价工作.学生也是不可代替的评价主体之一.通过学生自评和同学、小组互评,可以促进学生之间的交流和理解,使学生对自己各方面的发展获得更深入的认识.

3. 评价内容的丰富性

在数学教育评价的过程中,一些国家和地区通过设计多样化的问题从多个维度了解学生数学水平发展的情况.数学教育评价由单一的注重基础知识与基本技能的评价转向知识与能力、认知与情感、过程与方法评价的结合;注重学生综合素质的考查,不仅关注学业成绩,更要关注学生的创新精神和实践能力;注重培养积极的情绪、情感、体验和良好的心理素质;注重对个体发展独特性的认可,帮助学生接纳自己,拥有自尊心和自信心.

4. 评价方式的多样性

采用多样化的评价方式可以提供更全面的评价信息.评价方式的多样性已成为许多国家和地区数学教育评价的一个基本策略.现代数学教育评价强调评价方式多样性,倡导通过定量评价与定性评价的有机结合来实现对学生数学学习的全面、真实的评价.教师要根据不同评价内容和对象,选择不同的评价方式,以切实提高评价的有效性.

二、数学教育评价的策略

1. 静态评价与动态评价相结合

数学教育教学过程可以理解为缩小两个发展水平之间的差距,即缩短学生独立解决问题的能力所决定的实际发展水平和教师引导(或能力更强的同学的帮助与合作)之后获得问题解决的能力所表现出来的潜在发展水平之间的差距.所谓的动态评价,就是试图在数学教育教学过程中通过评价去缩小这个差距,它强调教师、学生、教材、评价之间的相互联系的动态过程.在教师讲解教材和学生学习教材的活动中实施评价,评价反作用于教师,使教师了解自己教学的作用与效果,并提供改善自己教学的依据;评价反作用于学生,使学生更准确地掌握学习情况,知道哪些数学知识是应知应会的,也知道哪些内容还没有完全掌握或不掌握.通过动态评价,教师在有效范围内进行有的放矢的指导,学生尽最大的能力把握自己的学习.动态评价涉及学生对讲授的反应的评价,也涉及教师指导的评价,指导与评价、评价与指导的相互作用,促进了教学的发展.

所谓的静态评价,是指学生的能力是通过教学的具体内容,集中在特定的知识点上,由学生的完成情况而做出评价的.这里,能力成为内容、形式、时间的函数.静态评价的缺点是,学生的深层思维活动和潜意识均得不到评价.动态评价则提供了截然不同的方法,它不一定给学生多少任务去测验他们会与不会,或者能完成多少,而是通过学生参与的各种教学活动,观察他们是否感兴趣,是否将教材上的数学知识内化为数学能力,在作答数学问题时能否联想到实际生活,遇到困难时是自己解决还是依靠别人的帮助解决,等等.这就避免了孤立地评价学生,而是教师和学生与教材构成动态的系统,对该系统进行内在的与外在的全面评价.

在数学教育教学评价过程中,绝不要因为强调动态评价而忽略静态评价,而要科学地结合不同时期的不同教学目标和不同教学内容,有针对性地将动态评价与静态评价有机地结合起来.

2. 形成性评价与终结性评价相结合

形成性评价是过程评价.它以提问、测验、口答等各种检查形式,在到达终极目标的教学进程中不断地明确学生达标的程度,通过多渠道、多方面的反馈信息,及时发现学生在学习过程中存在的问题与缺陷,从而随时修正和调节教学与学习活动.

形成性评价的作用在于了解学生是否真正掌握所学的知识,为教学的深化与发展奠定良好的基础.具体表现为以下几点:

(1) 调整教学活动.形成性评价明确规定每一个单元的教学目标,在数学教学过程中,可以根据评价的结果及时调整教学活动.

(2) 强化学习活动.形成性评价使学生明确是否达到了目标和下一步应当努力学习的方向和内容,能够调动学生学习的积极性,增强学生学习的信心,强化学习活动.

(3) 及时发现学生学习存在的问题.根据形成性评价中学生出现的问题及对问题的分析,能够及时发现出现问题的原因,为学生克服学习上的困难提供有效的信息,同时也为确定下一个单元的学习目标提供依据.

(4) 纠正学生的学习.根据形成性评价中发现的问题及对问题的分析,可以对学生的学习进行纠正,并给予及时的辅导与补救,促使学生自觉地改正错误,获得自身的提高.这对保证全体学生全面完成学习任务,发展学生的认知能力是十分有益的.

然而,形成性评价也存在难以避免的弊端:形成性评价的测验与终极目标很难协调一致,评价者或教师也不易真正掌握形成性评价的标准.形成性是复杂的心理活动,这种心理过程很难在短暂的教学进程中准确地表现出来.所以,仅仅停留在形成性评价上永远不能证明学生对学习目标到达的程度,学生也无法确定对自己某些数学知识掌握的程度.因此,经过一个阶段的形成性评价后,需要进行终结性评价.

终结性评价是指教学中某一单元或某一章、一学期、一学年学习结束后,对其结果的评价.它是对学生某一新概念和其他重要数学知识的掌握程度以及数学能力水平的全面评定.终结性评价可以弥补形成性评价不包括成绩评定的不足.

在数学教育教学评价中,要重视形成性评价,并适当地辅助于终结性评价,只有将两者结合起来,才能充分发挥评价在全面提高教学质量方面的作用.

3. 相对评价与绝对评价相结合

相对评价是指在评价对象的集合中,以他们的平均状态为基准,或者选取其中某一个或几个对象为基准,通过比较评价对象所在的位置来评价该对象的级别和状态.

例如，为了评价学生学习数学时所表现出的思维敏捷程度，根据评价对象集合的平均状况，要求在 2 分钟内回答 5 道选择题。如果 2 分钟内答对 3 道题者被认定为思维敏捷，超过时间或在规定时间内答对题数不足 3 道题者被认定为思维不够敏捷，那么以"2 分钟内答对 3 道题"作为这个集合的基准，全体学生都与这个基准作比较，这就是相对评价。相对评价的基准不是绝对的，在不同的评价群体中，有不同的基准。

绝对评价是指在评价对象的集合之外，确定一个评价的标准，称为客观标准（如教学目标等），把评价对象与这个客观标准进行比较，以是否达到标准作为评价的主要依据。

在激励学生产生学习上的竞争意识时，相对评价有独特的功能；在按照客观标准去严格评价时，绝对评价较为合理、客观。实际教学中，将相对评价与绝对评价二者结合起来，可以扬长避短，充分发挥各自的优势。

4. 定性评价与定量评价相结合

定性评价是指对数学教育评价的内容，通过观察法、调查法等收集的数学教学教育的信息，筛选出集中趋势，舍弃非本质离散的现象，对事物本质进行决策性断定。

采用定性评价时，最重要的一点就是要消除主观因素干扰。为此，可采取以下做法：

（1）组织专家评价组；

（2）确定评价标准；

（3）依据评价标准收集信息资料；

（4）集体研究评价项目达标程度；

（5）进行定性描述。

一般情况下，对于那些多因素、复杂的系统，如果没有描述性的定性评价，很难用其他方式表示得那样客观、那样确切。在数学教育教学过程中，大量的信息内容需要依靠定性评价来做判断。这是由数学教育教学是多因素、复杂的系统所决定的，完全用量化处理所收集的信息是无法实现的。

定量评价是指对数学教育评价的内容，通过教育测量、统计等方法与手段，收集数据材料（包括数值型数据和非数值型数据），进行定量分析、处理，找到集中趋势的量化指标和离散度，给出综合性定量描述与判断。

在数学教学过程中，定量评价具有十分重要的作用，尤其在教育决策方面。定量评价是将所收集的大量的信息，经过量化处理后，变成反映信息程度的数字，其评价结果可信度较高，从而根据评价结果做出的教育决策更符合教学实际，更有利于教学质量的提高。

然而，我们评价的最终目的不是做出评判和鉴定，而是通过评价来提高教学的质量。尽管定量评价的结果比较精确地刻画了所评价内容的程度或价值，但是量化时需要输入程序或代入公式进行计算，这就造成评价的"时间差"，即不能即时评价，使评价失去了及时纠正学习、调整教学的作用;同时也造成了评价的"机会差",即得出定量评价结果时往往已失去了适当的教育机会.此外,定量评价还存在"过程差",因为统计测量和量化往往都是针对教学结果的.

定量评价可在模糊域中求得比较精确的结果,适用于宏观评估;定性评价可对教学活动的某一个细节做出评说,适用于微观评价.定性评价与定量评价有机结合可以解决"时间差"影响评价及反馈信息的即时性、"机会差"影响评价调控功能的发挥、"过程差"影响评价的深刻性与全面性等问题.在数学教育教学评价中,要善于将定性评价与定量评价结合起来,简化定量评价的指标与统计程序,强化定性评价的准确性,把定量评价作为定性评价的重要依据.充分协定性评价和定量评价两类评价,有利于建立完整的评价体系,有利于捕捉数学教学的各种信息,实施最理想的教育手段,获取良好的教学效果.同时,只有将两类评价结合起来,才能创造出更切实可行的、有效的数学教育评价方法.

第四节 数学教育评价的典型案例分析

在学生学业水平国际评估调查中,国际学生评估项目(Programme for International Student Assessment,PISA)与国际数学与科学教育成就趋势研究(Trends International Mathematics and Science Study,TIMSS)这两个评价项目最具有代表性和权威性.本节主要介绍 PISA 和 TIMSS 评价中的数学评价.

一、PISA 简介

1. PISA 概述

PISA 是一项由经济合作与发展组织(Organization for Economic Co-operation and Development,OECD)统筹的学生能力国际评估计划,是针对在校学生的技能和知识状况的国际性评价项目,评价的对象是即将完成义务教育、年龄在 15 岁左右的在校学生.它以纸笔测验衡量这群初中学生的阅读能力、数学能力和科学能力,目的是了解即将完成义务教育的各国初中学生是否具备了未来生活所需的知识与技能,并为终身学习奠定良好的基础.

PISA 评价主要分为三个领域:阅读、数学、科学.在一次 PISA 评价中,每个参评国家或地区抽取 0.45 万~1 万名学生作为评估对象.第一次 PISA 评价在 2000 年进行,共有 26.5 万名来自 32 个国家或地区的学生参加.2003 年,共有来自 41 个国家或地区的 25 万余名学生参加这一年的 PISA 评价.我国香港、澳门地区参加了 2003 年的 PISA 评价.

由于 PISA 评价测试是一种基于学力的测试而非课程达标测试,不是评价一个国家的学校教育系统的质量,而是着眼于影响学生未来生活能力的整个教育系统,也包括家庭教育、非正规教育等,并且研究队伍庞大,协作严密,技术和方法先进,研究结果可靠,充分保证了国际比较的质量,所以许多国家把参与 PISA 评价看成 21 世纪比较综合国力的重要途径. 近 10 年越来越多的国家和地区参与进来,2006 年 PISA 评价的正式参与国家或地区达到 56 个. 中国大陆三个地区 150 所学校的 5250 名学生参加了 2006 年的 PISA 评价,样本容量达到了 PISA 的最低要求. 我国的香港和台湾地区都参加了这次 PISA.

在 PISA 评价中,学生以笔试形式完成试题,并填写一份有关个人背景及学习情况的问卷调查,评价的内容包括学生在每个领域中所需要获得的知识内容及结构,其中涉及认知过程以及对知识、技能的运用. 能力是 PISA 评价中的关键词语,其中阅读能力的评价要求学生在阅读不同种类的文章后,完成一系列不同类型的习作,习作的设计要求学生对文章有深入的理解和恰当的表达. 评价所采用的文章除包括一般范文外,还会包括名单、图表、表格、说明书等. 数学能力的评价包括普通算术运算以及数学思考与分析. 科学能力的评价要求学生应用科学概念,了解并判断自然界的现象. PISA 评价还测试学生对科学问题的辨别能力,以及是否懂得运用证据做科学化的推论,并将结论发表. 评价所测试的科学概念包括科学在日常生活、健康、环境和科技各方面的应用等与学生的生活密切相关的一系列概念.

此外,PISA 评价也十分重视测试课程领域以外的能力,如 2000 年集中测试学生的自我概念,即测试学生的学习动机及学习态度,而 2003 年集中测试学生解决问题的能力.

在 PISA 评价结束后,OECD 会提供一份包括 PISA 全部评价结果的国际评价报告. 同时,各参与国或地区也将提供一份各国或地区实际教育制度的报告书. 这个评价结果的摘要在 PISA 网站(http://www.pisa.oecd.org/)上发表. 评价的结果将有助于了解各国或地区教育改革发展的方向.

2. PISA 评价中的测试目标

PISA 评价中测试学生应用其知识和技能面对实际生活挑战的能力,而不是仅仅局限于学生对中学课程的掌握情况;测试学生在阅读、数学和科学方面的文化素质,而不仅仅是学生要掌握的在学校学习的知识. 表 9.1 具体给出了 PISA 评价中的测试目标. 这一测试目标要求学生必须理解基本概念,掌握一定的操作过程,而且能将知识和技能应用于不同的情境.

虽然 PISA 评价的领域与学校学习科目紧密相关,但 PISA 评价集中在学生习得的技能的价值和解决问题的能力,是在一个更广阔的范围、在实际生活的情境中测试学生的实际操作能力和文化素质.

第四节　数学教育评价的典型案例分析

表 9.1　PISA 评价中的测试目标

评价领域	阅读	数学	科学
定义	为达到自己的目的、拓展知识、发展潜能、参与社会生活所需的对书面语言的理解、应用和反应的能力	认识、理解数学在现实社会中的作用的能力，做出有理有据的数学判断；作为一个有独创精神、关心他人、审慎思考的公民，参加数学活动以满足现实和未来需要	基于给定的证据，利用科学知识提出结论、假设，以理解自然界，帮助做出关于自然界变化的决定（这些变化是通过人类的行为发生的）
评价维度和成分	阅读各种不同的材料：以题材（如描述、记叙）分类的连续型文件和以结构分类的文件	数学内容即数学的"通识领域"，包括变化和增长、空间和形状、定量推理、或然性及依存关系	科学概念，如能量守恒、适应、分解等这些概念，它们源自物理、生物、化学的重要领域，并被用于处理能量的消耗、物种的延续或物质的应用等问题
	能够完成不同的任务，如抽取具体的信息，做出解释. 对材料反应的内容和形式做出解答	数学能力，如建模、解决问题等. 包括三个层次： (1) 呈现过程； (2) 建立联系； (3) 数学思维和概括	操作技能，如鉴别证据，提出结论并能进行评价和交流. 这些技能并不依赖于以前形成的知识体系，但不能脱离具体的科学内容
	阅读用于不同的情境和目的的文字材料，如为满足个人目的或因工作要求的材料	将数学知识应用于不同的情境，如用数学知识解决生活、社会及自然界中的问题	用科学知识解决生活、社会和自然界中的一些问题

3. PISA 评价中的数学素养评价

数学素养评价是 PISA 评价中三个评价领域之一. 按照 PISA 评价的总体设计，对数学素养的评价也是立足于学生的未来发展，评价学生在数学的知识与技能、态度与能力等方面的表现. 数学素养包括数学知识和数学能力两部分. 其中，数学知识部分是指在当前或未来的生活中，为满足个人成为一个会关心、会思考的公民的需要而具备的数学知识；数学能力部分是指理解数学在自然、社会生活中的地位的能力，做出数学判断的能力，以及参与数学活动的能力. 这些数学能力又分为标准数学运算能力、数学思维能力和观察力等若干水平层次.

PISA 评价还关注对学生的情感和态度的评价，如自信、好奇心、兴趣等. 虽然这些不是数学能力的组成部分，但它们是数学素养的重要前提. 在理论上，学生可能在拥有数学素养的同时并不具备态度和情感等方面的素养. PISA 从以下三个方面评价数学素养：

(1) 数学内容. 它包括两部分：一是，根据主要的数学概念大体上规定的基本数学内容和思想，比如概率、变化率和增长率、空间与形状、定量推理、不确定性和从属关系等；二是，仅与课程内容有关的内容，比如目录、图形和表格等.

(2) 数学方法,即数学的综合能力. 它包括数学语言的使用、数学模型的运用和问题解决的技能. 评价的测试题是根据思维技能的三个能力水平制定的.

水平 1　简单计算或定义. 这部分主要考查常规解题的能力,内容是许多标准化评价和国际比较研究中习惯采用的,包括关于事实的知识、表述、再现、回忆. 考查这部分的测试题多数是选择题,也有少数是开放型问题;测试题多与符号、公式以及计算技巧有关.

水平 2　需要联系直观的问题,从中找到解决简单问题的关系. 在这个能力水平上,注重的是不同内容与领域之间的联系以及为了解决简单问题而采取信息整合的能力. 学生必须会选择他们的策略和工具. 测试中的问题并非是一些常规问题,但是只需要相对低水平的数学能力. 这部分的测试题需要学生具有证明的能力,同时也需要构建模型的能力以及提出问题、解决问题的能力.

水平 3　数学思维. 这个能力水平的测试题要求学生对情境进行数学化处理,从具体的情境中抽象出数学问题,解决问题,对结果进行分析、解释说明,形成自己的方法、策略,提供证明,包括论据和概括. 这些能力包括了对模型的分析和对过程的思考. 在这个能力水平上,不仅要求学生能够解决问题,而且能够提出问题;还需要学生具有观察能力,能发现数学的本质以及其中蕴涵的文化与历史因素. 这个能力水平是数学素养的关键部分,然而也是测试题的设计和评价最困难的部分.

(3) 数学应用. 这部分的测试涉及从数学知识在日常生活的运用到运用数学知识解决科学问题和社会问题等的广泛领域.

二、TIMSS 简介

1. TIMSS 概述

TIMSS 是由国际教育成就评价协会(The International Association for the Evaluation of Educational Achievement,IEA)发起和组织的大型国际教育评价研究项目,其目的在于:衡量各国或地区中小学生数学与科学领域上学业水平的发展趋势,了解各国或地区学生数学及科学的学业水平与文化背景,研究各国或地区教育制度的差异等影响因子之间的相关性,并进一步做国际比较分析,帮助各国或地区提升教育成就. 自 1995 年起,TIMSS 评价每 4 年进行一次. 目前,中国大陆没有参与其中. 最近的一次 TIMSS 评价是在 2011 年进行的,其评价结果于 2012 年 12 月 10 日公布,中国香港和台湾地区在这次评价中取得骄人成绩. TIMSS 评价主要测试四年级和八年级(初中二年级)学生的数学与科学学业水平以及达到课程目标的程度.

下面我们着重介绍一下 2011 年 TIMSS 评价中数学评价的框架.

2. TIMSS 评价中数学评价的框架

2011 年 TIMSS 评价中的数学评价主要围绕两个领域进行:一是内容领域,主要评价学

第四节 数学教育评价的典型案例分析

生对数学基本概念、基础知识和基本技能的掌握情况,两个年级的具体内容和主题是不同的;二是认知领域,主要评价学生解决数学问题的思维过程和认知过程,两个年级的评价指标基本相同。

对于内容领域,具体评价要点及所占比重见表9.2和表9.3。

表9.2 四年级内容领域的评价要点及所占比重

评价领域	数与运算	几何图形与测量	数据展示
比重	50%	35%	15%
评价要点	(1)理解计数法、数的表征方式和数之间的关系; (2)发展数感,计算技能娴熟,理解四则运算的意义和相互关系,运用数和运算解决问题; (3)熟悉数字模式,利用模式探索数字关系与规律	(1)理解图形的几何特征,比如长度、角度、面积和体积等; (2)分析线、角、平面和立体图形的几何特征,并从几何关系上做出解释; (3)理解非正式坐标系,利于空间视图分析同一图形的平面和立体表征之间的联系	(1)阅读和解释数据; (2)理解如何组织数据,并根据问题的需要用图表展示数据; (3)对比分析数据的特征,并根据数据得出结论

表9.3 八年级内容领域的评价要点及所占比重

评价领域	数与运算	代数	几何	数据与概率
比重	30%	30%	20%	20%
评价要点	(1)理解数的表征方式,理解数与数之间的关系和数系; (2)发展数感,计算技能娴熟,理解运算的意义和相互关系,运用数和运算解决问题	(1)识别和拓展模式,使用代数符号表示数学情境; (3)流畅地进行代数式的恒等变形和解方程	(1)分析平面和立体图形的性质,包括边长和角度以及从几何关系上进行解释; (2)运用勾股定理解决问题; (3)能够选择和使用测量工具进行几何测量,并根据周长、面积和体积公式进行计算和估算; (4)理解坐标系,运用空间想象对物体的立体和平面视图之间进行转化; (5)使用对称和运用变换分析数学情境	(1)组织数据,并根据问题的需要用适当图表展示数据; (2)解释数据,并理解一些展示数据的方法可能产生的负面效应; (3)理解事件的可能性大小,并利用概率来预测事件发生的几率

认知领域分为"知道"(knowing)、"运用"(applying)和"推理"(reasoning)三个维度,各

个维度的具体含义见表9.4。这三个维度所占比重因年级而异,其中四年级的比重分别为40%,40%和20%,八年级的比重分别为35%,40%和25%。

表9.4 认知领域的评价要点

维度	要点	具体含义
知道	回忆	回忆定义、术语、数字性质、几何性质和符号
	识别	辨认形状、数字、数量和表达式等数学对象,识别分数、小数和百分数、简单几何体等常见数学对象的等同意义
	提取	从图像、表格、测量仪器或其他资料中提取数据
	测量	使用测量工具、恰当的测量单位进行测量,估计测量值
	分类与排序	根据物体的形状、数量和表达式进行分类,对分类性质做出正确结论,根据性质对数和物体进行排序
运用	选择	面对程序、算法和方案,选择解决问题的有效运算、方法和策略
	表征	用图表展示数学信息和数据,并对给定的数学事实或关系进行等价表征
	建模	建立方程、几何图形和示意图等有效模型来解决常规问题
	执行	执行一系列数学指令,比如画出特定图形
	解决常规问题	解决数学课堂熟悉的常规问题,这些问题有相同的背景
推理	分析	确定和描述数学情境中变量与常量之间的关系,并对信息进行有效的推论
	概括	将数学思考和问题解决的结果拓展到更普遍和更广的范围
	整合	在不同知识之间建立联系,在相关数学概念之间建立联系,整合数学事实、概念和程序产生新的结果,并由此产生更进一步的结果
	证明	参照已有数学结论和事实做出新的论断
	解决非常规问题	解决数学或现实生活中的问题,这些问题可能是不熟悉的,即要求在陌生或者复杂的条件下运用数学事实、概念和程序

TIMSS 评价将国际学生的数学学业水平划分为优秀、良好、中等和较低四个等级,各个评价等级的具体含义见表9.5。

表9.5 评价等级

等级	具体含义	
	四年级	八年级
优秀	复杂情境中的理解和推理解释	推理,概括,得出结论,求解方程
良好	运用数学知识和理解解决问题	在多种相关的复杂情境中运用数学知识和进行理解
中等	在简单情境中运用数学知识	在多种情境中运用数学基础知识
较低	具有一些数学的基础知识	具有整数与小数运算和几何图形的数学基础知识

三、TIMSS 与 PISA 评价的比较分析

PISA 与 TIMSS 是近年来较为活跃的两个国际评价项目,它们在评价的目的、使用的评价框架以及试题的形式等方面有所不同,但其中又包含一定的相似成分.对二者异同的分析,将有助于我们进一步认识数学课程实施及数学素养评价的要素和关键.

PISA 与 TIMSS 作为两个国际性评价项目在某些方面有相似之处,如都对数学、科学进行评价,都采取"纸笔测验"和"背景问卷"相结合的评价方式,都把题型分为多项选择题和问答题两大类.

PISA 的研究认为,15 岁年龄段的学生正临近于初中教育的结束阶段,他们所掌握的知识和技能的程度将影响着他们的未来生活和进一步的学习,所考查的知识和技能不能只局限于学校课程,而应该是学生在未来生活中所必需的.相对而言,TIMSS 评价所考查的则是各国或地区课程中的共同部分,对各国或地区参评学生的年龄和所在年级的界线要求比较模糊.下面从几个方面详细地对这两种评价项目进行比较分析.

1. 评价模式的比较

TIMSS 与 PISA 评价在目的、对象、范围、周期、方式、组织和报告形式等方面有一些相似之处,但也有不同之处,具体如表 9.6 所示.可见,在各个领域中,二者也都体现出一定的差异.下面针对"数学"这个二者共有的评价领域进行比较分析.

表 9.6 TIMSS 与 PISA 评价模式的比较

	相同点	不同点	
		TIMSS	PISA
目的	学生的学业水平	对学校特定课程学习的成就	为成人生活做准备的情况
对象	义务教育阶段在校学生	四年级(10~11 岁)和八年级(14~15 岁)的学生,以班级为评价单位	15 岁 3 个月~16 岁 2 个月之间的学生,不管年级和教育类型,以学校为单位
范围	数学、科学、背景信息	所在国家或地区进行同样的测试,还收集教师、课程的信息	评价阅读素养,有可供选择的评价模块
周期	循环式,可进行横向、纵向比较	每 4 年一次,始于 1995 年.四年级和八年级同时进行;数学和科学同等评价	每 3 年一次,始于 2000 年.每次同时评价三种素养,但有一种素养是重点
方式	纸笔测试,采用矩阵取样技术分配题目,每人只做总评价的一部分	四年级总评价约 5.5 h,每个学生约 1.5 h;八年级总评价约 7 h,每个学生约 2 h	总评价约 7 h,其中主要评价约 4 h,次要评价各约 1 h,每个学生约 2.5 h

续表

	相同点	不同点	
		TIMSS	PISA
组织	大规模国际性评价,不少国家或地区同时参与两种评价	由 IEA 组织,包括发达、中等发达和发展中国家或地区	由 OECD 组织,以 OECD 国家或地区为主
报告形式	报告评价准备、设计、过程和结果	数学和科学各以不同年级分开报告,结论基于所有参与国或地区	数学、科学和阅读素养合在一起报告,结论主要基于 OECD 国家或地区

两种评价对数学评价的理解不同. PISA 评价是建立在对"literacy"的评价之上的. 英文"literacy"的原意为"读写能力",PISA 评价借用了社会文化学的研究将其理解为"人类对语言的使用",同时认为,一个人精通某门语言意味着他必须知道这门语言的语义背景并能使其发挥不同的社会功用. 在这里,PISA 评价不是简单地停留在关注学生对数学知识的掌握及对技能的运用,而是希望个体在掌握数学知识和技能的基础上,创造性地将其运用于各种情形中,以获得一种精神和方法,并适应未来生活的需要. 而在 TIMSS 评价中,则只是将数学框定为学校数学课程中的数学. 数学之所以被选为研究的第一个领域,不仅因为数学是每一个国家的核心课程,而且大多数国家都在进行有关科学和技术教育改革的项目,而它们的基础则是数学的教育.

2. 评价内容的比较

TIMSS 与 PISA 评价都对评价内容进行精心挑选和设计.

TIMSS 评价对评价内容的选择原则是:

(1) 包含参与国或地区的重要课程内容;

(2) 反映未来数学和科学教育发展可能的重要内容;

(3) 适合被评价的学生人群;

(4) 适合大规模的国际研究,有助于所有测试在评价内容及认知方面的对比和报道.

PISA 评价对评价内容的选择原则是:

(1) 知识反映真实生活;

(2) 至少要在未来 10 年甚至更长的时间里仍与生活有持久的关联;

(3) 与一些重要的科学过程有关.

表 9.7 分别列出了 2003 年 TIMSS 与 PISA 评价的数学内容.

第四节 数学教育评价的典型案例分析

表 9.7 TIMSS 和 PISA 评价中数学评价内容的比较

	TIMSS	PISA
内容	(1) 数字,全部数字,分数,小数,整数,比值,比例和百分比; (2) 代数,模式,代数表达,等式和公式,关系; (3) 测量,属性和单位,工具,技巧和规则; (4) 几何,线和角,二维和三维图形,相等和相似,位置和空间关系,对称和变换; (5) 数据,数据收集和组织,数据表达,数据解释,不确定性和可能性	(1) 数量,数的意识,运算的含义,数感,熟练计算,算法,估算; (2) 空间和形状,形状与模式,描述,信息解读,形状的动态变化,相似与不同,相对位置,二维和三维的表示及其关系; (3) 变化和关系,变化的表示,变化的基本类型,变化的特殊类型,技巧迁移,变化控制; (4) 不确定性,变化的普遍性,必要的数据,变化结果设计,变化的数量,变化的解释
认知/过程	(1) 知道事实和过程,复述,认识/界定,计算,工具使用; (2) 运用概念,知道,分类,描述,用公式表达,区别; (3) 解决常规问题,选择,建立模型,解释,应用,检验/核对; (4) 推理,假设/推测/预测,分析,评价,概括,联系,综合/整合,解决非常规问题,验证/证明	(1) 再现,表达与定义的联系,常规计算,常规过程,常规问题的解决; (2) 联系,模型,问题解决转换和解释的联系,多维的定义明确的方法; (3) 反思,复杂问题的解决和提出,反思和洞察力,创造性的精确的步骤,多维的复杂的方法,归纳
情境		(1) 个人的; (2) 教育的和职业的; (3) 局部的和更广泛交流的; (4) 科学的

可见,两种评价内容的共同点在于以下两个方面:

(1) 既重视基础知识的学习和掌握,又重视学科内容的现代性.两种评价内容都来自各学科的主要领域,两者有一些主要内容是相同的,如数学中的数、模式、变化和关系等.

(2) 关注学生认知能力方面的发展.两种评价都关注学生各种能力的发展,并按由低到高的能力水平顺序排列出来.

两种评价内容的不同之处表现在以下三点:

(1) 知识内容的组织形式不同.TIMSS 评价的评价内容主要反映国家或地区课程的内容计划,按学科对知识点分门别类进行评价,各知识点之间是独立的,有明显的学科界线.PISA 评价则打破学校课程组织的学科界线,以主题的形式来组织评价内容.例如,表现在数学上,以现象学的方法来描述数学的概念和思想,提出四个"拱形观点":数量、空间和形状、变化与关系、不确定性.每一个观点都代表相关知识的中心,把数字、代数、几何等知识融合在一起.

（2）能力考查的侧重点不同. TIMSS 评价主要考查学生对课程知识的复述、理解和分析能力,而 PISA 评价主要考查学生对问题解决过程的理解以及在真实情境中应用知识的能力. 不过 TIMSS 与 PISA 评价都把背景信息的收集看做评价的重要内容.

（3）TIMSS 评价还同时对课程和教师进行问卷调查, PISA 评价则根据每次评价重点的不同来收集不同的信息, 如 2000 年重点评价阅读素养, 就侧重收集学生学习策略方面的信息; 2003 年重点评价数学素养, 就侧重收集与数学学习有关的信息.

3. 题型设计和评分方法的比较

TIMSS 评价设计了多重选择、构答（即要求学生用文字、算式等对给定的题目提供正确答案的试题, 具体包括作文题、算术和填充题等, 而不像标准化测验那样从多种备选答案中加以选择）和扩展式构答三种题型, 而 PISA 评价设计了多重选择、复杂多重选择、封闭式构答、短答和开放式构答五种题型.

在题型分布上, TIMSS 评价注重以多重选择题的方式来考查学生的各种能力, 多重选择题在总题目中的比例超过三分之二; 解答题主要考查学生进行解释的能力, 约占总题目的三分之一. PISA 评价主要以解答题的方式来考查学生的能力, 约占总题目的三分之二.

在题目的呈现方式上, 两种评价都提供一定的背景材料, 但 TIMSS 评价中的多数题目主要考查课程计划中规定的知识点. PISA 评价设计了单元式的题目串, 每个单元中的若干题目共用相同的背景材料. 以这种方式呈现的题目可以考查任何一种能力.

在评分方法上, 两种评价都需要训练有素的人员进行编码, 把每个学生的结果与所有学生的结果放在一起, 由计算机统计产生等级分数.

综上所述, TIMSS 和 PISA 循环式的评价周期、时代性的评价内容和新颖的题型设计等特点吸引了世界上众多国家或地区参与, 不少国家或地区还同时参与了两种评价: TIMSS 与 PISA 评价已经成为了参与国或地区进行教育改革决策的重要依据, 但由于评价条件的关系, 它们还存在以下不足:

首先, 表现在评价的内容范围方面. 两种评价都只是用纸笔测试, 它所能测验的仅仅是学生的单项知识或能力, 而缺乏对学生切换观察问题视角的能力的检查, 如学生是否能够以及如何从口头语言角度转向书面语言角度观察问题, 或者是否能够从日常数学思维角度解决问题转向从形式数学思维角度解决问题, 等等. 在有限的时间内, 纸笔测试不能对学生的实验设计、材料运用、数据处理、验证、评价等过程进行评价, 不能对学生答题的思考过程进行跟踪, 也不能对随着时间变化的学科内容进行测试.

其次, 表现在数据收集的方式方面. 目前, 两种评价所采用的数据收集方法都只有问卷的形式, 不能对想要得到的信息进行深入和全面的了解.

最后,表现在评价结果的比较方面.由于两种评价的内容组织形式、能力考查重点和应用范围等不相一致,以及做出结论的依据也不同,一个基于所有的参与国或地区,另一个主要基于 OECD 参与国或地区,因此对两种评价的结果不能直接进行比较,否则会出现一些无法解释的现象.

习 题 九

1. 简述数学教育评价的概念.
2. 简述数学教育评价的功能.
3. 简述实施数学教育评价的原则.
4. 论述 PISA 评价中的数学素养评价.
5. 试对 TIMSS 与 PISA 评价中数学评价的功能做比较分析.

第十章 数学课堂教学评价

> 数学课堂教学评价作为数学教育评价的一个组成部分,旨在提高数学教师的师德水平、专业水平和教学能力,鼓励数学教师创新数学教育思想、教学模式和教学方法,促进教学过程的科学化,提高课堂教学质量,推动数学教学改革.本章主要阐述数学优秀课的评价标准以及具体的数学课堂教学中教学内容、教学方法和教学过程等的评价问题.

第一节 中学数学课堂教学评价标准

中国教育学会中学数学教学专业委员会2012年颁布了《全国中学青年数学教师优秀课评价标准(修订版)》.该标准涵盖数学课堂教学设计与实施评价和数学教师专业素养评价两个方面.

一、数学课堂教学设计与实施评价标准

数学课堂教学要以教育部制定的《义务教育数学课程标准(2011年版)》和《普通高中数学课程标准(实验)》(以下两者统称为《课标》)为基本依据,要把"教书育人"作为根本目标.具体地,要求教师根据教学内容和学生的实际情况选择教学方法,根据数学知识的发生、发展过程和学生数学学习规律安排教学过程;充分发挥学生的主动性、积极性,激发学生的学习兴趣,引导学生开展独立思考、主动探究、合作交流,使学生切实学好数学知识,提高数学能力;鼓励学生的创新思考,加强学生的数学实践,培养学生的理性精神;注重培养学生良好的数学学习习惯,使学生掌握有效的数学学习方法,并逐步学会学习;注重教育技术的使用,恰当使用信息技术组织教学资源,改进教学方法,增强教学效果;注重使用"评价—反馈"手段,恰当评价学生的学习过程和结果,促进学生有效学习.

对数学课堂教学设计与实施的评价包括以下几个方面:

第一节　中学数学课堂教学评价标准

1. 教学内容解析

教学内容主要指《课标》中"内容标准"所规定的数学知识以及由内容所反映的数学思想方法,是实现教学目标的主要载体.教学内容解析的目的是在准确理解教学内容的基础上做到教学上的"准""精""简".这是激发学生学习兴趣、减轻学生学习负担、有效开展课堂教学、提高课堂教学质量的前提.数学教学内容解析要做到以下几点:

(1) 正确阐述教学内容的内涵及由内容所反映的数学思想方法,并阐明其核心,明确教学重点;

(2) 正确区分教学内容的知识类型,如事实性知识、概念性知识、程序性知识、元认知知识等;

(3) 正确阐述当前教学内容的上位知识、下位知识,明确知识的来龙去脉;

(4) 从知识发生、发展过程角度分析教学内容所蕴涵的思维教学资源和价值观教育资源.

2. 教学目标设置

教学目标是预期的学生学习的结果.教学目标是设计教学过程、选择教学方法和安排师生活动方式的依据,是教学效果的测量与评价的参照标准.清晰而具体化的教学目标能有效地指导学生的数学学习.数学课堂教学目标的设置与陈述要做到以下几点:

(1) 正确体现"课程目标—单元目标—课堂教学目标"的层次性,在《课标》的"总体目标"和"内容与要求"的指导下,设置并陈述课堂教学目标;

(2) 教学目标要指向学生学习的结果;

(3) 教学目标要与教学内容紧密结合,避免抽象、空洞;

(4) 要用清晰的语言表述学生在学习后会进行哪些判断,会做哪些事,掌握哪些技能,或会分析、解决什么问题,等等.

3. 学生学情分析

学生学情分析的核心是学习条件分析.学习条件主要指学习当前内容所需要具备的内部条件(学生自身的条件)和外部条件.学习条件的分析是确定教学方法、组织教学材料的前提.鉴于学习条件的复杂性(例如,内部条件包括认知因素和非认知因素),对学生学情的分析着重强调如下要求:

(1) 分析学生已经具备的数学认知基础,包括日常生活经验,已掌握的相关知识、技能和数学思想方法等;

(2) 分析达到教学目标所需要具备的数学认知基础;

(3) 确定"已有的数学基础"和"需要的数学基础"之间的差异,分析哪些差距可以由学生通过努力自己消除,哪些差距需要在教师帮助下消除;

(4) 在上述分析的基础上明确教学难点,并分析突破难点的策略.

4. 教学策略分析

教学策略是指在设定教学目标后,依据已定的教学内容和学生情况,为解决教学问题而选用的教学方法和手段.教学策略分析的一个重要目的是提高教学的质量和效益.数学课堂教学策略分析包括如下几个方面:

(1) 如何从学与教的现实出发选择和组织教学材料;

(2) 如何根据教学内容特点和学生情况选择教学方法;

(3) 如何围绕教学重点,依据数学知识的发生、发展过程和学生的思维规律,设计"问题串"以引导学生的数学思维活动;

(4) 如何为不同数学认知基础的学生提供相应的学习机会和适当帮助;

(5) 如何给学生提供学习反馈.

5. 教学过程

数学课堂教学过程是学生在教师指导下的数学学习活动.从操作层面看,数学课堂教学过程就是由教师安排和指导的学生数学学习活动的步骤和方式.对数学课堂教学过程的要求是:

(1) 根据不同知识类型学习过程安排教学步骤,包括:引入课题,明确学习目标,调动学生联系已有相关知识和激发学生学习兴趣,呈现有组织的学习材料,引导学生开展主动理解、探索知识的数学思维活动,通过练习促进知识向技能的转化,提供应用性情境促进知识技能的迁移,等等.

(2) 正确组织课堂教学内容.正确反映教学目标的要求,突出重点,把主要精力放在核心内容及其反映的数学思想方法上;注重建立新知识与已有相关知识的实质性联系,保持知识的连贯性、思想方法的一致性;对易错、易混淆的问题有计划地再现和纠正,使知识特别是数学思想方法得到螺旋式的巩固和提高.

(3) 学生学习活动合理、有效,教师指导恰时恰点.在学生思维最近发展区内提出问题,使学生面对适度的学习困难;激发学生的学习兴趣,启发全体学生独立思考,提高学生数学思维的参与度,帮助学生逐步学会思考.

(4) 恰当处理"预设"与"生成"的关系,机智运用反馈调节机制,根据课堂实际适时调整教学进程.通过观察、提问和练习等及时发现学生的学习困难并准确判断原因,采取有针对性的补救教学;为学生提供反思学习过程的机会,引导学生对照教学目标检查学习效果.

(5) 设计的练习具有针对性和有效性,既能起到巩固知识、训练技能、查漏补缺的作用,又能在帮助学生领悟数学基本思想、积累丰富的数学活动经验、发展数学能力、培养学习习惯等方面发挥积极的作用.

(6) 恰当运用学习评价手段,激励学生的学习热情,使学生始终保持积极的精神状态.

(7) 根据教学内容的特点及学生学习的需要,恰当选择和运用包括教育技术在内的教学媒体,有效整合教学资源,以更好地揭示数学知识的发生、发展过程及其本质,帮助学生正确理解数学知识,发展数学思维.

二、数学教师专业素养评价标准

数学教师专业素养分为数学素养、教学素养和教学基本功三个方面,所以数学教师专业素养评价标准也应包括这三个方面.

1. 数学素养

(1) 正确理解数学概念与原理,正确理解教学内容所反映的数学思想方法,正确把握中学数学不同分支和不同内容之间的联系性,正确把握数学与日常生活及其他学科的联系;

(2) 正确理解数学教材,正确解析教学内容,课堂中(包括呈现的材料和使用的语言)没有数学的科学性错误.

2. 教学素养

(1) 准确把握学生的数学学习心理,有效引起学生的注意,调动学生的学习积极性和主动性;

(2) 根据学生的思维发展水平和数学学习规律安排学生的学习活动,所用的学习材料难易程度适当;

(3) 实施启发式教学,善于通过恰当的举例、比较性材料等帮助学生理解数学知识,善于通过恰时恰点的提问引导学生的数学学习活动;

(4) 具有良好的教学组织和应变机智.

3. 教学基本功

(1) 语言:能规范、准确地运用数学的文字语言、符号语言和图形语言,逻辑性强,通俗易懂,简练明快,富有感染力;

(2) 板书:字迹工整、简洁明了、结构合理、重点突出;

(3) 教态:自然大方、和蔼亲切、富有激情与活力;

(4) 有较好的信息技术工具和各种教具的操作技能.

第二节 数学课堂教学的评价

一、数学课堂教学的目标评价

教学目标是教学活动的依据,也是预先想要达到的教学效果.在课堂教学中,教学目标对教师与学生的行为具有规范和约束的作用.教学目标的存在,使教师与学生的行为不至于随心所欲,而要以完成教学目标为前提.教学目标不仅仅包括知识与技能目标,同时也包括数学思考、解决问题以及学生对数学的情感与态度的目标.对教学目标的不同理解会导致不同的师生行为,从而形成不同水平的课堂教学.

在课堂教学中,教学目标的制定必须正确处理好课程标准、教材和学生实际水平三者之间的关系.教学目标不是孤立地存在于课堂教学中的,它既存在于师生之间所传递的教学内容中,也存在于教师和学生的具体教学和学习行为中.

一堂较为成功的课,必须要有明确的教学目标,然后根据所拟目标,精心设计课堂教学组织形式与实施方法,以求达到预期目标.教学目标是整个课堂教学过程的一个纲,也是我们进行课堂教学质量评价首先要考虑的因素.因此,对课堂教学目标进行定性评价时,首先要看教学目标是否明确.教学目标明确,一是指明了,二是指准确.所谓的明了,就是整个课堂教学活动都必须围绕教学目标进行,将教学目标贯穿于教学过程的始终;所谓的准确,就是确定的教学目标要符合教学大纲精神、教材内容、学生实际.教学目标的确定,凝聚着教师教书育人的殚精竭虑,贯穿着教师有的放矢的教学艺术,体现着教师胸中有书(教材)、目中有人(学生)、手中有法(教法)的过硬本领.所以,评价一堂课,教学目标是考核教学成败的依据,衡量教学得失的准绳.

二. 数学课堂教学的内容评价

人们往往认为教学内容就是教材中规定的内容.在教师将教材视为圣经的时代,教师对教学内容的决定空间是很小的.而随着世界范围课程内容改革的进行,赋予教师更大的参与课程决策的权利,其中就包括教师对教学内容的选择与安排.此时的教学内容,就不仅仅是教材所呈现的内容,也包括教师把生活中与教学目标相关的事物纳入课程教学中成为教学的资源,以及教师创造性地使用教材,把教材及相关内容还原为学生易于理解的教学内容.

教学内容规定着教什么和学什么,选择好和处理好教学内容是实现教学目标的重要保证.教师要根据本堂课的教学目标确定内容和范围.在处理教学内容时,首先,教学内容的安排应该有科学性.根据学生的认知规律,数学概念的呈现应该是分阶段的.有时只给出初级概念,描述其含义.这时更要确保概念的科学性.其次,要注意教学内容的系统性和逻辑性,先呈现什么,再呈现什么,要遵循学生的认知规律.最后,还要考虑数学思维方法的合理渗透.

对于教学内容,具体评价时可由以下几个方面进行:

第一,看教师能否明确教学内容在整个教材系统中的地位和作用,教学内容能否围绕教学目标、反映教学目标;

第二,看教师能否分清主次,准确地确定重点,教学中突出重点、详略得当,讲授清楚正

确,无科学性、思想性错误;

第三,看教师能否找准教学难点,抓住关键,善于集中力量解决关键问题,分散难点,逐步突破,从而带动整个教学进程;

第四,看教师能否发掘教学内容的潜在因素,充分利用、灵活运用,以处理好新、旧知识的结合点(常常表现为教学中重要的启发点与教学的重点);

第五,看教师能否正确处理好数学知识结构与学生认识结构的关系,掌握学生数学认知结构通过同化与顺应两种形式不断更新、转化的基本特点,体现出讲授内容具有启发性、层次性.

三、数学课堂教学的方法评价

教学方法作为教师在课堂教学中相对固定的行为方式,是课堂教学评价中的重要因素.教师要依据不同学段的要求,灵活选择不同的教学方法和教学手段,并且重视各种教学方法的有机结合,讲求实际效果,坚持启发式教学,充分发挥学生的主体作用.无论采用哪一种教学方法,都要有利于学生的思维能力、动手操作能力、语言表达能力以及解决实际问题能力的培养;要充分发扬民主,为学生的质疑提供条件;要设计有针对性、层次性的练习;要坚持面向全体又因材施教.

教学方法是体现教学内容、实现教学目标的手段.教学方法包括教的方法和学的方法两个方面."教学有法,教无定法,重在懂法,贵在用法."对教学方法进行评价时,重点应看教学方法是否运用妥当,能否充分发挥教师的主导作用和学生的主体作用.教师在课堂教学中具体运用什么教学方法不应作为评价的依据.寸有所长,尺有所短.殊途同归,异曲同工.凡是能最大限度地提高课堂教学效果的教学方法都是好的教学方法.具体评价时,可从以下几个方面入手:

首先,看知识的引入,即看知识的引入是否自然合理,是否符合数学知识结构与学生的心理特征.最佳方案是一开始能创设情境,调动大部分学生求知欲与思维积极性,使教师的教学活动与学生的心理活动处于协调共振状态,但时间一定要控制在 5 分钟以内.

其次,看学生对数学基础知识的掌握情况与基本技能训练的情况,看是否重视知识发生阶段的教学及知识形成过程的教学.在评价教学方法时,不仅仅重视学生对结论的掌握情况,更要紧的是注意过程,看教师是如何引导学生揭示数学知识的内涵,从而掌握数学知识、方法和内部规律的;学生是否在原有的知识基础上,在呈现知识的发生过程中,明确结论是在什么条件下产生的,是怎样产生的,它与相关的数学知识有何联系与区别,它应用于什么范围.这样的评价才能评到点子上.

再次,看课堂教学是否体现启发式教学原则,主要看教师能否运用启发式教学调动学生的积极思维,让学生保持持久、稳定的学习自觉性与主动性,是否重视思维训练与数学能力的培养,是否注意数学基本思想与数学方法的教学.

四、数学课堂教学的过程评价

数学课堂教学过程是指在数学教学实践中,完成教学任务,达到教学目标的过程,它是一个师生共同活动的过程.数学课堂教学过程的评价必须反映课程标准的要求,依据课程标准中的教学目标和教学内容的宽度,构成评价、教学为一体的体系.评价的重点就是教学的重点.通过评价,帮助教师更好地了解学生知道些什么,要解决些什么问题;增强学生掌握数学概念、推理论证和进行交流的意图;了解学生对数学思想、数学方法和书写程序的掌握情况和学生在数学环境中发挥作用的能力;检查出学生在学习数学的过程中什么地方产生了困难,即时制定排除困难的措施,改善教学,提高教学效率.

在数学课堂教学过程评价的具体实施中,主要通过以下几种途径收集信息,进行评价:

(1) 说课.通过说课,了解授课教师对本课的安排是否体现课程标准要求和正确的教学指导思想,对教学目标、教学内容、教学方法、教学手段、教学步骤等的安排是否合理.

(2) 课堂听课观察.这是评价者在课堂教学过程评价时获取评价信息的重要途径.在课堂听课前,一定要熟悉课程标准和教材,熟悉授课教师的教案,确定听课的重点.听课重点的确定可以根据授课教师的意见来确定,也可以根据评价者的意见来确定.在听课过程中,要认真做好听课记录.记录教学过程的详细安排,授课教师的设问、讲解、演示、板书,以及学生的应答、活动、参与情况;记录授课教师收集信息、处理信息的方式,反馈的次数,各教学环节所用的时间,以及评价者对听课的感受等.

(3) 问卷调查、测验、座谈、访谈.课堂听课结束后,要及时了解学生的反映和授课教师的自我感受.可以在课后发放调查问卷让学生填写,也可以通过访谈、座谈的方式与学生交谈,了解他们对授课教师教学方法的意见,或者通过测验的方式,了解学生对所教内容的掌握程度.

习 题 十

1. 简述中学数学课堂教学设计与实施评价标准的内容.
2. 简述中学数学教师专业素养评价标准的内容.
3. 论述数学课堂教学过程评价的实施策略.
4. 数学课堂教学的目标评价中应对哪些内容加以关注?
5. 数学课堂教学的方法评价中应对哪些内容加以关注?

附表 1 标准正态分布表[①]

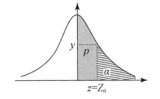

z	y	p	z	y	p	z	y	p
0.00	0.39894	0.00000	0.20	0.39104	0.07926	0.40	0.36827	0.15542
0.01	0.39892	0.00399	0.21	0.39024	0.08317	0.41	0.36678	0.15910
0.02	0.39886	0.00798	0.22	0.38940	0.08706	0.42	0.36526	0.16276
0.03	0.39876	0.01197	0.23	0.38853	0.09095	0.43	0.36371	0.16640
0.04	0.39862	0.01595	0.24	0.38762	0.09483	0.44	0.36213	0.17003
0.05	0.39884	0.01994	0.25	0.38667	0.09871	0.45	0.36053	0.17364
0.06	0.39822	0.02392	0.26	0.38568	0.10257	0.46	0.35889	0.17724
0.07	0.39797	0.02790	0.27	0.38466	0.10642	0.47	0.35723	0.18082
0.08	0.39767	0.03188	0.28	0.38361	0.11026	0.48	0.35553	0.18439
0.09	0.39733	0.03586	0.29	0.38251	0.11409	0.49	0.35381	0.18793
0.10	0.39695	0.03983	0.30	0.38139	0.11791	0.50	0.35207	0.19146
0.11	0.39654	0.04380	0.31	0.38023	0.12172	0.51	0.35029	0.19497
0.12	0.39608	0.04776	0.32	0.37903	0.12552	0.52	0.34849	0.19847
0.13	0.39559	0.05172	0.33	0.37780	0.12930	0.53	0.34667	0.20194
0.14	0.39505	0.05567	0.34	0.37654	0.13307	0.54	0.34482	0.20540
0.15	0.39448	0.05962	0.35	0.37524	0.13683	0.55	0.34294	0.20884
0.16	0.39387	0.06356	0.36	0.37391	0.14058	0.56	0.34105	0.21226
0.17	0.39322	0.06749	0.37	0.37255	0.14431	0.57	0.33912	0.21566
0.18	0.39253	0.07142	0.38	0.37115	0.14803	0.58	0.33718	0.21904
0.19	0.39181	0.07535	0.39	0.36973	0.15173	0.59	0.33521	0.22240
0.60	0.33322	0.22575	0.85	0.27798	0.30234	1.10	0.21785	0.36433
0.61	0.33121	0.22907	0.86	0.27562	0.30511	1.11	0.21546	0.36650
0.62	0.32918	0.23237	0.87	0.27324	0.30785	1.12	0.21307	0.36846
0.63	0.32713	0.23565	0.88	0.27086	0.31057	1.13	0.21069	0.37076
0.64	0.32506	0.23891	0.89	0.28848	0.31327	1.14	0.20831	0.37286

[①] $z = Z_\alpha = Z_{0.5-p}$.

附表1 标准正态分布表

续表

z	y	p	z	y	p	z	y	p
0.65	0.32297	0.24215	0.90	0.26609	0.31594	1.15	0.20594	0.37493
0.66	0.32086	0.24537	0.91	0.26369	0.31859	1.16	0.20357	0.37698
0.67	0.31874	0.24857	0.92	0.26129	0.32121	1.17	0.20121	0.37900
0.68	0.31659	0.25175	0.93	0.25888	0.32381	1.18	0.19886	0.38100
0.69	0.31443	0.25490	0.94	0.25647	0.32639	1.19	0.19652	0.38298
0.70	0.31225	0.25804	0.95	0.25406	0.32894	1.20	0.19419	0.38493
0.71	0.31006	0.26115	0.96	0.25164	0.33147	1.21	0.19186	0.38686
0.72	0.30785	0.26424	0.97	0.24923	0.33398	1.22	0.18954	0.38877
0.73	0.30563	0.26730	0.98	0.24681	0.33646	1.23	0.18724	0.39065
0.74	0.30339	0.27035	0.99	0.24439	0.33891	1.24	0.18494	0.39251
0.75	0.30114	0.27337	1.00	0.24197	0.34134	1.25	0.18265	0.39435
0.76	0.29887	0.27637	1.01	0.23955	0.34275	1.26	0.18037	0.39617
0.77	0.29659	0.27935	1.02	0.23713	0.34614	1.27	0.17810	0.39796
0.78	0.29431	0.28230	1.03	0.23471	0.34850	1.28	0.17585	0.39973
0.79	0.29200	0.28524	1.04	0.23230	0.35083	1.29	0.17360	0.40147
0.80	0.28969	0.28814	1.05	0.22988	0.35314	1.30	0.17137	0.40320
0.81	0.28737	0.29103	1.06	0.22747	0.35543	1.31	0.16915	0.40490
0.82	0.28504	0.29389	1.07	0.22506	0.35769	1.32	0.16694	0.40658
0.83	0.28269	0.29673	1.08	0.22265	0.35993	1.33	0.16474	0.40824
0.84	0.28034	0.29955	1.09	0.22025	0.36214	1.34	0.16256	0.40988
1.35	0.16038	0.41149	1.60	0.11092	0.44520	1.85	0.07206	0.46784
1.36	0.15822	0.41309	1.61	0.10915	0.44630	1.86	0.07047	0.46856
1.37	0.15608	0.41466	1.62	0.10741	0.44738	1.87	0.06943	0.46926
1.38	0.15395	0.41621	1.63	0.10567	0.44845	1.88	0.06814	0.04700
1.39	0.15183	0.41774	1.64	0.10396	0.44950	1.89	0.06687	0.47062
1.40	0.14973	0.41924	1.65	0.10226	0.45053	1.90	0.06562	0.47128
1.41	0.14764	0.42073	1.66	0.10059	0.45154	1.91	0.06439	0.47193
1.42	0.14556	0.42220	1.68	0.09893	0.45254	1.92	0.06316	0.47257
1.43	0.14350	0.42364	1.68	0.09728	0.45352	1.93	0.06195	0.47320
1.44	0.14146	0.42507	1.69	0.09566	0.45449	1.94	0.06077	0.47381
1.45	0.13943	0.42647	1.70	0.09405	0.45543	1.95	0.05959	0.47441
1.46	0.13742	0.42786	1.71	0.09246	0.45637	1.96	0.05844	0.47500
1.47	0.13542	0.42922	1.72	0.09089	0.45728	1.97	0.05730	0.47558
1.48	0.13344	0.43056	1.73	0.08933	0.45818	1.98	0.05618	0.47615
1.49	0.13147	0.43189	1.74	0.08780	0.45907	1.99	0.05508	0.47670

附表1　标准正态分布表

续表

z	y	p	z	y	p	z	y	p
1.50	0.12952	0.43319	1.75	0.08628	0.45994	2.00	0.05399	0.47725
1.51	0.12758	0.43448	1.76	0.08478	0.46080	2.01	0.05292	0.47778
1.52	0.12566	0.43574	1.77	0.08329	0.46164	2.02	0.05186	0.47831
1.53	0.12376	0.43699	1.78	0.08183	0.46246	2.03	0.05082	0.47882
1.54	0.12188	0.43822	1.79	0.08038	0.46327	2.04	0.04980	0.47932
1.55	0.12001	0.43943	1.80	0.07895	0.46407	2.05	0.04879	0.47982
1.56	0.11816	0.44062	1.81	0.07754	0.46485	2.06	0.04780	0.48030
1.57	0.11632	0.44179	1.82	0.07614	0.46562	2.07	0.04682	0.48077
1.58	0.11450	0.44295	1.83	0.07477	0.46638	2.08	0.04586	0.48124
1.59	0.11270	0.44408	1.84	0.07341	0.46712	2.09	0.04491	0.48169
2.10	0.04398	0.48214	2.35	0.02522	0.49061	2.60	0.01358	0.49534
2.11	0.04307	0.48257	2.36	0.02463	0.49086	2.61	0.01323	0.49547
2.12	0.04217	0.48300	2.37	0.02406	0.49111	2.62	0.01289	0.49560
2.13	0.04128	0.48341	2.38	0.02349	0.04913	2.63	0.01256	0.49573
2.14	0.04041	0.48382	2.39	0.02294	0.49158	2.64	0.01223	0.49585
2.15	0.03955	0.48422	2.40	0.02239	0.49180	2.65	0.01191	0.49598
2.16	0.03871	0.48461	2.41	0.02186	0.49202	2.66	0.01160	0.49609
2.17	0.03788	0.48500	2.42	0.02134	0.49224	2.67	0.01130	0.49621
2.18	0.03706	0.48537	2.43	0.02083	0.49245	2.68	0.01100	0.49632
2.19	0.03626	0.48574	2.44	0.02033	0.49266	2.69	0.01071	0.49643
2.20	0.03547	0.48610	2.45	0.01984	0.49286	2.70	0.01042	0.49653
2.21	0.03470	0.48645	2.46	0.01936	0.49305	2.71	0.01041	0.49664
2.22	0.03394	0.48679	2.47	0.01889	0.49324	2.72	0.00987	0.49674
2.23	0.03319	0.48713	2.48	0.01842	0.49343	2.73	0.00961	0.49683
2.24	0.03246	0.48745	2.49	0.01797	0.49361	2.74	0.00935	0.49693
2.25	0.03174	0.48778	2.50	0.01753	0.49379	2.75	0.00909	0.49702
2.26	0.03103	0.48809	2.51	0.01709	0.49396	2.76	0.00885	0.49711
2.27	0.03034	0.48840	2.52	0.01667	0.49413	2.77	0.00861	0.49720
2.28	0.02965	0.48870	2.53	0.01625	0.49430	2.78	0.00837	0.49728
2.29	0.02898	0.48899	2.54	0.01585	0.49446	2.79	0.00814	0.49736
2.30	0.02833	0.48928	2.55	0.01545	0.49461	2.80	0.00792	0.49744
2.31	0.02768	0.48956	2.56	0.01506	0.49477	2.81	0.00770	0.49752
2.32	0.02705	0.48983	2.57	0.01468	0.49492	2.82	0.00748	0.49760
2.33	0.02643	0.49010	2.58	0.01431	0.49506	2.83	0.00727	0.49767
2.34	0.02582	0.49036	2.59	0.01394	0.49520	2.84	0.00707	0.49774

附表 1　标准正态分布表

续表

z	y	p	z	y	p	z	y	p
2.85	0.00687	0.49781	3.10	0.00327	0.49903	3.35	0.00146	0.49960
2.86	0.00668	0.49788	3.11	0.00317	0.49906	3.36	0.00141	0.49961
2.87	0.00649	0.49795	3.12	0.00307	0.49910	3.37	0.00136	0.49962
2.88	0.00631	0.49801	3.13	0.00298	0.49913	3.38	0.00132	0.49964
2.89	0.00613	0.49807	3.14	0.00288	0.49916	3.39	0.00127	0.49965
2.90	0.00595	0.49813	3.15	0.00279	0.49918	3.40	0.00123	0.49966
2.91	0.00578	0.49819	3.16	0.00271	0.49921	3.41	0.00119	0.49968
2.92	0.00562	0.49825	3.17	0.00262	0.49924	3.42	0.00115	0.49969
2.93	0.00545	0.49831	3.18	0.00254	0.49926	3.43	0.00111	0.49970
2.94	0.00530	0.49836	3.19	0.00246	0.49929	3.44	0.00107	0.49971
2.95	0.00514	0.49841	3.20	0.00238	0.49931	3.45	0.00104	0.49972
2.96	0.00499	0.49846	3.21	0.00231	0.49934	3.46	0.00100	0.49973
2.97	0.00485	0.49851	3.22	0.00224	0.49936	3.47	0.00097	0.49974
2.98	0.00471	0.49856	3.23	0.00216	0.49938	3.48	0.00094	0.49975
2.99	0.00457	0.49861	3.24	0.00210	0.49940	3.49	0.00090	0.49976
3.00	0.00443	0.49865	3.25	0.00203	0.49942	3.50	0.00087	0.49977
3.01	0.00430	0.49869	3.26	0.00196	0.49944	3.51	0.00084	0.49978
3.02	0.00417	0.49874	3.27	0.00190	0.49946	3.52	0.00081	0.49978
3.03	0.00405	0.49878	3.28	0.00184	0.49948	3.53	0.00079	0.49979
3.04	0.00393	0.49882	3.29	0.00178	0.49950	3.54	0.00076	0.49980
3.05	0.00381	0.49886	3.30	0.00172	0.49952	3.55	0.00073	0.49981
3.06	0.00370	0.49889	3.31	0.00167	0.49953	3.56	0.00071	0.49981
3.07	0.00358	0.49893	3.32	0.00161	0.49955	3.57	0.00068	0.49982
3.08	0.00348	0.49897	3.33	0.00156	0.49957	3.58	0.00066	0.49983
3.09	0.00337	0.49900	3.34	0.00151	0.49958	3.59	0.00063	0.49983
3.60	0.00061	0.49984	3.75	0.00035	0.49991	3.90	0.00020	0.49995
3.61	0.00059	0.49985	3.76	0.00034	0.49992	3.90	0.00019	0.49995
3.62	0.00057	0.49985	3.77	0.00033	0.49992	3.92	0.00018	0.49996
3.63	0.00055	0.49986	3.78	0.00031	0.49992	3.93	0.00018	0.49996
3.64	0.00053	0.49986	3.79	0.00030	0.49992	3.94	0.00017	0.49996
3.65	0.00051	0.49987	3.80	0.00029	0.49993	3.95	0.00016	0.49996
3.66	0.00049	0.49987	3.81	0.00028	0.49993	3.96	0.00016	0.49996
3.67	0.00047	0.49988	3.82	0.00027	0.49993	3.97	0.00015	0.49996
3.68	0.00046	0.49988	3.83	0.00026	0.49994	3.98	0.00014	0.49997
3.69	0.00044	0.49989	3.84	0.00025	0.49994	3.99	0.00014	0.49997
3.70	0.00042	0.49989	3.85	0.00024	0.49994			
3.71	0.00041	0.49990	3.86	0.00023	0.49994			
3.72	0.00039	0.49990	3.87	0.00022	0.49995			
3.73	0.00038	0.49990	3.88	0.00021	0.49995			
3.74	0.00037	0.49991	3.89	0.00021	0.49995			

附表 2 t 分布表

$$P(t(n) > t_\alpha(n)) = \alpha$$

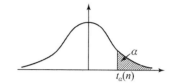

n \ α	0.25	0.10	0.05	0.025	0.01	0.005
1	1.0000	3.0777	6.3138	12.7062	31.8207	63.6574
2	0.8165	1.8856	2.9200	4.3027	6.9646	9.9248
3	0.7649	1.6377	2.3534	3.1824	4.5407	5.8409
4	0.7407	1.5332	2.1318	2.7764	3.7469	4.6041
5	0.7267	1.4759	2.0150	2.5706	3.3649	4.0322
6	0.7176	1.4398	1.9432	2.4469	3.1427	3.7074
7	0.7111	1.4149	1.8946	2.3646	2.9980	3.4995
8	0.7064	1.3968	1.8595	2.3060	2.8965	3.3554
9	0.7027	1.3830	1.8331	2.2622	2.8214	3.2498
10	0.6998	1.3722	1.8125	2.2281	2.7638	3.1693
11	0.6974	1.3634	1.7959	2.2010	2.7181	3.1058
12	0.6955	1.3562	1.7823	2.1788	2.6810	3.0545
13	0.6938	1.3502	1.7709	2.1604	2.6503	3.0123
14	0.6924	1.3450	1.7613	2.1448	2.6245	2.9768
15	0.6912	1.3406	1.7531	2.1315	2.6025	2.9467
16	0.6901	1.3368	1.7459	2.1199	2.5835	2.9208
17	0.6892	1.3334	1.7396	2.1098	2.5669	2.8982
18	0.6884	1.3304	1.7341	2.1009	2.5524	2.8784
19	0.6876	1.3277	1.7291	2.0930	2.5395	2.8609
20	0.6870	1.3253	1.7247	2.0860	2.5280	2.8453
21	0.6864	1.3232	1.7207	2.0796	2.5177	2.8314
22	0.6858	1.3212	1.7171	2.0739	2.5083	2.8188
23	0.6853	1.3195	1.7139	2.0687	2.4999	2.8073
24	0.6848	1.3178	1.7109	2.0639	2.4922	2.7969
25	0.6844	1.3163	1.7081	2.0595	2.4851	2.7874
26	0.6840	1.3150	1.7056	2.0555	2.4786	2.7787
27	0.6837	1.3137	1.7033	2.0518	2.4727	2.7707
28	0.6834	1.3125	1.7011	2.0484	2.4671	2.7633
29	0.6830	1.3114	1.6991	2.0452	2.4620	2.7564
30	0.6828	1.3104	1.6973	2.0423	2.4573	2.7500
31	0.6825	1.3095	1.6955	2.0395	2.4528	2.7440
32	0.6822	1.3086	1.6939	2.0369	2.4487	2.7385
33	0.6820	1.3077	1.6924	2.0345	2.4448	2.7333
34	0.6818	1.3070	1.6909	2.0322	2.4411	2.7284
35	0.6816	1.3062	1.6896	2.0301	2.4377	2.7238
36	0.6814	1.3055	1.6883	2.0281	2.4345	2.7195
37	0.6812	1.3049	1.6871	2.0262	2.4314	2.7154
38	0.6810	1.3042	1.6860	2.0244	2.4286	2.7116
39	0.6808	1.3036	1.6849	2.0227	2.4258	2.7079
40	0.6807	1.3031	1.6839	2.0211	2.4233	2.7045
41	0.6805	1.3025	1.6829	2.0195	2.4208	2.7012
42	0.6804	1.3020	1.6820	2.0181	2.4185	2.6981
43	0.6802	1.3016	1.6811	2.0167	2.4163	2.6951
44	0.6801	1.3011	1.6802	2.0154	2.4141	2.6923
45	0.6800	1.3006	1.6794	2.0141	2.4121	3.6896

附表 3 χ^2 分布表

$$P(\chi^2(n) > \chi_\alpha^2(n)) = \alpha$$

n \ α	0.995	0.99	0.975	0.95	0.90	0.75
1	—	—	0.001	0.004	0.016	0.102
2	0.010	0.020	0.051	0.103	0.211	0.575
3	0.072	0.115	0.216	0.352	0.584	1.213
4	0.207	0.297	0.484	0.711	1.064	1.923
5	0.412	0.554	0.831	1.145	1.610	2.675
6	0.676	0.872	1.237	1.635	2.204	3.455
7	0.989	1.239	1.690	2.167	2.833	4.255
8	1.344	1.646	2.180	2.733	3.490	5.071
9	1.735	2.088	2.700	3.325	4.168	5.899
10	2.156	2.558	3.247	3.940	4.865	6.737
11	2.603	3.053	3.816	4.575	5.578	7.584
12	3.074	3.571	4.404	5.226	6.304	8.438
13	3.565	4.107	5.009	5.892	7.042	9.299
14	4.075	4.660	5.629	6.571	7.790	10.165
15	4.601	5.229	6.262	7.261	8.547	11.037
16	5.142	5.812	6.908	7.962	9.312	11.912
17	5.697	6.408	7.564	8.672	10.085	12.792
18	6.265	7.015	8.231	9.390	10.865	13.675
19	6.844	7.633	8.907	10.117	11.651	14.562
20	7.434	8.260	9.591	10.851	12.443	15.452
21	8.034	8.897	10.283	11.591	13.240	16.344
22	8.643	9.542	10.982	12.338	14.042	17.240
23	9.260	10.196	11.689	13.091	14.848	18.137
24	9.886	10.856	12.401	13.848	15.659	19.037
25	10.520	11.524	13.120	14.611	16.473	19.939
26	11.160	12.198	13.844	15.379	17.292	20.843
27	11.808	12.879	14.573	16.151	18.114	21.749
28	12.461	13.565	15.308	16.928	18.939	22.657
29	13.121	14.257	16.047	17.708	19.768	23.567
30	13.787	14.954	16.791	18.493	20.599	24.478
31	14.458	15.655	17.539	19.281	21.434	25.390
32	15.134	16.362	18.291	20.072	22.271	26.304
33	15.815	17.074	19.047	20.867	23.110	27.219
34	16.501	17.789	19.806	21.664	23.952	28.136
35	17.192	18.509	20.569	22.465	24.797	29.054
36	17.887	19.233	21.336	23.269	25.643	29.973
37	18.586	19.960	22.106	24.075	26.492	30.893
38	19.289	20.691	22.878	24.884	27.343	31.815
39	19.996	21.426	23.654	25.695	28.196	32.737
40	20.707	22.164	24.433	26.509	29.051	33.660
41	21.421	22.906	25.215	27.326	29.907	34.585
42	22.138	23.650	25.999	28.144	30.765	35.510
43	22.859	24.398	26.785	28.965	31.625	36.436
44	23.584	25.148	27.575	29.787	32.487	37.363
45	24.311	25.901	28.366	30.612	33.350	38.291

附表 3 χ^2 分布表

续表

n \ α	0.25	0.10	0.05	0.025	0.01	0.005
1	1.323	2.706	3.841	5.024	6.635	7.879
2	2.773	4.605	5.991	7.378	9.210	10.597
3	4.108	6.251	7.815	9.348	11.345	12.838
4	5.385	7.779	9.488	11.143	13.277	14.860
5	6.626	9.236	11.071	12.833	15.086	16.750
6	7.841	10.645	12.592	14.449	16.812	18.548
7	9.037	12.017	14.067	16.013	18.475	20.278
8	10.219	13.362	15.507	17.535	20.090	21.955
9	11.389	14.684	16.919	19.023	21.666	23.589
10	12.549	15.987	18.307	20.483	23.209	25.188
11	13.701	17.275	19.675	21.920	24.725	26.757
12	14.845	18.549	21.026	23.337	26.217	28.299
13	15.984	19.812	22.362	24.736	27.688	29.819
14	17.117	21.064	23.685	26.119	29.141	31.319
15	18.245	22.307	24.996	27.488	30.578	32.801
16	19.369	23.542	26.296	28.845	32.000	34.267
17	20.489	24.769	27.587	30.191	33.409	35.718
18	21.605	25.989	28.869	31.526	34.805	37.156
19	22.718	27.204	30.144	32.852	36.191	38.582
20	23.828	28.412	31.410	34.170	37.566	39.997
21	24.935	29.615	32.671	35.479	38.932	41.401
22	26.039	30.813	33.924	36.781	40.289	42.796
23	27.141	32.007	35.172	38.076	41.638	44.181
24	28.241	33.196	36.415	39.364	42.980	45.559
25	29.339	34.382	37.652	40.646	44.314	46.928
26	30.435	35.563	38.885	41.923	45.642	48.290
27	31.528	36.741	40.113	43.194	46.963	49.645
28	32.620	37.916	41.337	44.461	48.278	50.993
29	33.711	39.987	42.557	45.722	49.588	52.336
30	34.800	40.256	43.773	46.979	50.892	53.672
31	35.887	41.422	44.985	48.232	52.191	55.003
32	36.973	42.585	46.194	49.480	53.486	56.328
33	38.058	43.745	47.400	50.725	54.776	57.648
34	39.141	44.903	48.602	51.966	56.061	58.964
35	40.223	46.059	49.802	53.203	57.342	60.275
36	41.304	47.212	50.998	54.437	58.619	61.581
37	42.383	48.363	52.192	55.668	59.892	62.883
38	43.462	49.513	53.384	56.896	61.162	64.181
39	44.539	50.660	54.572	58.120	62.428	65.476
40	45.616	51.805	55.758	59.342	63.691	66.766
41	46.692	52.949	56.942	60.561	64.950	68.053
42	47.766	54.090	58.124	61.777	66.206	69.336
43	48.840	55.230	59.304	62.990	67.459	70.616
44	49.913	56.369	60.481	64.201	68.710	71.893
45	50.985	57.505	61.656	65.410	69.957	73.166

附表 4 积差相关系数显著性临界值表

df \ α	0.10	0.05	0.02	0.01
1	0.988	0.997	0.9995	0.9999
2	0.900	0.950	0.980	0.990
3	0.805	0.878	0.934	0.959
4	0.729	0.811	0.882	0.917
5	0.669	0.754	0.833	0.874
6	0.622	0.707	0.789	0.834
7	0.582	0.666	0.750	0.798
8	0.549	0.632	0.716	0.765
9	0.521	0.602	0.685	0.735
10	0.497	0.576	0.658	0.708
11	0.476	0.553	0.634	0.684
12	0.458	0.532	0.612	0.661
13	0.441	0.514	0.592	0.641
14	0.426	0.497	0.574	0.623
15	0.412	0.482	0.558	0.606
16	0.400	0.468	0.542	0.590
17	0.389	0.456	0.528	0.575
18	0.378	0.444	0.516	0.561
19	0.369	0.433	0.503	0.549
20	0.360	0.423	0.492	0.537
21	0.352	0.413	0.482	0.526
22	0.344	0.404	0.472	0.515
23	0.337	0.396	0.262	0.505
24	0.330	0.388	0.453	0.496
25	0.323	0.381	0.445	0.487
26	0.317	0.374	0.437	0.479
27	0.311	0.367	0.430	0.471
28	0.306	0.361	0.423	0.463
29	0.301	0.355	0.416	0.456
30	0.296	0.349	0.409	0.449
35	0.275	0.325	0.381	0.418
40	0.257	0.304	0.358	0.393
45	0.243	0.288	0.338	0.372
50	0.231	0.273	0.322	0.354
60	0.211	0.250	0.295	0.325
70	0.195	0.232	0.274	0.302
80	0.183	0.217	0.256	0.283
90	0.173	0.205	0.242	0.267
100	0.164	0.195	0.230	0.254

附表5　斯皮尔曼等级相关系数显著性临界值表

n \ α	0.05	0.01
4	1.000	
5	0.900	1.000
6	0.829	0.943
7	0.714	0.893
8	0.643	0.833
9	0.600	0.783
10	0.564	0.746
12	0.506	0.712
14	0.456	0.645
16	0.425	0.601
18	0.399	0.564
20	0.377	0.534
22	0.359	0.508
24	0.343	0.485
26	0.329	0.465
28	0.317	0.448
30	0.306	0.432

附表6 肯德尔系数显著性临界值表

	K	N					K	N=3
		3	4	5	6	7		
$\alpha=0.05$	3			64.4			9	54.0
	4		49.5	88.4			12	71.9
	5		62.6	112.3			14	83.8
	6		75.7	136.1			16	95.8
	8	48.1	101.7	183.7			18	107.7
	10	60.0	127.8	231.2				
	15	89.8	192.9	349.8				
	20	119.7	258.0	468.5				
$\alpha=0.01$	3			75.6	122.8	185.6	9	75.9
	4		61.4	109.3	176.2	265.0	12	103.5
	5		80.5	142.8	229.4	343.8	14	121.9
	6		99.5	176.1	282.4	422.6	16	140.2
	8	66.8	137.4	242.7	388.3	579.9	18	158.6
	10	85.1	175.3	309.1	494.0	737.0		
	15	131.0	269.8	475.2	758.2	1129.5		
	20	177.0	364.2	641.2	1022.2	1521.9		

附表7 相关系数的 Z 值转换表

r	Z_r	r	Z_r	r	Z_r	r	Z_r	r	Z_r
0.000	0.000	0.200	0.203	0.400	0.424	0.600	0.693	0.800	1.099
0.005	0.005	0.205	0.208	0.405	0.430	0.605	0.701	0.805	1.113
0.010	0.010	0.210	0.213	0.410	0.436	0.610	0.709	0.810	1.127
0.015	0.015	0.215	0.218	0.415	0.442	0.615	0.717	0.815	1.142
0.020	0.020	0.220	0.224	0.420	0.448	0.620	0.725	0.820	1.157
0.025	0.025	0.225	0.229	0.425	0.454	0.625	0.733	0.825	1.172
0.030	0.030	0.230	0.234	0.430	0.460	0.630	0.741	0.830	1.188
0.035	0.035	0.235	0.239	0.435	0.466	0.635	0.750	0.835	1.204
0.040	0.040	0.240	0.245	0.440	0.472	0.640	0.758	0.840	1.221
0.045	0.045	0.245	0.250	0.445	0.478	0.645	0.767	0.845	1.238
0.050	0.050	0.250	0.255	0.450	485	0.650	775	0.850	1.256
0.055	0.055	0.255	0.261	0.455	0.491	0.655	0.784	0.855	1.274
0.060	0.060	0.260	0.266	0.460	0.497	0.660	0.793	0.860	1.293
0.065	0.065	0.265	0.271	0.465	0.504	0.665	0.802	0.865	1.313
0.070	0.070	0.270	0.277	0.470	0.510	0.670	0.811	0.870	1.333
0.075	0.075	0.275	0.282	0.475	0.517	0.675	820	0.875	1.354
0.080	0.080	0.280	0.288	0.480	0.523	0.680	0.829	0.880	1.376
0.085	0.085	0.285	0.293	0.485	0.530	0.685	0.838	0.885	1.398
0.090	0.090	0.290	0.299	0.490	0.536	0.690	0.848	0.890	1.422
0.095	0.095	0.295	0.304	0.495	0.543	0.695	0.858	0.895	1.447
0.100	0.100	0.300	0.310	0.500	0.549	0.700	0.867	0.900	1.472
0.105	0.105	0.305	0.315	0.505	0.556	0.705	0.877	0.905	1.499
0.110	0.110	0.310	0.321	0.510	0.563	0.710	0.887	0.910	1.528
0.115	0.116	0.315	0.326	0.515	0.570	0.715	0.897	0.915	1.557
0.120	0.121	0.320	0.332	0.520	0.576	0.720	0.908	0.920	1.589
0.125	0.126	0.325	0.337	0.525	0.583	0.725	0.918	0.925	1.623
0.130	0.131	0.330	0.343	0.530	0.590	0.730	0.929	0.930	1.658
0.135	0.136	0.335	0.348	0.535	0.597	0.735	0.940	0.935	1.697
0.140	0.141	0.340	0.354	0.540	0.604	0.740	0.950	0.940	1.738
0.145	0.146	0.345	0.360	0.545	0.611	0.745	0.962	0.945	1.783

附表 7 相关系数的 Z 值转换表

续表

r	Z_r	r	Z_r	r	Z_r	r	Z_r	r	Z_r
0.150	0.151	0.350	0.365	0.550	0.618	0.750	0.973	0.950	1.832
0.155	0.156	0.355	0.371	0.555	0.626	0.755	0.984	0.955	1.886
0.160	0.161	0.360	0.377	0.560	0.633	0.760	0.996	0.960	1.946
0.165	0.167	0.365	0.383	0.565	0.640	0.765	1.008	0.965	2.014
0.170	0.172	0.370	0.388	0.570	0.648	0.770	1.020	0.970	2.092
0.175	0.177	0.375	0.394	0.575	0.655	0.775	1.033	0.975	2.185
0.180	0.182	0.380	0.400	0.580	0.662	0.780	1.045	0.980	2.298
0.185	0.187	0.385	0.406	0.585	0.670	0.785	1.058	0.985	2.443
0.190	0.192	0.390	0.412	0.590	0.678	0.790	1.071	0.990	2.647
0.195	0.198	0.395	0.418	0.595	0.685	0.795	1.085	0.995	2.994

习题参考答案

习 题 一

2. 频数分布表如表 1 所示,频数分布直方图和累积频数曲线图分别如图 1 和图 2 所示.

表 1 频数分布表

组别	频数
50~55	5
55~60	8
60~65	15
65~70	14
70~75	21
75~80	18
80~85	8
85~90	9
90~95	2
求和	100

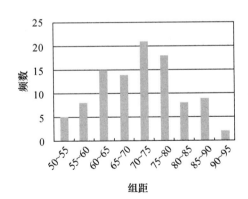

图 1 频数分布直方图

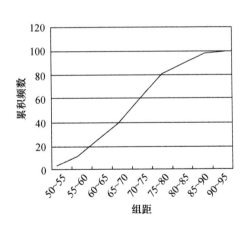

图 2 累积频数折线图

3. $\bar{x}=69.83, M_d=69.21$.   4. $\mu=\dfrac{74.5\times32+81.2\times45+76\times38}{32+45+38}\approx 77.62$.

5. $S=4.88$.   6. $Q=8.5$.   7. $Q=6.36$.

8. $Z_{语}=0.3, Z_{数}=0.5, Z_{英}=0.625$,即 $Z_{英}>Z_{数}>Z_{语}$.所以英语高于数学,数学高于语文.

习题参考答案

9. $Z_甲 = -0.71, Z_乙 = 0.83$. 由于 $Z_乙 > Z_甲$,所以乙的成绩比甲的成绩高.

习 题 二

1. 约有 84% 的考生名列该考生之后.

2. 60 分以下:223 人;60~70 分:155 人;70~80 分:127 人;80 分以上:95 人.

3. 优秀(合格):216 人;良好(中等):34 人.

4. $x = 66.25$ 分.

5. (1) 19 人; (2) 41 人; (3) 19 人.

6. 44%.

习 题 三

1. $r_{XY} = 0.55$. **2.** $r_{XY} = 0.99$. **3.** $r_S = 0.75$. **4.** $r_{pb} = 0.399$.

5. $r_W = 0.53$. **6.** $r_b = 0.74$. **7.** $r_\Phi = 0.344$. **8.** $r_\Phi = 0.319$.

习 题 五

1. 总体平均数 μ 的置信度为 95% 的置信区间是 $(39.648, 44.352)$;

总体平均数 μ 的置信度为 99% 的置信区间是 $(38.904, 45.096)$.

2. 全区六年级学生数学平均成绩的置信度为 95% 的置信区间是 $(83.116, 88.884)$.

3. 用样本 1 得:总体平均数 μ 的置信度 95% 的置信区间是 $(73.82, 80.19)$;

总体平均数 μ 的置信度为 99% 的置信区间是 $(72.81, 81.19)$.

用样本 2 得:总体平均数 μ 的置信度为 95% 的置信区间是 $(75.88, 80.12)$;

总体平均数 μ 的置信度为 99% 的置信区间是 $(75.21, 80.80)$.

4. 总体平均数 μ 的置信度为 95% 的置信区间是 $(86.09, 87.92)$;

总体平均数 μ 的置信度为 99% 的置信区间是 $(85.80, 88.20)$.

5. 具有本科学历的教师人数比率以 95% 的可信度在 0.535 至 0.725 之间.

6. 整个四年级学生通过的人数比率的置信度为 95% 的置信区间是 $(0.46, 0.74)$.

7. 总体方差的 95% 的置信区间是 $(0.135, 0.95)$;

总体方差的 99% 的置信区间是 $(0.11, 1.49)$.

习 题 六

1. 检验假设 $H_0: \mu = \mu_0, H_1: \mu \neq \mu_0$. 由于 $Z = 2.25 > Z_{0.05/2} = 1.96$,因此拒绝原假设 H_0,又 $\overline{X}_1 = 75 > 72 = \overline{X}_2$,从而认为该校二年级学生的数学成绩有了显著性进步.

2. 检验假设 $H_0: \mu = \mu_0, H_1: \mu \neq \mu_0$. 由于 $Z = 0.055 < Z_{0.05/2} = 1.96$,因此接受原假设 H_0,即认为该校一年级学生的平均身高与全市一年级学生的平均身高一致.

3. 检验假设 $H_0: \mu = \mu_0, H_1: \mu \neq \mu_0$. 因为 $t = 0.71 < t_{0.05/2}(25) = 2.06$,所以接受原假设 H_0,即认为该校五年级数学平均成绩与全区一致.

4. 检验假设 $H_0: \mu=\mu_0, H_1: \mu\neq\mu_0$. 因为 $t=5.81>t_{0.01/2}(19)=2.861$,所以拒绝原假设 H_0,即认为这一届一年级学生的自学能力明显高于上一届.

5. 检验假设 $H_0: \mu=\mu_0, H_1: \mu\neq\mu_0$. 因为 $|t|=1.24<t_{0.05/2}(11)=2.201$,所以接受原假设 H_0,即认为这 12 名学生来自自学能力水平为 $\mu_0=64$ 分的总体.

6. 检验假设 $H_0: \mu_1=\mu_2, H_1: \mu_1\neq\mu_2$. 因为 $|t|=2.99>t_{0.05/2}(7)=2.365$,所以拒绝原假设 H_0,即认为学生训练前、后识记水平之间有显著差异.

7. 检验假设 $H_0: \rho=\rho_0, H_1: \rho\neq\rho_0$. 因为 $|Z|=0.282<Z_{0.05/2}=1.96$,所以接受原假设 H_0,即认为这一相关系数与某研究结果是一致的.

8. 检验假设 $H_0: \mu_1=\mu_2, H_1: \mu_1\neq\mu_2$. 因为 $|t|=3.54>t_{0.05/2}(28)=2.048$,所以拒绝原假设 H_0,即认为探究式和讲授式两种方法效果有显著差异.

9. 检验假设 $H_0: p=p_0, H_1: p\neq p_0$. 因为 $|Z|=0.214<Z_{0.05/2}=1.96$,所以接受原假设 H_0,即认为中文系一年级学生高等数学不合格率与全校文科一年级学生高等数学的不合格率是一致的.

习 题 八

3. $r_{XY}=0.94$.　　4. $r_{AB}=0.90$.　　5. $r_{KR20}=0.60$.　　6. $\alpha=0.51$.

7. $P_H=\dfrac{20}{27}\approx 0.74, P_L=\dfrac{5}{27}\approx 0.19, P=\dfrac{0.74+0.19}{2}=0.475$.

8. $P=\dfrac{X_H+X_L-2NL}{2N(H-L)}=\dfrac{422+292-2\times 50\times 4}{2\times 50\times(10-4)}\approx 0.523$;

   $D=\dfrac{X_H-X_L}{N(H-L)}=\dfrac{422-292}{50\times(10-4)}\approx 0.433$.

参 考 文 献

[1] 陈希孺. 概率论与数理统计. 合肥：中国科学技术大学出版社,2009.
[2] 韦来生. 数理统计. 北京：科学出版社,2008.
[3] 盛骤,谢式千,潘承毅. 概率论与数理统计. 北京：高等教育出版社,2010.
[4] 贾俊平. 统计学. 北京：中国人民大学出版社,2012.
[5] William Mendenhall, Terry Sincich. 统计学. 梁冯珍,等,译. 北京：机械工业出版社,2009.
[6] John A R. 数理统计与数据分析. 田金方,译. 北京：机械工业出版社,2011.
[7] 董毅. 现代教育统计学. 合肥：合肥工业大学出版社,2008.
[8] 王孝玲. 教育统计学. 上海：华东师范大学出版社,2007.
[9] 徐建平. 现代心理与教育统计学学习指导. 北京：北京师范大学出版社,2011.
[10] 巩汝训. 教育统计学. 北京：科学出版社,2007.
[11] 黄光扬. 教育测量与评价. 上海：华东师范大学出版社,2012.
[12] 刘新平,刘存侠. 教育统计与测评导论. 北京：科学出版社,2003.
[13] 田中耕治. 教育评价. 高峡,等,译. 北京：北京师范大学出版社,2011.
[14] 肖远军. 教育评价原理及应用. 杭州：浙江大学出版社,2004.
[15] 潘永庆,孙文彬,路吉民. 多元评价创新教育的有效机制. 济南：山东教育出版社,2005.
[16] 金娣,王钢. 教育评价与测量. 北京：教育科学出版社,2007.
[17] 辛涛. 心理与教育统计学. 北京：中国人民大学出版社,2010.
[18] 顾海根. 心理与教育测量. 北京：北京大学出版社,2008.
[19] 王景英. 教育评价. 北京：中央广播电视大学出版社,2004.
[20] 王景英. 教育统计学. 第2版. 北京：高等教育出版社,2006.
[21] 王景英. 小学教育统计与测量. 北京：人民教育出版社,2002.
[22] 陈明庆,陈达辉,林文广. 考试研究方法导论. 北京：北京大学出版社,2009.
[23] 茆诗松. 数理统计学. 北京：中国人民大学出版社,2011.
[24] 杨威,林文卿. 教育统计学及其Excel方法(上册). 哈尔滨：哈尔滨工程大学出版社,2010.
[25] 漆书青. 现代测量理论在考试中的应用. 武汉：华中师范大学出版社,2003.
[26] 王厚雄. 教育考试的理论与方法. 北京：北京大学出版社,2011.

［27］马云鹏,孔凡哲,张春莉.数学教育测量与评价.北京：北京师范大学出版社,2009.
［28］雷新勇.大规模教育考试：命题与评价.上海：华东师范大学出版社,2006.
［29］中国教育学会中学数学教学专业委员会.全国中学青年数学教师优秀课评价标准(修订版).中国数学教育,2012,6：44-45.